María González-Aguilar

Marta Rosso-O'Laughlin

Conchita Lagunas Davis

Student Activities Manual
to Accompany
Atando cabos
Curso intermedio de español

Marta Rosso-O'Laughlin

Tufts University

María González-Aguilar

Instituto Cervantes, Paris

Second edition

PEARSON

Prentice
Hall

Upper Saddle River, New Jersey 07458

Sr. Acquisitions Editor: Bob Hemmer
Editorial Assistant: Pete Ramsey
Sr. Director of Market Development: Kristine Suárez
Editorial/Production Supervision: Nancy Stevenson
Project Management: Emilcomp/Preparé
Asst. Director of Production: Mary Rottino
Asst. Editor: Meriel Martínez Moctezuma
Media Editor: Samantha Alducin

Media Production Manager: Roberto Fernandez
Prepress and Manufacturing Buyer: Christina Helder
Prepress and Manufacturing Asst. Manager: Mary Ann Gloriande
Formatting and Art Manager: Guy Ruggiero
Illustrator: Catharine Bennett
Executive Marketing Manager: Eileen Bernadette Moran
Publisher: Phil Miller

This book was set in 12/14 Minion by Preparé, Inc.
and was printed and bound by Book Mart.
The cover was printed by Book Mart.

PEARSON
Prentice
Hall

© 2004, 2001 by Pearson Education, Inc.
Upper Saddle River, New Jersey 07458

Printed in the United States of America
10   9   8   7   6   5   4   3

ISBN 0-13-184521-7

Pearson Education LTD., *London*
Pearson Education Australia PTY, Limited, *Sydney*
Pearson Education Singapore, Pte. Ltd.
Pearson Education North Asia Ltd., *Hong Kong*
Pearson Education Canada, Ltd., *Toronto*
Pearson Educación de México, S.A. de C.V.
Pearson Education–Japan, *Tokyo*
Pearson Education Malaysia, Pte. Ltd.
Pearson Education, *Upper Saddle River, New Jersey*

Contents

1 Capítulo uno
Hablemos de nosotros

En marcha con las palabras

1-1 ¿Quién lo dijo? Aquí tienes el árbol genealógico de Paula. Adivina qué miembro de la familia dijo cada una de las siguientes oraciones.

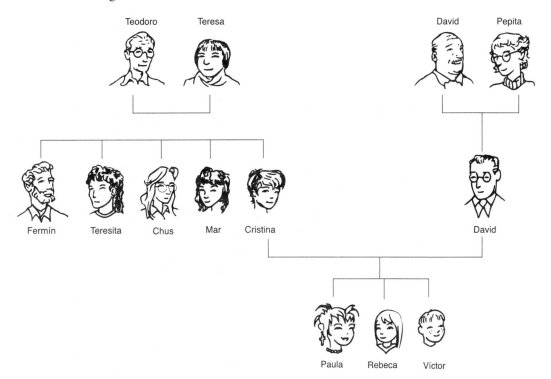

Modelo: Tenemos tres sobrinos.
Fermín, Chus, Mar, Teresita

¿Quién lo dice?

1. Mis suegros son David y Pepita.
2. Mi esposo se llama Teodoro.
3. Nuestro yerno es muy cariñoso.
4. Tengo una hermana.
5. Nuestro tío se llama Fermín.
6. Soy rubio, como la abuela Pepita.
7. Mi hijo se llama como yo.
8. Soy hijo único.
9. Mi cuñado se llama David.
10. Mi nuera es trabajadora, como yo.

1. _____
2. _____
3. _____
4. _____
5. _____
6. _____
7. _____
8. _____
9. _____
10. _____

1-2 **Definiciones.** Escoge la palabra que mejor complete las siguientes oraciones.

| matrimonio | embarazo | monoparental | extendida | pareja |
| maternidad | amor | crianza |

1. El _____ es cuando una mujer espera un/a hijo/a.
2. La familia compuesta por un solo adulto, ya sea madre o padre, es una familia _____.
3. La unión que forma una pareja cuando se casa se llama el _____.
4. Los tíos, tías, primos, tíos-abuelos, bisabuelos, cuñados y nueras forman parte de la familia _____.
5. Generalmente en Latino América no existen los matrimonios arreglados por los padres. Las parejas se casan por _____.
6. Cuando dos personas deciden unir sus vidas, forman una _____.
7. El estado o la calidad de madre es la _____.
8. La _____ de los hijos es un trabajo de amor.

1-3 **Opiniones sobre la familia.** El tema favorito de todas las familias es siempre la propia familia. Aquí hay opiniones de algunos miembros de la familia de Blanca. Complétalas con la forma correcta de los verbos *parecer*, *parecerse*, *mudarse* o *moverse* en el presente.

1. Yo creo que mis tíos _____ mucho. Los dos son altos y rubios.
2. Mi madre dice que yo _____ a ella porque nos gustan las mismas cosas.
3. _____ que en todas las familias siempre hay alguien que se queja por todo.
4. A mi madre le _____ mal pelearse con otros a causa de una herencia.
5. A mí me _____ que mi hermano es igual que mi padre; los dos son atléticos y sociables.
6. Mi hermana mayor cambia de residencia cada dos o tres años. Ella _____ mucho porque tiene un trabajo en una empresa internacional.
7. Por suerte ella no tiene hijos todavía porque sería muy difícil para ellos tener que _____ tanto.
8. Yo soy muy distinta. A mí nadie me _____ de donde estoy. Yo vivo en la casa de mis padres y al lado de la casa de mis abuelos.

1-4 **Encuentros inesperados.** Maribel y su novio Rafael se encuentran inesperadamente con el ex-esposo de Maribel en un supermercado. Ordena la conversación entre los tres.

1. Hola. Tanto tiempo sin verte.
2. Encantado. Nosotros también queremos casarnos pronto.
3. Pues . . . Sofía está embarazada y vamos a casarnos.
4. ¡Qué sorpresa! ¡Ah! Quiero presentarte a mi novio, Rafael.
5. Mucho gusto.
6. Sí, mucho, casi dos años. ¿Qué hay de nuevo?

a. Ex-esposo: _____
b. Maribel: _____
c. Ex-esposo: _____
d. Maribel: _____
e. Ex-esposo: _____
f. Rafael: _____

Sigamos con las estructuras

Referencia gramatical 1: Describing people and things: Adjective agreement

1-5 **Un primo creativo.** Antonio tiene un primo muy creativo que usa adjetivos masculinos con las letras desordenadas para confundir a Antonio. Averigua cuál es el adjetivo escondido y realiza los cambios necesarios de género y número.

Modelo: Mi abuelo tiene un carácter *débil*.   b l é d i

1. El tío y la tía son _____.   t o r j a b a d a r
2. Mi madre es _____.   o c i s o ñ r a
3. Mi padre es _____.   t o m i c i p á s
4. Tengo un _____ hermano.   o n u b e
5. Yo estoy un poco _____.   o c o l
6. Antonio, tú no eres _____.   n u t p u l a
7. Mis sobrinas tienen una _____ actitud.   l o m a
8. La prima Elena tiene un novio _____.   e t a g í s o

Referencia gramatical 2: Discussing daily activities: Present tense indicative of regular verbs

1-6 Los deberes familiares. La familia de Antonio está muy unida y todos ayudan a los demás. Usa el presente del verbo apropiado para completar los párrafos siguientes.

dejar	mimar	desear	visitar	cuidar

(Los abuelos)

Nosotros (1) _____ a los niños de mi hija mayor. Ellos nos

(2) _____ todos los días y nosotros los (3) _____ mucho y

les (4) _____ hacer todo lo que ellos (5) _____. ¡Son unos

niños tranquilos y cariñosos!

llamar	trabajar	ver	preparar	llevar

(La hija mayor, Ana)

Yo levanto a los niños todos los días, les (6) _____ el desayuno y los

(7) _____ a la casa de mis padres. Yo no (8) _____ a los

niños hasta la tarde porque (9) _____ hasta las cinco, pero los

(10) _____ por teléfono varias veces al día.

cenar	descansar	pasar	dedicar

(El yerno)

Durante la semana Ana y yo estamos muy ocupados y no les (11) _____

mucho tiempo a nuetros hijos, pero los fines de semana los (12) _____ todos

juntos. El viernes por la noche los niños (13) _____ temprano y

(14) _____ hasta la mañana siguiente.

pasar	trabajar	creer	limpiar	preparar
comportarse		convivir		comer

(Los niños)

Mi hermano y yo (15) _____ casi todo el día en la casa de mis abuelos

mientras mis padres (16) _____. Yo (17) _____ que a ellos

les gusta vernos todos los días. Mi hermano no siempre (18) _____ bien. A

veces él no (19) _____ la comida que (20) _____ mi abuela

o no (21) _____ su cuarto como le gusta a ella. Pero por lo general

(22) _____ todos juntos muy bien.

Workbook

Referencia gramatical 3: Describing actions in progress: Present progressive tense

1-7 ¿Qué están haciendo? Esta familia está de vacaciones en la playa. Describe lo que está haciendo cada persona. Escoge la palabra que mejor complete la oración según el contexto. Usa el gerundio.

1. José y Luis están _____ un castillo de arena (*sand castle*) con mucho cuidado en la playa.
   construir   salir   destruir

2. El padre está _____ una novela política.
   elegir   leer   criar

3. La niña pequeña le está _____ un helado a su madre.
   comer   beber   pedir

4. La madre está _____ porque está cansada.
   caminar   dormir   hablar

5. Los gemelos van _____ al agua porque tienen calor.
   correr   crecer   cuidar

6. El vendedor de refrescos anda _____ muchas bebidas frescas por la playa.
   ofrecer   vender   compartir

Aprendamos 1: Discussing daily activities: Present tense indicative, irregular verbs

1-8 Pedro le escribe a su amigo sobre sus actividades en la universidad. Completa las oraciones con la forma correcta del verbo en paréntesis.

Hola Pedro:

¿Cómo estás? Te cuento que sigo tocando el piano como siempre. Hoy yo _____ (dar) un concierto corto en la capilla (*chapel*) de la universidad durante la hora del almuerzo. _____ (estar) muy contento de hacerlo porque es una buena práctica para mi gran concierto a fin de año. Como es un lugar pequeño no me _____ (poner) muy nervioso en estas ocasiones. Además lo _____ (hacer) porque me gusta. Te cuento que _____ (tener) mucha música latina nueva porque mi profesor de literatura latinoamericana es músico y regularmente me _____ (dar) algunas de las canciones que él _____ (tener). Él me _____ (decir) que _____ (estar) conectado con la comunidad hispana y así consigue mucha de la música. ¿_____ (venir) a visitarme el domingo próximo? Me encantaría verte. Ahora te dejo porque me _____ (ir) a clase.

Pedro

1-9 Los almuerzos en casa de Álvaro. Todos los domingos mi compañero de cuarto me invita a comer con su familia que vive a una hora de la universidad.

1. Cuando llegamos los hermanos pequeños me _____ (mostrar) su juguete favorito.

2. Nosotros _____ (almorzar) todos juntos a eso de las 1:30 de la tarde.

3. La madre _____ (servir) una comida deliciosa.

4. Generalmente la comida _____ (empezar) con una sopa.

5. Luego _____ (seguir) la carne o el pescado con ensalada y arroz.

6. Aunque generalmente estoy satisfecho cuando llega el postre, yo nunca me lo _____ (perder).

7. A veces mi amigo y yo le _____ (pedir) a su madre una fuente de comida para llevarnos con nosotros para la semana.

8. Este ritual me _____ (recordar) las celebraciones en mi casa pero en esta familia la comida del domingo es una tradición que la _____ (repetir) naturalmente todos los domingos.

Aprendamos 2: Describing conditions and characteristics: Uses of *ser* and *estar*

1-10 La novia de Marcos. Los padres de Marcos todavía no conocen a su novia, y Marcos está dándoles información sobre ella. Escoge el verbo apropiado.

Beatriz (es / está) alegre y extrovertida. Vive en un apartamento que (es / está) muy cerca de aquí. (Es / Está) una persona muy independiente y activa; trabaja para pagar el alquiler y la universidad y además, recibe buenas notas porque (es / está) muy lista. Según ella, sus clases (son / están) aburridas este año y, a causa de esto, ahora (es / está) un poco preocupada. Beatriz tiene una personalidad increíble y yo (estoy / soy) muy enamorado de ella.

1-11 Las preguntas de la abuela. La abuela de Marcos vive ahora con su familia y está hablando con la hermana de Marcos. Escribe las preguntas y comentarios de la abuela de acuerdo al diálogo. Usa los verbos *ser* y *estar*.

ABUELA: ¿_____?

NIETA: Bien, gracias, ¿y usted?

ABUELA: _____

¿_____?

NIETA: En su cuarto. Esta tarde va a salir con su novia Beatriz y está preparándose.

ABUELA: ¿_____?

NIETA: ¿Beatriz? Es la mujer perfecta para Marcos: morena, delgada, muy lista y bastante abierta.

ABUELA: ¿_____?

NIETA: ¿Ahora? Pues . . . muy contento y muy enamorado.

ABUELA: ¿_____?

NIETA: De Cartagena, pero ahora estudia aquí.

1–12 El video de la boda. Felipe grabó en video la boda de su hermana Elena. Escribe el guión del video de Felipe. Usa los verbos *ser* y *estar* y escoge la frase apropiada para completar las oraciones.

1. la boda	preocupados por los invitados
2. la iglesia	a las seis en la iglesia de El Carmen
3. el banquete	de fresas y chocolate
4. la madre del novio	en el restaurante El Luquillo
5. Elena	de mi madre
6. la tarta	adornada con flores blancas
7. los novios	una mujer elegante y fría
8. el vestido que lleva Elena	muy nerviosa pero muy linda

1. _____
2. _____
3. _____
4. _____
5. _____
6. _____
7. _____
8. _____

1–13 ¿Cómo están? Felipe te está explicando cómo está su familia en este momento. Usa expresiones con *estar* para expresar las ideas de Felipe de otra manera.

Modelo: Roberto tiene que salir rápidamente.
        Roberto *está con prisa*.

Felipe:
1. Mi madre siempre piensa lo mismo que mi abuela.
2. Mi hermano quiere mucho a su novia.
3. Mi primo terminó su matrimonio con Elvira.
4. Hoy mi primo se siente contento.
5. Mi tío sólo se queda en Madrid unas horas.
6. Mi media hermana va a casarse con Luis en un mes.
7. Mi padre tiene una semana de descanso en el trabajo.

1. Mi madre siempre _____ con mi abuela.
2. Mi hermano _____ de su novia.
3. Mi primo _____ de Elvira.
4. Hoy mi primo _____.
5. Mi tío _____ por Madrid.
6. Mi media hermana _____ con Luis.
7. Mi padre _____.

Al fin y al cabo

1-14 Una mujer especial.
Aquí tienes algunos datos personales sobre Rigoberta Menchú. Léelos y responde las preguntas.

Hoja de vida de
Rigoberta Menchú Tum

Nombre:	Rigoberta Menchú Tum
Fecha de nacimiento:	9 de enero de 1959
Lugar de nacimiento:	Aldea Chimel, municipio de Uspantán, Departamento del Quiché, Guatemala
Nombre de los padres:	Vicente Menchú Pérez y Juana Tum Kótoja
Estado civil:	Casada
Hijos:	Uno

Estudios realizados
Formación autodidacta

Desempeño laboral
Trabajadora agrícola y empleada doméstica

Actividad religiosa
Desde los diez años participó como maya y como catequista en actividades religiosas en su comunidad.

Actividades populares
- En el año de 1979 ingresó al Comité de Unidad Campesina, CUC. En 1981 pasó a formar parte de la Representación Internacional del CUC. En 1986 ingresó a la Comisión Nacional de Coordinación del CUC. En 1993 pasó a ser miembro honorario del CUC.
- En 1992 recibió el Premio Nobel de la Paz. En reconocimiento a su trayectoria política recibió varios premios y honores por parte de muchas universidades e instituciones públicas en EE.UU. y Europa.
- Lucha por los derechos de los indígenas.

Obras publicadas
Me llamo Rigoberta Menchú y así me nació la conciencia, libro testimonial publicado en 1983, que ha sido traducido a más de doce idiomas y ha merecido decenas de reconocimientos internacionales.

Numerosas declaraciones y artículos sobre diversos temas.

En octubre de 1997 fue publicado en italiano el libro *Rigoberta: senza Frontiera*.

La versión en español *Rigoberta: la nieta de los Mayas*, vio la luz en abril de 1998.

En la primavera de 1998 fue publicada la versión en inglés bajo el nombre de *Crossing Borders*.

Guatemala, enero de 1999

---

1. ¿De dónde es Rigoberta?

_____

2. ¿Está casada, soltera o divorciada?

_____

3. ¿Cuántos hijos tiene?

_____

4. ¿En qué trabaja Rigoberta?

_____

5. ¿Qué premio recibió en 1992?

_____

6. ¿Qué libro de Rigoberta se publicó en 1998 en inglés?

_____

1-15 **La visita a Guatemala.** Elena y su novio están de luna de miel en Centroamérica y necesitan información general sobre Guatemala. Busca y escribe la información que necesitan.

Capital: _____

Área total del país: _____

Religión: _____

Forma de gobierno: _____

Moneda: _____

Lenguas: _____

Volcanes importantes: _____

Cultura importante: _____

1-16 **La telenovela.** Ayer viste los últimos minutos de una telenovela en español. Lee el guión de la telenovela y después responde a las preguntas.

ALBERTO: ¿Por qué me sigues a todas partes?

JULIA: Porque tengo que hablar contigo. Alberto, no puedes casarte con esa mujer porque tú y yo seguimos enamorados.

ALBERTO: Eso no es verdad, Julia.

JULIA: Sí puede serlo. ¿Recuerdas nuestros planes de matrimonio?

ALBERTO: Mientes, Julia. Nosotros nunca hablamos de matrimonio. Tú y yo ya no somos novios. Ahora voy a casarme con Cayetana.

JULIA: Pero tú no la quieres, Alberto. Solamente piensas en que es hija única y va a heredar todo el dinero de sus padres. Tú todavía me quieres a mí, Alberto, no puedes negarlo. Mírame a los ojos y dime que no me amas.

ALBERTO: No puedo, Julia, no puedo. Yo sé lo que tengo que hacer. Ya está todo decidido. Mañana es la boda en la finca de mis futuros suegros y todo va a salir de acuerdo con mis planes. Debes olvidarte de que me conoces, Julia. Yo ya no quiero recordar el pasado.

1. ¿Cómo es Alberto? _____

_____

2. ¿Cómo es Julia? _____

_____

3. ¿Quién es Cayetana? _____

_____

4. ¿Por qué quiere hablar Julia con Alberto? _____

_____

5. ¿Cómo piensas que va a continuar la telenovela? _____

_____

_____

1-17 La persona favorita de mi familia. Describe en 10 ó 12 oraciones a la persona de tu familia que más admires.

_____
_____
_____
_____
_____
_____
_____
_____
_____
_____
_____
_____
_____
_____
_____

1-18 Una carta. Ayer Rosa recibió una carta de su hermana en la que le dice que está muy preocupada porque no sabe nada de ella.

> *Querida Rosa:*
>
> *¿Cómo estás? ¿Por qué no escribes? Estoy un poco preocupada porque no sé nada de ti.*
>
> *Nosotros estamos bien. Ayer celebramos el cumpleaños de Rosita. Parece mentira pero ya tiene dos años. Las dos mayores están muy cambiadas. Son independientes y tienen una personalidad muy fuerte. Casi no me dan ningún trabajo. La próxima vez voy a incluir unas fotos de las tres en la casa de mis suegros. Vas a ver qué lindas están.*
>
> *Por favor, escribe pronto.*
>
> *Un beso,*
>
> *Victoria*

Ahora Rosa va a responder la carta de su hermana. Tiene que darle muchas noticias porque tiene un nuevo novio y está muy contenta. Incluye la siguiente información:

- explicación de por qué no escribió antes
- descripción del físico y la personalidad de su novio
- detalles sobre su vida diaria

Querida hermana: _____

_____

_____

_____

_____

_____

_____

_____

_____

_____

_____

1

Capítulo uno

Hablemos de nosotros

En marcha con las palabras

1-19 ¿Mi hermano es mi primo? Escucha las siguientes oraciones y di si son lógicas (**L**) o ilógicas (**I**).

Modelo: Mi hermano es mi primo. – *I* (ilógico).

1. L   I
2. L   I
3. L   I
4. L   I

5. L   I
6. L   I
7. L   I
8. L   I

1-20 En familia. Escucha la siguiente conversación. Luego, marca todas las afirmaciones correctas según lo que escuches.

Modelo: Mi hermano menor, Héctor, tuvo un accidente.

   c. Es menor que Alba.

1. Héctor
   a. es el hermano de Belén.
   b. es la hermana de Alba.
   c. es menor que Alba.

2. Débora
   a. es la cuñada de Alba.
   b. es la madre de Ana.
   c. es la esposa de Pepe.

3. Laura
   a. es la hermana mayor de Ana.
   b. trabaja por las tardes.
   c. es sobrina de Belén.

4. Ana
   a. es la hermana de Alba.
   b. es la sobrina de Alba.
   c. es la hija de Héctor y Débora.

5. Los suegros de Débora
   a. son los padres de Héctor.
   b. ofrecieron ayuda.
   c. no tienen nietos.

6. Pepe
   a. es el bisabuelo de Belén.
   b. tiene más de ochenta años.
   c. no es muy simpático.

7. Pepe
   a. es el bisabuelo de Belén.
   b. es el más viejo de la familia.
   c. no tiene biznietos.

8. Alba
   a. tiene tanto dinero como Belén.
   b. tiene menos dinero que Belén.
   c. tiene más dinero que Belén

Sigamos con las estructuras

Referencia gramatical 1: Describing people and things: Adjective agreement

1-21 ¿Cómo son? Completa las oraciones de acuerdo al modelo. Luego, escucha las respuestas correctas.

Modelo: Mis abuelos son simpáticos

Mi tía. . . es simpática.

1. Mi hermano es inteligente.   Mis sobrinos _____

2. Mis padres son abiertos.   Mi suegra _____

3. Mi madre es muy rica.   Mi hermano _____

4. Mis hijos son fantásticos.   Mi hija _____

5. Mi esposo es muy cariñoso.   Mis primas _____

6. Mis primas son muy altas.   Mi papá _____

7. Mi suegro es conservador.   Mis parientes _____

8. Mi cuñado es viejo.   Mi cuñada _____

Referencia gramatical 2: Discussing daily activities: Present tense indicative of regular verbs

1-22 Cada familia es un mundo. Usa la forma correcta de los verbos en el presente para formar oraciones completas de acuerda al modelo. Luego, escucha las respuestas correctas.

Modelo: Mis suegros nos / visitar / con frecuencia

Mis suegros nos visitan con frecuencia.

1. Mi bisabuela / mimar / a sus parientes

_____

2. Los niños / aprender / de los mayores

_____

3. En nuestra familia nunca / compartir / nada

_____

4. Sus abuelos les / permitir / todo

_____

5. Yo / cuidar / a mis sobrinas los fines de semana

_____

6. Mi yerno no / aceptar / la independencia de mi hija

_____

7. Mi cuñada / vivir / en el campo

_____

Referencia gramatical 3: Describing actions in progress: Present progressive tense

1-23 ¿Qué están haciendo? Escucha y di que crees que están haciendo.

1.
   a. Está tocando el piano.
   b. Está tirándose al agua.
   c. Está contando un cuento.

2.
   a. Está mirando la tele.
   b. Está llorando.
   c. Está cortando un árbol.

3.
   a. Está hablando con los padres.
   b. Está escuchando la radio.
   c. Está bailando.

4.
   a. Está riendo.
   b. Está leyendo un libro.
   c. Está esperando el autobús.

5.
   a. Está cerrando la puerta.
   b. Está lavándose los dientes.
   c. Está duchándose.

6.
   a. Está lavando la ropa.
   b. Está cantando en la ducha.
   c. Está llamando por teléfono.

7.
   a. Está charlando con amigos.
   b. Está abriendo una botella.
   c. Está estudiando.

8.
   a. Está jugando al fútbol.
   b. Está bañándose.
   c. Está sirviendo una bebida.

Aprendamos 1: Discussing daily activities: Present tense indicative, irregular verbs

1-24 Preparativos. Los novios tienen mucho que hacer antes de la boda y toda la familia colabora con ellos. Escucha las siguientes frases y marca el verbo correcto.

1. a. traduje	b. traduce	c. tradujo
2. a. va	b. van	c. iba
3. a. hay	b. debe	c. tiene
4. a. compraron	b. comprarán	c. compran
5. a. sirven	b. suben	c. saben
6. a. sana	b. sueña	c. sabe
7. a. construyen	b. consumen	c. contribuyen
8. a. pasamos	b. pensamos	c. posamos

Lab Manual

Aprendamos 2: Describing conditions and characteristics: Uses of *ser* and *estar*

1-25 ¿Ser o no ser? Usa la forma correcta de los verbos *ser* o *estar* para escribir oraciones completas. Sigue el modelo. Luego, escucha las respuestas correctas.

Modelo: Mis abuelos / de España
Mis abuelos son de España.

1. El padre de Héctor / peruano

   _____

2. El cumpleaños del bisabuelo / el 15 de octubre

   _____

3. Marcos / hablando por teléfono y Fernando / escribiendo las invitaciones

   _____

4. Los platos y las servilletas / allí, sobre la mesa de la cocina

   _____

5. Mis sobrinos / tristes porque mi hermana no / aquí

   _____

6. Hoy / la fiesta en casa de mi nuera. Mis nietos / muy contentos

   _____

7. Mi suegro / serio y sencillo, y mi suegra / cariñosa y apasionada

   _____

8. ¿La fiesta / en el club? / a las seis, ¿verdad?

   _____

1-26 ¿Listos? Usa la forma correcta de los verbos *ser* o *estar* y el adjetivo que corresponda para escribir oraciones completas. Sigue el modelo.

Modelo: Mi hermano (to be ready)
Mi hermano está listo.

1. Tu yerno (to be sick) _____ .
2. Las sobrinas (to be bad) _____ .
3. Tu suegra (to be funny) _____ .
4. La tía Carlota (to look pretty) _____ .
5. Tus primos (to be ready) _____ .
6. Mis hijos (to be clever) _____ .
7. El tío Alfonso (to be ugly) _____ .
8. Los biznietos (to be sick) _____ .

Al fin y al cabo

1-27 **Una boda.** Lee la invitación a la boda y contesta las preguntas que escuches.

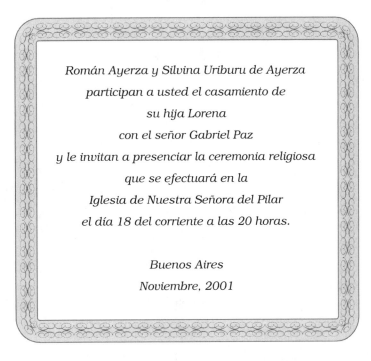

Román Ayerza y Silvina Uriburu de Ayerza
participan a usted el casamiento de
su hija Lorena
con el señor Gabriel Paz
y le invitan a presenciar la ceremonia religiosa
que se efectuará en la
Iglesia de Nuestra Señora del Pilar
el día 18 del corriente a las 20 horas.

Buenos Aires
Noviembre, 2001

Modelo: ¿Cuándo es la boda?
La boda es en noviembre.

1. _____ .
2. _____ .
3. _____ .
4. _____ .
5. _____ .
6. _____ .

1-28 **¿Quién es quién?** Escucha las claves para identificar a cada personaje y arma el árbol genealógico.

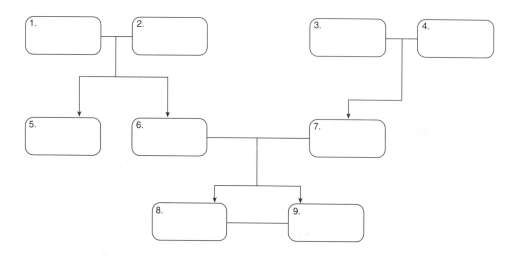

1-29 **La familia de Lucía.** Escucha la siguiente conversación entre Lucía y George, donde Lucía le habla a George sobre su familia. Completa las oraciones con los nombres de los distintos parientes según la conversación.

Modelo: Mi familia es muy grande, tengo cuatro hermanos.

Mateo es el hermano mayor.

Los parientes de Lucía:

1. Pablo es _____.
2. Inés es _____.
3. Manuel es _____.
4. Juan es _____.
5. Nelly es _____.
6. Agustina es _____.
7. Lucas es _____.
8. Santiago es _____.
9. Marcela es _____.

Dictado

1-30 **¿Quién manda en casa?** Transcribe el fragmento que escucharás a continuación.

_____

_____

_____

_____

_____

_____

_____

_____

_____

_____

_____

2 Capítulo dos
Hablemos del multiculturalismo

En marcha con las palabras

2-1 **Desmemoriado.** Tu amigo Tino tiene muy mala memoria y siempre te pide que le ayudes a recordar las palabras. Ayúdale a encontrar las palabras que busca.

Tino: ¿Cuál es la palabra para. . .

1. . . . las verduras y frutas que se cultivan y recogen en un lugar?
2. . . . no aceptar algo?
3. . . . las personas originarias de un país?
4. . . . el dinero que recibe una persona por su trabajo?
5. . . . los trabajos no fijos, que cambian según la estación del año?
6. . . . asimilarse a la cultura de un país?
7. . . . condición de la gente según su sueldo o riquezas?
8. . . . los miembros de una familia que ya murieron?

Tú: La palabra que buscas es:

1. _____
2. _____
3. _____
4. _____
5. _____
6. _____
7. _____
8. _____

2-2 **La realidad de los inmigrantes.** Di si son ciertas (**C**) o falsas (**F**) las siguientes afirmaciones sobre todos o algunos inmigrantes hispanos que vienen a los Estados Unidos.

1. Todos los inmigrantes tienen un gran bienestar económico.   C   F
2. Algunos pasan la frontera con la ayuda de un coyote.   C   F
3. Todos reciben su tarjeta de residente cuando llegan a la frontera de los EE.UU.   C   F
4. Lo que hacen los trabajadores migratorios es recoger frutas y verduras.   C   F

5. El porcentaje de hispanos en los EE.UU. es mayor que el de asiáticos.   C   F

6. La migra busca trabajo para los indocumentados.   C   F

7. Los inmigrantes cubanos se establecieron principalmente en California.   C   F

8. Los inmigrantes logran mejorar su nivel de vida gracias a sus antepasados.   C   F

9. Los oficios de los inmigrantes son mejores que los del resto de la población.   C   F

10. Los coyotes ayudan a los inmigrantes a pasar la frontera.   C   F

2-3 **¿Cómo andan las cosas?** Juan Montero es un trabajador migratorio. Está hablando con su madre, que vive en México, y le cuenta algunos detalles de su vida. Completen el diálogo según el contexto. Usa los verbos en el presente.

MADRE: Rosita siempre me (1) _____ ti. Quiere saber cuándo se van a casar.

pedir   preguntar   preguntar por

JUAN: No sé mamá. Es muy dura la vida aquí. (2) _____ trabajar mucho para poder mantener a una familia.

Haber que   Tener   Haber

MADRE: Pero hijo, en todas partes uno (3) _____ trabajar duro si quieres salir adelante.

tener que   haber que   tener

JUAN: Sí mamá, ya lo sé. Pero (4) _____ otros trabajos donde el

trabajador no (5) _____ estar en el campo de sol a sol

recogiendo frutas o vegetales y mudándose cada quince días a un lugar nuevo.

tener / haber   haber que / tener   Haber / tener que

MADRE: Lo siento hijo. Yo sólo te (6) _____ que tengas mucho cuidado y

que te cuides. Aquí todos estamos esperándote y muchos me

(7) _____ cuándo vienes.

pedir / preguntar   preguntar por / pedir   preguntar / preguntar por

JUAN: Creo que un mes más y vuelvo a Laredo para decidir lo que quiero hacer.

2-4 **Un estudiante extranjero.** Julio es un peruano que acaba de llegar a Boston para estudiar y está hablando con José, un puertorriqueño.

A. Continúa lo que dice Julio. Escribe la letra de la oración que corresponda en los espacios en blanco.

1. _____ Necesito leer unos libros.   a. ¿Me podrías explicar cómo llegar?

2. _____ Tengo problemas con mi inglés.   b. Me gustaría saber dónde está la biblioteca.

3. _____ Tengo dos boletos para ir al fútbol.   c. ¿Quisieras venir conmigo?

4. _____ Mañana necesito ir la universidad.   d. ¿Podrías ayudarme con la gramática?

B. José y Julio están hablando por teléfono. Descifra lo que cada uno dice y escribe la letra que corresponda a la información lógica incluida en el diálogo de los dos amigos.

1. _____

      JOSÉ: Hola, Julio. ¿Cómotaidoyneltrabajo?

      JULIO: a) ¿cómo dices?

              b) ¿quieres decir que no puedes venir?

      JOSÉ: Digo que si tuviste un buen día en el trabajo.

      _____

2. _____

      JULIO: José,   a) ¿cómo dices *feedback*?

                 b) ¿qué quiere decir *feedback*?

      JOSÉ: Creo que no existe una palabra específica en español. Es una palabra que se utiliza cuando alguien te da sugerencias para mejorar algo que hayas hecho.

      JULIO: Muchas gracias. Creo que necesito *feedback* de mi jefe.

      _____

3. _____

      JOSÉ: Oye, Julio, el mes que viene regreso a Puerto Rico.

      JULIO: a) ¿Quieres decir que vas a dejar tu trabajo aquí?

              b) No entiendo. ¿Puedes repetir, por favor?

      JOSÉ: Efectivamente.

Sigamos con las estructuras

Referencia gramatical 1: Asking for definitions and choices: ¿Qué? o ¿Cuál?

2-5 **Información personal.** Tú tienes que hacerle estas preguntas a una mujer hispana que busca trabajo en una agencia de empleo. Completa las oraciones con **qué** o **cuál**.

1. ¿_____ es su número de teléfono?

2. ¿_____ es su dirección?

3. ¿En _____ quiere trabajar?

4. ¿_____ es su ocupación en su país?

5. ¿_____ estudios tiene?

6. ¿_____ es su país de origen?

Referencia gramatical 2: Describing daily routines: Reflexive verbs

2-6 Reflexiones de un boricua. Completa la rutina familiar de Pedro Santiago, un borinqueño que vive en Nueva York. Elige los verbos dados apropiados y conjúgalos en el tiempo necesario de acuerdo con el contexto.

arreglarse	levantarse	mudarse

Nosotros (1) _____ a Nueva York en la primavera. Ahora Nélida y yo

(2) _____ temprano para ir al trabajo. Mientras ella

(3) _____ yo levanto a los niños.

acordarse	adaptarse	quejarse	sentirse

Nélida y yo todavía no (4) _____ a la vida aquí. Nélida

(5) _____ mucho de su familia en Aguadilla y yo también pienso en ellos, pero

no (6) _____ de vivir aquí porque (7) _____ bien en el

trabajo y conozco a todos mis compañeros.

divertirse	necesitar	reunirse

A veces vamos a un club borinqueño que hay en el barrio. Allí (8) _____

muchos inmigrantes para comer, hablar y bailar. La verdad es que nosotros

(9) _____ bastante cuando vamos allí, pero es difícil llevar a los niños con

nosotros. Claro, son todavía pequeños y (10) _____ atención.

ponerse	prepararse	sentarse	separarse

Mi hijo Rubén es muy listo. Ahora está (11) _____ para empezar la escuela.

Flavia cumplió ayer tres años y ya (12) _____ la ropa sola por la mañana y

(13) _____ a comer con todos a la mesa. Una vecina nuestra cuida de los niños

cuando nosotros no estamos en casa. Tenemos suerte porque es una mujer estupenda. Para Rubén

va a ser difícil (14) _____ de ella.

Referencia gramatical 3: Describing reciprocal actions: Reciprocal verbs

2-7 Relaciones recíprocas. Pedro Santiago está hablando con un amigo sobre su vida en Nueva York. Usa el verbo apropiado para completar la conversación.

apoyarse	entenderse	juntarse	llevarse	separarse	soportarse

AMIGO: ¿Hacen algo divertido en el trabajo?

PEDRO: Sí, a veces (1) _____ para ir a tomar una cerveza después del trabajo.

AMIGO: Y Nélida, ¿qué tal en su trabajo?

PEDRO: Bastante bien. Parece que todos los compañeros (2) _____ bien.

AMIGO: ¿Están ustedes bien en Nueva York?

PEDRO: Bueno, echamos de menos a la familia, pero Nélida y yo

(3) _____ mucho en todo y así la nostalgia es menor.

AMIGO: Ustedes nunca se pelean, ¿verdad?

PEDRO: No. Pensamos igual sobre muchas cosas y por eso (4) _____ muy bien.

AMIGO: ¡Qué buena suerte! Mi novia y yo nos comprometimos el mes pasado y todo va mal. ¡No (5) _____!

PEDRO: Entonces ustedes deben (6) _____. No pueden casarse.

Aprendamos 1: Expressing unintentional or accidental events: Reflexive construction for unplanned occurrences

2-8 Unidad latina. En la universidad donde estudia César hay un grupo de estudiantes latinos. Hoy están hablando sobre algunos de los problemas que tuvieron ellos o sus familias al venir a los EE.UU. Sigue el modelo con la estructura *se* + **pronombre de objeto indirecto** para crear las oraciones.

Modelo: César: (yo / rompió / la mochila)
A mí se me rompió la mochila.

César: (mi padre / escapó / el perro en el aeropuerto)

_____

Isabel: (mis padres / olvidaron / pasaportes en un motel)

_____

Eduardo: (mi hermano / quedaron / las maletas en el aeropuerto)

_____

María: (yo / olvidaron / las direcciones de mis amigos)

_____

Ramón: (mi madre / murieron / todas sus plantas en el viaje)

_____

Marisel: (nosotros / descompuso / el autobús en la frontera)

_____

Luis: (yo / venció / la visa a los tres meses)

_____

Adela: (mis abuelos / acabó / el dinero muy pronto)

_____

2-9 **Los problemas de Isabel.** Isabel le explica a Adela los problemas que tuvo hoy. Usa los verbos y los pronombres apropiados para completar la explicación de Adela. Usa el presente.

acabar	caer	ir	morir	perder	quedar

Adela, no vas a creer mi día. Eduardo y yo vamos al Consulado y a mi

(1) _____ _____ _____ la mochila en el

tren. Volvemos a la estación y, por suerte, está allí. Después, en una cafetería, a Eduardo

(2) _____ _____ _____ el café encima de

una señora y ella se enoja muchísimo. Volvemos a la universidad alrededor de la una de la tarde y

a mí (3) _____ _____ _____ veinte

dólares. Por la tarde, Eduardo y yo queremos ir a la casa de unos amigos venezolanos que no viven

aquí, llegamos tarde a la estación y (4) _____ _____

_____ el tren, así que volvemos a casa y decidimos no hacer nada más.

2-10 ¿Qué puede ocurrir? Adela Urbino y su familia van a ir de vacaciones a Chile, pero Adela tiene miedo de encontrar problemas al volver a casa. Expresa las preocupaciones de Adela usando la estructura **se + objeto indirecto**. Usa el presente.

Modelo: A lo mejor (*perhaps*) mi computadora no funciona (a mí - descomponer)

A lo mejor a mí se me descompone la computadora.

1. A lo mejor los pájaros de mis hijos no están en la jaula (*cage*). (a mis hijos - escapar)
_____

2. A lo mejor las plantas de mi hija no están vivas. (a mi hija - morir)
_____

3. A lo mejor mi esposo no recuerda que debe ir a la oficina de inmigración al volver de Chile. (a mi esposo - olvidar)
_____

4. A lo mejor mi visa expira antes de regresar. (a mí - vencer)
_____

5. A lo mejor tú dejas su pasaporte en la casa de los abuelos. (tú - quedar)
_____

6. A lo mejor nuestra televisión no funciona al regreso. (a nosotros - descomponer)
_____

7. ¡A lo mejor mi esposo piensa llamar al vecino para que vaya a cuidar la casa! (a mi esposo - ocurrir)
_____

2-11 Gente torpe. En la familia de Adela hay gente muy torpe. Usa la estructura **se + objeto indirecto** para completar la conversación.

ADELA: ¿Qué pasó ayer?

LA MADRE: _____ el bolso.

ADELA: ¿Y dónde se te perdió?

LA MADRE: No lo sé.

ADELA: ¿Y qué problema tuvo la abuela?

LA MADRE: _____ la comida.

ADELA: ¿Cómo pudo quemársele la comida otra vez?

LA MADRE: ¡Tu abuela no tiene buena memoria! ¿Y tú y Rafael no tuvieron ningún problema últimamente?

ADELA: _____ el coche.

LA MADRE: ¿Y cuándo se les descompuso?

ADELA: El martes. Así que ahora no tenemos coche.

Aprendamos 2: Expressing likes and dislikes: Verbs like *gustar*

2-12 La opinión de Sonia. Sonia le dice a Rafael lo que piensa sobre otros estudiantes hispanos de la universidad. Escribe las oraciones de Sonia uniendo la información de las dos listas.

1. A mí me gusta
2. A ti te disgustan
3. A nosotros nos encantan
4. A Sofía le interesa
5. A Juan y a Ana les faltan
6. A nosotros nos parece

a. las malas noticias sobre tu país
b. que los inmigrantes tienen que trabajar muy duro
c. las clases de cultura latinoamericana del departamento
d. la música de Juan Luis Guerra
e. el puesto de trabajo anunciado en el periódico
f. dos clases para graduarse

1. _____
2. _____
3. _____
4. _____
5. _____
6. _____

2-13 Las ideas de Jacinto. Jacinto es un salvadoreño que ahora vive con su familia en una ciudad de Massachussetts. Usa la información dada para escribir seis opiniones que compartió Jacinto con sus compañeros de trabajo.

A algunos trabajadores	(no)	me	gustar	nuestro jefe
A mí		te	importar	hacer trabajos duros
A nosotros		le	molestar	el fútbol
Al jefe		nos	quedar	dos horas de trabajo
A ustedes		les	fastidiar	las injusticias
A ti			caer bien	el racismo

1. _____
2. _____
3. _____
4. _____
5. _____
6. _____

2-14 Un dominicano y una colombiana. Mario y Claudia llegaron a los EE.UU. en 1995. Lee los datos que aparecen a continuación y completa las oraciones con la información necesaria.

> **Mario:** Es taxista y estudia literatura latinoamericana en la universidad; siempre ve los partidos de béisbol y su deportista favorito es Sammy Sosa. Se siente más feliz en la ciudad que en el campo. Le cuesta mucho levantarse temprano y prefiere trabajar por la noche. Todavía debe estudiar dos años más para graduarse.

> **Claudia:** Estudia literatura latinoamericana en la universidad y trabaja en un restaurante para pagar sus estudios. Odia el béisbol pero siempre mira los partidos de tenis en la televisión. Se lleva muy bien con Mario y muchas veces hacen cosas juntos. Cree que en los EE.UU. hay más oportunidades de trabajo que en su país.

1. A Mario y a Claudia / interesar

_____

2. Mario / disgustar

_____

3. Claudia / no gustar

_____

4. Claudia / caer bien

_____

5. Mario / faltar

_____

6. Claudia / parecer

_____

2-15 Hablan los hispanos. Hoy hay cinco hispanos en un programa de Univisión. Escribe algunas de las opiniones de estos hispanos sobre su vida en los Estados Unidos. Usa los verbos entre paréntesis y la estructura de los verbos como *gustar*.

Carolina (chilena)

(gustar) _____

(faltar) _____

Silvio y Yolanda (cubanos)

(encantar) _____

(molestar) _____

Paloma y Manolo (españoles)

(entusiasmar) _____

(parecer) _____

Al fin y al cabo

2-16 César Chávez. A continuación tienes unos datos sobre la vida y el trabajo de César Chávez. Busca en un libro o en Internet la solución correcta.

1. César Chávez era descendiente de padres:

   a) cubanos   b) mexicanos   c) puertorriqueños

2. Murió en:

   a) 1973   b) 1983   c) 1993

3. Fundó:

   a) la National Farm Workers Association

   b) el Partido Independentista de Puerto Rico

   c) la Radio Martí

2-17 Monumentos y ciudades. En los Estados Unidos hay muchas ciudades con monumentos históricos de origen hispano. Escribe la letra de la ciudad en la que se encuentra cada uno de los siguientes sitios.

Monumentos	Ciudades
1. El Álamo (1744) _____	a. Santa Fe (Nuevo México)
2. Palacio de los Gobernadores (1610) _____	b. San Antonio (Texas)
3. El Cabildo (1795) _____	c. San Francisco (California)
4. Misión Dolores (1776) _____	d. Nueva Orleans (Louisiana)
5. Misión San Diego de Alcalá (1769) _____	e. San Diego (California)

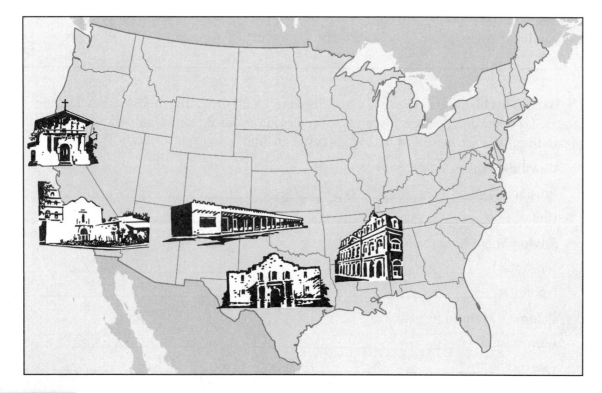

2-18 El precio de ser un gringo. Richard Rodríguez, el famoso periodista de origen mexicano, escribió el artículo "El precio de ser un gringo" para Pacific News Services. Lee esta parte del artículo de Rodríguez y responde las preguntas.

▎ El precio de ser un gringo

Quizá necesitamos colocar un letrero en la frontera: PELIGRO—ESTADOS UNIDOS PODRÍA SER PELIGROSO PARA SU SALUD.

Un estudio dirigido por el profesor William Vega de la Universidad de California-Berkeley ha encontrado que los inmigrantes mexicanos sufren de un estrés mental que aumenta con su estadía en este país. Los índices de enfermedad mental y trastornos sociales, como el uso de drogas y el divorcio, aumentan después de la inmigración. Dentro de una generación, los investigadores de Vega vieron un colapso de las familias inmigrantes en comparación con las de los estadounidenses.

Vega y su equipo de investigadores estudiaron los problemas de los inmigrantes mexicanos en el Condado de Fresno, pero supongo que ellos hubieran encontrado los mismos resultados al hablar con jóvenes mexicanos en Tijuana. Los pobres se están moviendo, por todo el mundo, de pueblo en pueblo, desde la tradición hacia el cambio.

Entre Tijuana y San Diego esta noche, uno puede conocer a jóvenes esperando la oscuridad para poder correr hacia Estados Unidos. Ellos dicen que no les interesa ser estadounidenses. No hablan de Thomas Jefferson o el "Bill of Rights". Según ellos, hay un trabajo que les está esperando en Glendale o Fresno. Un puesto en una pizzería o arreglando techos que les ayudará a combatir el hambre.

Los profesores de este país se preocupan. Los invitados del National Research Council avisan que no se debe "empujar a los inmigrantes jóvenes hacia la asimilación".

El niño de Oaxaca termina haciendo pizzas en Santa Mónica. Aprende el inglés al escuchar, "¡no quiero pepperoni!" Día tras día, él respira Estados Unidos. Estados Unidos le entra por el oído—la jerga de California, el retumbo del rap. No se puede resistir.

1. ¿Cuál es el tema general de esta parte del artículo de Richard Rodríguez?
   _____

2. ¿Qué grupo de inmigrantes estudió el equipo del profesor Vega?
   _____

3. ¿Qué se descubrió en el estudio?
   _____

4. ¿Qué piensa Richard Rodríguez sobre los resultados del estudio?
   _____

5. ¿Qué les interesa y qué no les interesa a los jóvenes que quieren cruzar la frontera?
   _____

6. ¿Qué cree el National Research Council?
   _____

7. Explica con tus propias palabras qué quiere decir Richard Rodríguez en el último párrafo.
   _____
   _____
   _____
   _____

2-19 La Mamacita. En el cuento de Sandra Cisneros "No Speak English", la mujer no está muy contenta en este país y le escribe una carta a su amiga Adela, hablándole de su vida aquí. Completa la carta de la Mamacita teniendo en cuenta la historia o añadiendo otra información.

Querida Adela:

La vida aquí no es fácil. Todos los días _____, luego

_____ y después _____. Al niño le encanta

_____ pero a mí no me gusta.

Me acuerdo mucho de _____ pero creo que nunca voy a poder marcharme

de aquí. Mi esposo se preocupa mucho porque _____. A veces nos

peleamos porque _____.

Quiero regresar a _____.

¡Qué triste me siento!

Se despide de ti, tu amiga.

Mamacita

2-20 Opiniones. A continuación tienes las opiniones de cuatro estadounidenses sobre la presencia de los hispanos en los Estados Unidos. Elige la opinión con la que estés de acuerdo y, en un párrafo de 8 oraciones, explica por qué piensas así.

A mí me preocupa mucho que haya tantos latinos en este estado. Los latinos nos quitan el trabajo y obligan a las escuelas a gastar dinero en programas bilingües.

(J.O.R., California)

A mí me gusta mucho ver a tantos latinos por las calles de mi ciudad. Los inmigrantes son buenos para este país porque traen otros valores culturales y nos enseñan maneras diferentes de pensar y vivir.

(J.P.R., Texas)

> A mí me molesta oír español por la calle, leer letreros de "Se habla español" en las tiendas y ver que muchas instrucciones están en inglés y en español. ¿Por qué no aprenden inglés los latinos y se olvidan de su lengua? Para eso estamos en los Estados Unidos.
>
> (J.Q.R., California)

> Me parece bien que los inmigrantes latinos conserven sus tradiciones - si es eso lo que quieren. Pero a mí no me interesa su cultura porque creo que no tiene nada que ofrecernos a nosotros los "anglos".
>
> (J.R.R., Texas)

_____

_____

_____

_____

_____

_____

_____

_____

_____

_____

2

Capítulo dos
Hablemos del multiculturalismo

En marcha con las palabras

2-21 ¿Visas con enchiladas? Escucha las siguientes oraciones y di si son lógicas (**L**) o ilógicas (**I**).

Modelo: La tortilla perdió la visa. – *I* (ilógico)

1. L   I
2. L   I
3. L   I
4. L   I

5. L   I
6. L   I
7. L   I
8. L   I

2-22 El español en Estados Unidos. Escucha el siguiente fragmento y di si las afirmaciones son ciertas (**C**) o falsas (**F**).

Modelo: En los Estados Unidos viven más de doce millones de hispanos.
               Hay más de diez millones de hispanos en los Estados Unidos. C

1. Hay menos de treinta millones de hispanos en los Estados Unidos.   C   F

2. En Michigan se concentra el mayor número de hispanos.   C   F

3. California y Nuevo México tienen una gran población hispana.   C   F

4. México es el país con mayor número de hispanos en el mundo.   C   F

5. España tiene menos hispanohablantes que Estados Unidos.   C   F

6. Argentina tiene más hispanohablantes que Colombia.   C   F

7. Estados Unidos tienen más hispanohablantes que Perú.   C   F

8. Estados Unidos van a conservar el español con todas sus variedades.   C   F

2-23 **¿Guatemalteco o dominicano?** Escucha las claves para identificar a cada personaje y completa el cuadro.

Nombre	País de origen	Idiomas	Lugar donde vive	Lo que le gusta	Lo que le molesta	Lo que le interesa
	República Dominicana		Texas			la globalización
			Florida		discriminación	la política
		español		uvas		la ropa y la moda
	Puerto Rico			los platos típicos de diferentes países	el machismo	

Sigamos con las estructuras

Referencia gramatical 1: Asking for definitions and choices: ¿Qué? o ¿Cuál?

2-24 **¿Cuál prefieres?** Escucha las siguientes frases e indica cuál es la pregunta adecuada para cada una.

1. a. ¿Qué prefieres?
   b. ¿Cuál prefieres?
   c. ¿Cuáles prefieres?

2. a. ¿Qué es?
   b. ¿Cuál es?
   c. ¿Cuáles son?

3. a. ¿Qué es el coyote?
   b. ¿Cuál es el coyote?
   c. ¿Cuáles son los coyotes?

4. a. ¿Por qué vas a votar?
   b. ¿Por cuál vas a votar?
   c. ¿Por cuáles vas a votar?

5. a. ¿Qué hacen los coyotes?
   b. ¿Cuál hace de coyote?
   c. ¿Cuáles hacen de coyotes?

6. a. ¿Qué es mejor?
   b. ¿Cuál es mejor?
   c. ¿Cuáles son mejores?

Referencia gramatical 2: Describing daily routines: Reflexive verbs

2-25 Todos los días. Imagina la rutina diaria de la protagonista del cuento "No Speak English". Escribe oraciones completas de acuerdo al modelo. Luego, escucha las respuestas correctas.

Modelo: Todas las mañanas / levantarse a las ocho

Todas las mañanas se levanta a las ocho.

1. Todas las mañanas / despertarse a las siete y media

_____.

2. Despertar / a su esposo y / ducharse

_____.

3. Lavarse / el pelo y / cepillarse / los dientes

_____.

4. Peinarse / el cabello / y luego / tomar / el desayuno con su familia

_____.

5. Luego / vestirse

_____.

6. Su marido / despedirse e / irse a su trabajo

_____.

7. Ella / quedarse en casa todo el día

_____.

Referencia gramatical 3: Describing reciprocal actions: Reciprocal verbs

2-26 Jorge y Silvia. Reconstruye la historia de estos dos inmigrantes. Haz frases completas con los elementos dados. Luego escucha las respuestas correctas.

Modelo: conocerse / en el viaje a los Estados Unidos

Se conocen en el viaje a los Estados Unidos.

1. conocerse / en la frontera

_____.

2. entenderse / perfectamente

_____.

3. enamorarse / rápidamente

_____.

4. quererse / muchísimo

_____.

5. casarse / en la primavera

_____.

Lab Manual

6. enojarse / mucho

_____.

7. divorciarse / en el otoño

_____.

8. encontrarse / en el invierno

_____.

9. mirarse / durante largo rato

_____.

10. abrazarse / felices

_____.

11. besarse / con pasión

_____.

12. juntarse / otra vez

_____.

Aprendamos 1: Expressing unintentional or accidental events: Reflexive construction for unplanned occurrences

2-27 ¿Qué pasó? Estas personas tuvieron un muy mal día. Escribe oraciones completas de acuerdo al modelo. Luego, escucha las respuestas correctas. Presta atención al tiempo de los verbos.

Modelo: A Juan y Cecilia / perderse los pasaportes
A Juan y a Cecilia se les perdieron los pasaportes.

1. A nosotros / olvidarse los pasaportes

_____.

2. A ellas / perderse el billete

_____.

3. A mí / acabarse el dinero

_____.

4. A ti / romperse la maleta

_____.

5. A ustedes / vencerse la visa

_____.

6. A él / acabarse los formularios

_____.

7. A mí / caerse los documentos

_____.

8. A nosotras / quemarse las tortillas

_____.

2-28 ¿Se te olvidó? Escucha los siguientes minidiálogos y marca la respuesta correcta para indicar de qué están hablando en cada uno.

Modelo: —Ay, se me cayó.

—No te preocupes aquí tienes otro.

El papel

1. a. Los documentos   b. El pasaporte
2. a. Las enchiladas   b. La comida
3. a. Los billetes   b. La visa
4. a. Las monedas   b. El dinero para un café

2-29 ¿A quién? Escucha cada una de las siguientes preguntas y decide a quién le ocurrió cada cosa. Marca la respuesta correcta para cada pregunta que escuches.

Modelo: ¿Se te perdió la tarjeta?

A ti

1. a. A él   b. A mí   c. A ellas
2. a. A nosotros   b. A ellos   c. A ti
3. a. A mí   b. A ti   c. A ella
4. a. A ti   b. A nosotras   c. A vosotras
5. a. A mí   b. A ellas   c. A vosotros
6. a. A ti   b. A él   c. A nosotros

Aprendamos 2: Expressing likes and dislikes: Verbs like *gustar*

2-30 ¡Muchísimo! Escucha los siguientes minidiálogos y marca la respuesta correcta para indicar de qué están hablando en cada uno.

Modelo: —¿Te interesan?

—*Sí, me interesan muchísimo.*

Las costumbres hispanas

1. a. Los programas de televisión hispanos   b. La música latina
2. a. Otras culturas   b. La literatura chicana
3. a. La comida tejano-mexicana   b. Las enchiladas
4. a. Las películas de Antonio Banderas   b. Una canción de Gloria Estefan

Lab Manual

2-31 ¿Te gusta? Escribe oraciones completas de acuerdo al modelo. Luego, escucha las respuestas correctas.

Modelo: A mí / molestar / los problemas
A mí me molestan los problemas.

1. A mí / molestar / las personas racistas

   _____

2. A ti / interesar / participar en política

   _____

3. A nosotros / faltar / leyes justas

   _____

4. A ustedes / caer bien / el nuevo profesor bilingüe

   _____

5. A usted / caer mal / la migra

   _____

6. A ella / encantar / hacer y comer tortillas

   _____

2-32 ¿De acuerdo? Escucha estos diálogos breves y di si las personas están de acuerdo o no.

Modelo: —A mí no me gusta nada la televisión.
—A mí sí.
Desacuerdo 🙁

	Acuerdo 🙂	Desacuerdo 🙁
1.		
2.		
3.		
4.		
5.		
6.		
7.		
8.		

Al fin y al cabo

2-33 Sobre gustos no hay nada escrito. Escucha la descripción de las siguientes personas y marca los gustos y preferencias de cada una.

Nombre	Interesar	Encantar	Fastidiar	Importar	Fascinar
Juan					
Pablo					
Santiago					
Pedro					
Ángeles					
Ana					

2-34 ¡Qué desastre de día! Hay días en que todo sale mal. Escucha el siguiente relato y di si las afirmaciones son ciertas (**C**) o falsas (**F**).

Modelo: Anoche me acosté tarde porque se me perdieron las llaves de casa.

Anoche se acostó muy temprano. – F

1. Se le rompió el despertador.   C   F
2. Se le descompuso la cafetera.   C   F
3. Le gusta mucho el café.   C   F
4. Los papeles se mancharon con el café.   C   F
5. Necesitaba obtener el pasaporte.   C   F
6. Se le olvidaron las fotos y unos papeles.   C   F
7. Las colas no le molestan porque puede leer.   C   F
8. Se rompió el autobús y no pudo obtener la visa.   C   F

2-35 **Homenaje a César Chávez.** Escucha la siguiente noticia y di si las afirmaciones son ciertas (**C**) o falsas (**F**).

1. La noticia es sobre una ciudad en Texas.	C	F
2. César Chávez fue un defensor de los derechos de los hispanos.	C	F
3. Un senador se reunió con otros senadores en el ayuntamiento.	C	F
4. Lo que quieren es darle el nombre César Chávez a una calle de la ciudad.	C	F
5. Más de cien comerciantes están en contra.	C	F
6. Los que se oponen dicen que costaría mas de 200.000 dólares.	C	F
7. En otras ciudades hubo problemas similares.	C	F
8. Más de la mitad de la población de Corpus es mexicoamericana.	C	F

Dictado

2-36 **"No Speak English."** Transcribe el fragmento que escucharás a continuación.

_____

_____

_____

_____

_____

_____

_____

_____

3 Capítulo tres
Hablemos de viajes

En marcha con las palabras

3-1 El glosario. Marca la palabra que no pertenezca al grupo.

1. el acantilado	la cordillera	la montaña	el lago
2. el mar	la playa	el huésped	la arena
3. la isla	el campamento	el saco de dormir	la tienda de campaña

3-2 Un crucigrama sobre ecoturismo. En la revista *Viajar* apareció el siguiente crucigrama. Complétalo.

Horizontales

1. lo respiramos todos
2. lo hacen las aves
3. lugar donde hay muchos árboles y animales salvajes, por ejemplo, la amazónica
4. subir al avión

Verticales

1. lo opuesto a lleno
2. tierra rodeada de agua, por ejemplo, las Galápagos en el Pacífico (pl.)
3. nadar debajo de la superficie del agua
4. masa grande de agua rodeada de tierra, por ejemplo, el Titicaca entre Bolivia y Perú

3-3 El ejecutivo y el estudiante. Alberto y Víctor son mellizos pero sus vidas son muy diferentes. Alberto es subdirector de una compañía de seguros y está casado. Cuando su esposa y él van de vacaciones no les importa gastar dinero.

Víctor estudia fotografía y cine y está soltero. Cuando su novia y él van de vacaciones intentan gastar muy poco dinero.

A. Las vacaciones. Indica qué información describe mejor las vacaciones de Alberto y las de Víctor:

	Alberto	Víctor
1. Viaja siempre con mochila.	☐	☐
2. Da buenas propinas a los botones de los hoteles.	☐	☐
3. Hace autoestop cuando va de una ciudad a otra.	☐	☐
4. Busca hoteles baratos en folletos turísticos para jóvenes.	☐	☐
5. Cuando hace las maletas pone ropa elegante para ir de fiesta.	☐	☐
6. Aprovecha el viaje para filmar y sacar fotos.	☐	☐
7. Le gusta tomar sol en la piscina del hotel.	☐	☐

B. Planes para las vacaciones. Ahora Alicia, la esposa de Alberto, va a una agencia de viajes para organizar las próximas vacaciones. Completa de manera lógica la conversación de Alicia con el agente de viajes.

AGENTE: ¿Qué desea?

ALICIA: _____

AGENTE: ¿A Bariloche? Ya veo que quieren esquiar. ¿Y qué tipo de habitación quiere?

ALICIA: _____

AGENTE: Muy bien. _____

ALICIA: En American Airlines o LanChile, no importa.

AGENTE: ¿Necesitan boletos de ida o de ida y vuelta?

ALICIA: _____

AGENTE: ¿Cuándo desean viajar?

ALICIA: _____

AGENTE: ¡Todas las líneas aéreas están llenas en esos días!

ALICIA: _____

AGENTE: Sí, puedo ponerlos en lista de espera y, si no hay plazas libres, cancelamos la reservación del hotel y entonces buscamos otro lugar para ustedes.

Sigamos con las estructuras

Referencia gramatical 1: Talking about past activities: The preterite

3-4 **Crónica.** Completa esta página del diario de un viajero que está visitando México. Usa los verbos entre paréntesis en el pretérito.

Anteayer (1) _____ (llegar) a la ciudad de México después de un largo viaje en autobús desde Matamoros. Estaba muy cansado porque no había podido dormir nada la noche anterior. (2) _____ (buscar) una cafetería para desayunar y después tomé un taxi que me llevó al hotel. Una vez en mi habitación, me acosté y (3) _____ (dormir) unas cuatro horas.

   Me desperté a las cuatro de la tarde y me sentía como nuevo. (4) _____ (deshacer) la maleta y (5) _____ (poner) la ropa en el armario; me duché y bajé a la recepción. El recepcionista me preguntó si me gustaba mi habitación y yo le (6) _____ (decir) que sí. Salí a la calle y (7) _____ (dar) un paseo por los alrededores. Después (8) _____ (ir) a comer a un restaurante y allí conocí a un par de españoles que estaban también de visita en México. Ellos (9) _____ (venir) conmigo hasta mi hotel y quedamos en ir juntos a Teotihuacán al día siguiente. Subí a mi cuarto y (10) _____ (leer) en unos folletos turístícos la información sobre las pirámides del sol y de la luna de Teotihuacán. No (11) _____ (poder) leerlo todo porque estaba cansadísimo, así que (12) _____ (apagar) la luz y me quedé dormido inmediatamente.

   Mis nuevos amigos y yo (13) _____ (visitar) Teotihuacán pero no (14) _____ (tener) tiempo de ir al Museo de Arqueología ni al Palacio Nacional. Uno de los chicos, Ramón, tenía que llamar por teléfono a su familia, así que él (15) _____ (despedirse) de nosotros temprano y (16) _____ (regresar) a su hotel. El otro chico y yo (17) _____ (estar) en una discoteca hasta las dos de la mañana y (18) _____ (divertirse) mucho.

3-5 El diario continúa. Continúa el diario del viajero usando los verbos equivalentes a *to leave* en el pretérite.

> irse   salir   partir   dejar

¡Por fin estamos en Veracruz! (1) _____ de la ciudad de México ayer por la mañana y no llegamos aquí hasta la noche. (2) _____ en autobús desde la terminal de autobuses TAPO. Vinimos solamente Rosa y yo porque Roberto (3) _____ con otro grupo de estudiantes a Mérida el lunes pasado. Como vamos a regresar a la ciudad de México dentro de dos días, solamente trajimos una mochila y (4) _____ el resto del equipaje en el hotel.

Referencia gramatical 2: Telling how long ago something happened: *Hace* + time expressions

3-6 Un año muy especial. El año pasado, algunos miembros de tu familia realizaron actividades muy interesantes. Escribe sobre ellos usando la estructura *hace* + **expresión de tiempo**.

Modelo: papá y mamá   visitar su país de origen   agosto
Hace cuatro meses que papá y mamá visitaron su país de origen.

Miembros de la familia	Acontecimientos	Mes
1. mi primo	salir en barco para la Antártida	febrero
2. el abuelo y yo	recorrer los pueblos del sur	enero
3. mamá	estar trabajando en las islas Galápagos	abril
4. mi hermano y mi cuñada	escalar una montaña en los Andes	noviembre
5. el tío Carlos	irse a pescar al océano Pacífico	marzo
6. yo	hacer autoestop en Chile	diciembre

1. _____

2. _____

3. _____

4. _____

5. _____

6. _____

Referencia gramatical 3: Describing how life used to be: The imperfect

3-7 Recuerdos. Rosa y Roberto están contando lo que hacían durante los veranos cuando eran niños. Usa el verbo apropiado en el imperfecto para completar la narración.

estar	pasar	poder	ser

(El viajero)

Yo (1) _____ todos los veranos en el mismo campamento.

(2) _____ un lugar fantástico que (3) _____ en la costa.

Allí, nosotros (4) _____ nadar y tomar sol.

llevar	quedar	ver	soler

(Rosa)

De niña (5) _____ visitar a mi abuela durante el verano. Por lo general, mis

padres me (6) _____ al pueblecito de la abuela y yo me

(7) _____ sola con ella durante dos meses. No (8) _____ a

mis padres hasta el comienzo de las clases.

visitar	ir	hacer

(Roberto)

Nosotros con frecuencia (9) _____ al extranjero y por lo general

(10) _____ excursiones a las playas y las montañas de los países que

(11) _____.

Aprendamos 1: Narrating in the past: Preterite and Imperfect

3-8 Un viaje sin incidentes. Le estás contando a un grupo de personas algunas de las experiencias de tu viaje a México. Usa el pretérito o el imperfecto de los verbos entre paréntesis para completar la narración.

En 1998 yo (1) _____ (estar) en México. (2) _____ (ser) el mes de diciembre cuando (3) _____ (empezar) mi aventura. Primero (4) _____ (visitar) la ciudad de México, después (5) _____ (ir) a Puebla y finalmente (6) _____ (hacer) un viaje a Veracruz.

En la ciudad de México (7) _____ (visitar) las ruinas aztecas de Teotihuacán, (8) _____ (subir) a una pirámide y allí (9) _____ (poder) filmar todo con mi videocámara.

Cuando (10) _____ (llegar - yo) a Puebla (11) _____ (entrar) en una iglesia que (12) _____ (ser) muy bonita y (13) _____ (sacar) muchas fotos. Mi hotel (14) _____ (estar) en el centro y (15) _____ (tener) una vista fabulosa de la catedral. Allí fue donde (16) _____ (conocer) a Jaime y a Cristina.

Mis nuevos amigos y yo (17) _____ (decidir) ir a Veracruz en autobús. Cuando (18) _____ (llegar) a esa ciudad, (19) _____ (hacer) buen tiempo y (20) _____ (haber) un baile en la plaza principal. Los músicos (21) _____ (tocar) sus marimbas mientras la gente (22) _____ (bailar). Todos los días nosotros (23) _____ (ir) a sitios interesantes y (24) _____ (comer) comida típica de la región.

En total, (25) _____ (estar - yo) en México 20 días.

Aprendamos 2: More uses of the preterite and imperfect

3-9A De película. El fin de semana pasado tu amigo vió la película española *Días contados* y ahora te está contando un poco del argumento. Éste es su resumen. Completa los espacios con la forma correcta del imperfecto o el pretérito.

El protagonista, Antonio, (1) _____ (llegar) a Madrid y

(2) _____ (alquilar) un apartamento en el centro. (3) _____

(Ser) un hombre callado y misterioso. Un día (4) _____ (conocer) a Charo, su

vecina, y se (5) _____ (enamorar) de ella. Charo (6) _____

(tener) unos 18 años. Antonio le (7) _____ (mentir) a Charo sobre su

profesión y le (8) _____ (decir) que (9) _____ (ser)

fotógrafo y que (10) _____ (trabajar) para diferentes agencias. Charo

(11) _____ (querer) visitar la Alhambra y una noche los dos

(12) _____ (salir) hacia Granada. Durante su viaje, Charo

(13) _____ (descubrir) cuál (14) _____ (ser) el verdadero trabajo de Antonio. Esto (15) _____ (ocurrir) en el hotel. Antonio (16) _____ (estar) mirando las noticias mientras Charo se (17) _____ (duchar) y, de repente, (18) _____ (aparecer) su foto en la televisión. En ese momento, Charo (19) _____ (salir) del baño y (20) _____ (ver) la foto de Antonio. La policía lo (21) _____ (estar) buscando porque (22) _____ (ser) miembro de la organización ETA.

B. **¿Qué pasó después?** Como tu amiga no terminó de contarte la película *Días contados*, ahora tú tienes que imaginar el resto. Escribe una continuación y un final original. Usa los verbos en pretérito y en imperfecto.

_____

_____

_____

_____

_____

_____

_____

_____

_____

_____

_____

_____

_____

3-10 **Unas malas vacaciones.** Alejandro Vargas y su novia fueron a Costa Rica de vacaciones pero Alejandro descubrió algo terrible sobre su novia en el bar del hotel. Aquí tienes los datos desordenados sobre lo que ocurrió esa noche trágica. Si los pones todos juntos, vas a reconstruir la historia completa.

A. Indica cuáles de estas oraciones requieren el uso del pretérito y cuáles el uso del imperfecto.

	Pretérito	**Imperfecto**
1. llegar la policía	☐	☐
2. ser las once de la noche	☐	☐
3. bajar de la habitación del hotel	☐	☐
4. ir a otro bar	☐	☐
5. decidir manejar su auto	☐	☐
6. hacer mucho calor	☐	☐
7. ver a su novia con un hombre	☐	☐
8. llevar gafas	☐	☐
9. entrar en el bar del hotel	☐	☐
10. no ver un camión aparcado	☐	☐
11. ser alto y moreno	☐	☐
12. salir del bar	☐	☐
13. sentirse muy triste	☐	☐
14. beber muchísimo	☐	☐
15. sufrir un accidente	☐	☐
16. parecer muy contentos	☐	☐
17. llevarlo al hospital en una ambulancia	☐	☐

B. **La narración.** Escribe lo que le pasó a Alejandro la noche del accidente ordenando lógicamente la información anterior. Usa el pretérito y el imperfecto. Añade los detalles que quieras.

Alejandro _____

_____

_____

_____

_____

_____

_____

C. La investigación. Después de una semana, Alejandro salió del hospital pero tuvo que responder a algunas preguntas de la policía de San José. Responde las preguntas sobre la noche del accidente, como lo haría Alejandro.

POLICÍA: ¿Adónde fue la noche del accidente?

ALEJANDRO: _____

POLICÍA: ¿Por qué fue allí?

ALEJANDRO: _____

POLICÍA: ¿Con quién estaba su novia?

ALEJANDRO: _____

POLICÍA: ¿Y ellos lo vieron a usted?

ALEJANDRO: _____

POLICÍA: ¿Qué estaban haciendo ellos?

ALEJANDRO: _____

POLICÍA: ¿Cuánto bebió?

ALEJANDRO: _____

POLICÍA: ¿Por qué decidió manejar su auto esa noche?

ALEJANDRO: _____

POLICÍA: ¿Adónde quería ir cuando salió del bar?

ALEJANDRO: _____

POLICÍA: ¡Sr. Vargas, creo que vamos a retirarle su licencia de conducir por unos meses!

Aprendamos 3: Talking about past activities: Verbs that change meaning in the preterite

3-11 La carta de Isabel. Alejandro recibió una carta de su ex-novia Isabel explicándole lo que pasó la noche trágica del accidente. Usa el pretérito o el imperfecto de los verbos entre paréntesis para completar la carta.

Querido Alejandro:

Ayer (1) _____ (saber) que ya estabas fuera del hospital y quiero explicarte algo. La noche de tu accidente (2) _____ (conocer) a un hombre en el bar del hotel. (3) _____ (querer-yo) hablar contigo pero no te (4) _____ (encontrar) en la habitación. Después, (5) _____ (descubrir) que estabas en el hospital. Yo no (6) _____ (poder) hacer nada por ti en Costa Rica, así que (7) _____ (regresar) a Perú con este hombre en el primer vuelo que encontramos. Cuando llegué a Lima, (8) _____ (tener) que hablar con mis padres y explicarles el asunto. Mis padres no (9) _____ (querer) aceptar a mi amigo y lo obligaron a irse de casa. Dos días más tarde (10) _____ (poder) ponerme en contacto con tu hospital y me dijeron que estabas mejor. Ahora sé que te quiero y que ese hombre no significa nada para mí. Por favor, llámame. Necesito hablar contigo.

Isabel

Al fin y al cabo

3-12 Una cantante latina. Eres periodista. Ayer entrevistaste a la cantante cubana Gloria Estefan y solamente tomaste algunas notas. Escribe toda la entrevista de acuerdo con las notas que tomaste.

Modelo: **Periodista:** (salir de Cuba) / Gloria: (1961)

Periodista: *¿Cuánto hace que saliste de Cuba?*

Gloria: *Hace X años que salí de La Habana.*

1. Periodista: (empezar a cantar) / Gloria: (1975)

PERIODISTA: _____

GLORIA: _____

2. Periodista: (grabar el disco *Eyes of Innocence*) / Gloria: (1984)

PERIODISTA: _____

GLORIA: _____

Workbook

3. Periodista: (componer el primer álbum en solitario) / Gloria: (1989)

PERIODISTA: _____

GLORIA: _____

4. Periodista: (sufrir el accidente de autobús) / Gloria: (1990)

PERIODISTA: _____

GLORIA: _____

5. Periodista (presentar el álbum *Mi tierra*) / Gloria: (1993)

PERIODISTA: _____

GLORIA: _____

6. Periodista (visitar a Bill Clinton) / Gloria: (1999)

PERIODISTA: _____

GLORIA: _____

3-13 **La diversidad geográfica de Latinoamérica.** Busca en un atlas los siguientes accidentes geográficos e identifica si se hallan *en el norte, el sur, el este* o *el oeste* del país.

Modelo: Patagonia (Argentina)

ES: *una región*   ESTÁ: *en el sur de Argentina*

ACCIDENTES	ES:	ESTÁ:
1. Titicaca (Bolivia)	_____	_____
2. Los Andes (Argentina)	_____	_____
3. Amazonas (Perú)	_____	_____
4. Aconcagua (Argentina)	_____	_____
5. El Yunque (Puerto Rico)	_____	_____
6. Cozumel (México)	_____	_____

3-14 Las claves. Los señores Cunqueiro les mandaron a sus hijos estas fotos para que averiguaran dónde estaban de vacaciones y qué preparativos habían hecho antes. Ahora los hijos están reconstruyendo la información con los verbos *irse*, *salir*, *partir* y *dejar* en el pretérito.

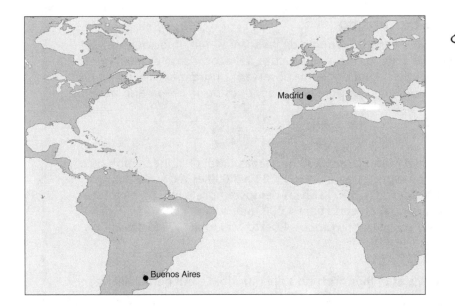

1. Papá y mamá salieron

2. Se fueron

3. Su avión

4. Dejaron

a. partió a las 7

b. las llaves y el pájaro con los vecinos

c. de Buenos Aires

d. en avión / a Madrid

3-15 El ecoturismo en el Perú. Cada día hay más posibilidades para disfrutar las bellezas naturales de un país. Aquí tienes diferentes regiones del Perú que podrias visitar.

Observación de la naturaleza-Ecoturismo

La naturaleza, su observación y estudio constituyen una de las formas más emocionantes del turismo. En el Perú, el fabuloso Imperio de los Incas, la práctica del ecoturismo es ideal por lo que sus tres regiones: costa, sierra y selva. Aquí podemos observar la flora más rica del mundo: formaciones geológicas y volcánicas de indescriptible antigüedad; es decir, un paraíso para los estudiosos de la naturaleza.

Manu (Región—Inca)

Parque Nacional y Reserva Biosfera del Manu (1.881.200 hectáreas). Mayor riqueza biológica del mundo: 1.000 especies de aves, 13 especies de monos, 2.000 a 5.000 especies de plantas. Clima tropical cálido y húmedo (100/70°F, 37/21°C). Lluvias de noviembre a marzo. La altura varía de 365 a 4.000 m. Precipitación anual en zona baja 4.000 mm.
Acceso: Charters y vuelos de itinerario desde Lima y Cuzco a Puerto Maldonado. Bus desde Cuzco.

Cañón del Colca (Región—Arequipa)

Paisaje imponente. El Cañón del Colca es el más profundo del mundo. Se pueden observar cóndores.
Clima seco (días soleados, noches frescas). Altura 2.700 m, 75/42°F, 23/5°C. Lluvias de diciembre a marzo. Albergue en Achoma, cerca al cañón.
Acceso: A 143 km de Arequipa. Vuelos desde Lima, Cuzco y Puno. Tren de Puro.

Paracas-Ica (Región—Libertadores)

Reserva nacional que comprende tierra y mar. Rica fauna marina. Excursiones a Islas Ballestas en yates.
Clima cálido y seco (85/50°F, 30/10°C). Prácticamente no llueve, pero hay mucho viento. Hoteles en Balneario y en Ica.
Acceso: 288 km de Lima por la carretera Panamericana Sur hasta Pisco, puerto cercano a Paracas.

Lago Titicaca (Región Moquegua—Tacna-Puno)

Reserva Nacional del Titicaca: Lago navegable más alto del mundo. Superficie 816 km^2. Profundidad máxima 281 m. Transparencia del agua de 65 a 15 m. Fauna y flora variada. Clima soleado, seco y frío (66/32°F, 20/0°C). Altura del lago 3.808 m. Lluvia de diciembre a abril.
Precipitación promedio anual 728 mm.
Acceso: Vuelos frecuentes de Lima y Arequipa a Juliaca (Puno). Tren de Cuzco y Arequipa.

Iquitos (Región—Amazonas)

Iquitos está a orillas del río Amazonas, el más caudaloso del mundo. Se puede viajar en cruceros o internarse en la selva.
Altura 100 m. Clima cálido y húmedo (100/70°F, 37/21°C). Albergues turísticos desde 30 minutos hasta 6 horas de Iquitos.
Acceso: Vuelos desde Lima, de Miami (EE.UU.) o Manaus (Brasil).

Mi viaje favorito. Estás pensando en participar en uno de los viajes a Perú. Elige uno y explica tres cosas que vas a hacer en la región visitada.

1. Viaje elegido: _____

2. Tres cosas que quiero hacer allí:

_____

_____

_____

3-16A. **Los lugares.** En el mapa, busca y marca cuatro de los lugares mencionados en el texto sobre los viajes ecológicos que se pueden hacer en Perú.

B. Decisiones. Lee la descripción de las cuatro regiones que marcaste y da tu opinión sobre cada una de ellas.

REGIÓN _____

me encanta: _____

no me gusta: _____

REGIÓN _____

me fascina: _____

no me importa: _____

REGIÓN _____

me gusta: _____

no me interesa: _____

REGIÓN _____

me interesa: _____

me disgusta: _____

3-17 Mi país. Hay muchas canciones sobre los lugares y los sentimientos que nos inspiran ciertos sitios. Escribe la primera estrofa de una canción sobre un viaje inolvidable por tu país. Repasa el vocabulario del capítulo para incluir las palabras que necesites.

Salí a descubrir _____

Volé _____

Llegué _____

Viajé _____

Conocí _____

3

Capítulo tres
Hablemos de viajes

En marcha con las palabras

3-18 ¿Esquiar en la selva? Escucha las siguientes oraciones y di si son lógicas (**L**) o ilógicas (**I**).

Modelo: Voy a esquiar a la selva tropical. – *I* (ilógico)

1. L   I
2. L   I
3. L   I
4. L   I

5. L   I
6. L   I
7. L   I
8. L   I

3-19 Mi último viaje. Escucha el siguiente texto y di si las afirmaciones son ciertas (**C**) o falsas (**F**).

1. Fue a México, en la península Ibérica.	C	F
2. En Cancún se puede practicar buceo.	C	F
3. A las ruinas de Chichen Itza se llega por carretera.	C	F
4. Cozumel es una montaña en Costa Rica.	C	F
5. En Cozumel hay playas.	C	F
6. En Costa Rica hizo ecoturismo.	C	F
7. En Costa Rica estuvo en un hotel de tres estrellas.	C	F
8. El parque nacional Tortuguero tiene arrecifes de coral.	C	F

3-20 ¿Con baño privado? Escucha las siguientes preguntas y marca en cada caso la respuesta apropiada.

Modelo: ¿Hay ducha?

    a. No, con desayuno.

    b. Sí. ✓

1. a. No.

    b. Sí, con ducha.

2. a. Todas las noches.

    b. A las diez de la mañana.

3. a. Sí.

    b. No, sólo con desayuno.

4. a. Ésta, la número veintitrés.

    b. El vuelo 550 embarca ahora.

5. a. Sí, y el pasaporte.

    b. La visa sí, el pasaporte no.

6. a. Una, en Tenerife.

    b. Sí, es un billete de ida y vuelta.

7. a. Es igual.

    b. Con baño privado, por favor.

8. a. Yo no fumo, ¿y usted?

    b. En una hora.

Sigamos con las estructuras

Referencia gramatical 1: Talking about past activities: The preterite

3-21 De viaje. Escucha las frases en el presente y completa los espacios en blanco con el verbo en el pretérito.

Modelo: _____ de viaje en agosto.

Salgo de viaje en agosto.

Salí de viaje en agosto.

1. _____ de mi casa a las 10.
2. _____ el avión por la mañana.
3. _____ para leer en el barco.
4. _____ los paisajes.
5. _____ una montaña muy alta.
6. _____ en la tienda de campaña.
7. _____ dedo en la carretera.
8. _____ con el sol.

Referencia gramatical 2: Telling how long ago something happened: *Hace* + time expressions

3-22 ¿Hace mucho? Escucha las siguientes preguntas y respónde las de acuerdo al modelo.

Modelo: ¿Cuánto tiempo hace que viajaste a México? – tres meses

Hace tres meses que viajé a México.

1. un año

   _____.

2. dos días

   _____.

3. una semana

   _____.

4. cuatro meses

   _____.

5. un rato

   _____.

6. muchos años

   _____.

7. unos días

   _____.

8. dos horas

   _____.

Referencia gramatical 3: Describing how life used to be: The imperfect

3-23 Las vacaciones de infancia. Transforma las frases que escuches según el modelo.

Modelo: Ellas van de vacaciones a Costa Rica.

Ellas iban de vacaciones a Costa Rica.

1. Nosotros _____ cerca del bosque.

2. Mis amigos _____ en las vacaciones.

3. Mis padres _____ esquí acuático.

4. Yo _____ la sieta todos los días.

5. Mi abuelo y yo _____ a pescar al lago.

6. En invierno _____ en las montañas.

7. Mi hermana _____ con otras niñas.

8. Mi familia siempre _____ con otras familias.

Lab Manual

Aprendamos 1: Narrating in the past: Preterite and imperfect

3-24A. El viaje de los González. Escucha la narración del viaje de Santiago y Marcela. Luego, escribe oraciones completas en el pretérito o en el imperfecto de acuerdo al modelo.

Modelo: Ves: Ayer los González / tener / un día muy ocupado

   Escribes: *Ayer los González tuvieron un día muy ocupado.*

1. Por la mañana / ir / en una excursión al mar

   _____.

2. Ellos / salir / con un guía

   _____.

3. Hacer / calor y no / haber / viento

   _____.

4. El guía / ser / una persona muy inteligente y divertida

   _____.

5. Por la mañana / bucear

   _____.

6. Por la tarde / escalar / un volcán

   _____.

7. Marcela / tener / una cámara nueva

   _____.

8. Cuando / bajar / empezar / a soplar un viento muy fuerte

   _____.

B. Vuelve a escuchar la narración y di si las afirmaciones son ciertas (**C**) o falsas (**F**).

1. Por la mañana / ir / en una excursión a las montañas.	C	F
2. Ellos / salir / con un guía.	C	F
3. Hacer / calor y no / haber / viento.	C	F
4. El guía / ser / una persona muy callada y tímida.	C	F
5. Por la mañana / bucear.	C	F
6. Por la tarde / nadar / en un lago.	C	F
7. Marcela / tener / una cámara nueva.	C	F
8. Cuando / bajar / empezar / a soplar un viento muy fuerte.	C	F

3-25 Leyenda quechua. El sol y el viento. Escucha con atención esta leyenda y luego agrupa los verbos en las categorías correspondientes.

Verbo	Acción completa en el pasado	Acción repetida en el pasado	Descripción
se encontraban		✓	
visitaban			
llevaba			
era			
sopló			
calentó			
se quitó			

3-26 Costumbres. Este año esta gente ha cambiado un poco sus costumbres. Completa las frases con las formas correctas del pretérito o del imperfecto. Luego escucha las respuestas correctas.

Modelo: (ir) Ellas a. *iban* cada verano a Puerto Rico, pero este verano no b. *fueron.*

1. (viajar) Nosotros a. _____ todos los años a Costa Rica, pero este año no
   b. _____.

2. (recorrer) Antes yo siempre a. _____ los museos nuevos, pero este año
   no los b. _____.

3. (visitar) Ustedes generalmente a. _____ a sus padres en las vacaciones,
   pero en estas vacaciones b. _____ a sus primos.

4. (ver) Tú siempre a. _____ a tu novia los fines de semana, pero ayer
   sábado no la b. _____.

5. (ir) Marcelo a. _____ a trabajar todos los veranos en el parque nacional,
   pero el último verano no b. _____.

6. (dormir) Frecuentemente yo a. _____ en hoteles baratos, pero en estas
   vacaciones b. _____ en un hotel de cuatro estrellas.

Lab Manual

Aprendamos 2: More uses of the preterite and imperfect

3-27 Interrupciones. Escribe oraciones completas en el pretérito o en el imperfecto de acuerdo al modelo. Luego, escucha las oraciones correctas.

Modelo: Pablo / sacar fotos/ empezar a llover

Pablo sacaba fotos cuando empezó a llover.

1. mis amigos / estar en el aeropuerto / aterrizar el avión

   _____.

2. haber / mucho viento / nosotras / llegar a la cima de la montaña

   _____.

3. ser / las cinco de la tarde / comenzar a nevar

   _____.

4. yo / tener / quince años / ir a Nicaragua

   _____.

5. ellas / no hablar / español / mudarse a México

   _____.

6. tú / dormir / en el hotel / sonar el teléfono

   _____.

Aprendamos 3: Talking about past activities: Verbs that change meaning in the preterite

3-28 Querer es poder. Haz frases usando los verbos entre paréntesis en el imperfecto o en el pretérito, luego escucha las frases correctas.

Modelo: Tú (querer) hacer una excursión pero no (poder).

Tú querías hacer una excursión pero no pudiste.

1. Ayer yo (conocer) a._____ a Silvina, es muy simpática.

2. Ella (conocer) b._____ la historia de España muy bien.

3. Nosotros (querer) c._____ tomar el tren de las ocho pero no (poder)
   d._____.

4. Tú (querer) e._____ conocer Madrid.

5. Yo (tener) g._____ que salir temprano porque (tener)
   f._____ que tomar el autobús a las siete.

6. Usted (querer) g._____ ir a Barcelona pero (ir)
   h._____ a Badalona.

Al fin y al cabo

3-29 Vacaciones. Escucha las siguientes preguntas y luego marca la respuesta más lógica.

Modelo: ¿Viajaste en avión?
          Sí, me gusta Brasil.
          Sí, siempre. ✓

1. a. Sí, en Río y Bahía.
   b. No, en Brasil.

2. a. Sí, fui a Cuzco y a Machu Picchu.
   b. Sí, las ruinas mayas son impresionantes.

3. a. Simpáticas e inteligentes.
   b. Interesantísimas.

4. a. Sí, iba con mis padres cuando era pequeño.
   b. Sí, muy caro, sobre todo la entrada a las ruinas.

5. a. A veces a Argentina y otras veces a Venezuela.
   b. En verano y en invierno.

6. a. Sí, y las maletas también.
   b. No, sólo el desayuno.

7. a. No, era un vuelo directo.
   b. Sí, pero tuve que pagar extra.

8. a. No, no tengo videocámara.
   b. Sí, nadar y también escalar.

3-30 ¡Buen viaje! Escucha la siguiente conversación telefónica y luego marca todas las respuestas correctas.

Modelo: La agencia de viajes está en
        a. España.
        b. Miami. ✓
        c. Estados Unidos. ✓

1. La agencia de viajes se llama
    a. Buen viaje.
    b. Viaje feliz.
    c. Feliz viaje.

2. La agente de viajes le ofrece a Martina
    a. dos viajes interesantes.
    b. sólo un viaje a México.
    c. sólo un viaje a España.

3. El viaje a México
    a. incluye excursiones a Ávila y a Toledo.
    b. incluye dos semanas en Puerto Vallarta.
    c. no incluye nada.

4. El viaje a España
    a. es de dos semanas.
    b. incluye un pasaje de primera.
    c. ofrece excursiones a otras ciudades.

5. El viaje a España incluye
    a. Madrid, Barcelona y Sevilla.
    b. Toledo, Ávila y Madrid.
    c. Madrid y Ávila.

6. El precio del
    a. viaje a México es muy caro.
    b. viaje a España cuesta € 1.400.
    c. viaje a México cuesta U$A 1.200.

7. Martina prefiere
    a. un asiento en el pasillo.
    b. un asiento en la ventanilla.
    c. las playas.

8. Martina
    a. necesita pasaporte.
    b. elige el viaje a México.
    c. quiere unos folletos.

3-31 ¿A dónde fueron? Escucha la descripción de los viajes de algunas personas y completa la tabla.

NOMBRE	DESTINO	LUGARES VISITADOS	DURACIÓN DEL VIAJE	COMPRAS

Dictado

3-32 Leyenda. Escucha y escribe este fragmento de la "Leyenda del viento y el sol".

_____

_____

_____

_____

_____

_____

_____

_____

_____

_____

_____

_____

Repaso 1

R1-1 Familia, emigración, viajes. Marca la palabra que no pertenezca al grupo.

1. suegro	cuñado	yerno	hermana
2. moreno	largo	rubio	castaño
3. loco	agradable	envidioso	insensato
4. bracero	emigrante	lucha	trabajador migratorio
5. maltrato	prejuicio	racismo	bienestar
6. mudarse	sudar	emigrar	establecerse
7. avión	velero	barco	equipaje
8. disfrutar	divertirse	abordar	pasarlo bien
9. navegar	bucear	escalar	tomar sol

R1-2 Los viajes. La hermana de Manolo está visitando Costa Rica. Usa las palabras apropiadas para completar los párrafos a continuación. Haz los cambios necesarios.

agradable	bosques	encantar	compartir	fascinar
	frontera	nivel de vida	país	según

Mi hermana está de vacaciones en Costa Rica con dos amigos. Viajan juntos y

(1) _____ la misma habitación en los hoteles para no gastar tanto dinero. A los

tres les (2) _____ Costa Rica. Ella dice que es un (3) _____

bellísimo, con muchos (4) _____ y playas. (5) _____ ella, lo

mejor de Costa Rica es su naturaleza.

    La gente costarricense es muy (6) _____ y tiene un buen

(7) _____. Mi hermana me dice que está muy contenta en Costa Rica, y que le

(8) _____ San José. ¡A mí también me gustaría estar allí! La próxima semana

ella y sus amigos van a cruzar la (9) _____ y pasar unos días en Nicaragua.

Regresan a Albuquerque el próximo viernes porque mi otra hermana se casa al día siguiente.

R1-3 La boda de Julia. La otra hermana de Manolo va a casarse el próximo sábado y en su casa todos están muy contentos y ocupados con los preparativos. Usa los verbos *ser* y *estar* para completar el párrafo a continuación.

Nosotros (1) _____ muy contentos por la boda de Julia.

(2) _____ el próximo sábado a las 5 de la tarde en la Iglesia del Carmen. La

recepción (3) _____ en un restaurante típico donde sirven comida mexicana.

Julia (4) _____ un poco nerviosa, pero yo creo que sin razón. La verdad

(5) _____ que todo ya (6) _____ preparado.

   Carlos, su novio, (7) _____ simpático y se lleva bien con nuestra familia.

Ahora Julia y él (8) _____ planeando qué lugares van a visitar durante su luna

de miel en España.

R1-4 Los parientes de México. Manolo visitó México el año pasado y se quedó en la casa de unos parientes. Usa las palabras apropiadas para completar el párrafo a continuación.

casado con	hablando	de vacaciones	en la playa
de acuerdo	muy listo	muy grande	

El año pasado estuve (1) _____ en México, donde viven casi todos mis

parientes. Nuestra familia es (2) _____ y puedo viajar por todo el país sin tener

que buscar hotel. Mi primo Armando vive cerca de Veracruz; su casa está

(3) _____ y decidí quedarme allí una semana porque necesitaba descansar

después del largo viaje en autobús. Mi primo está (4) _____ una mujer muy

amable que me hizo sentir muy cómodo. Pablo, su hijo, es (5) _____ y quiere

estudiar inglés en una universidad americana. Su madre lo apoya mucho, pero mi primo no está

(6) _____ con ellos y cree que Pablo debe estudiar en México. Una noche

estuvimos (7) _____ sobre los planes de Pablo y creo que ahora Armando le va

a permitir venir a Nuevo México con nosotros y estudiar aquí.

R1-5 El parque central. Las hermanas de Manolo deciden pasar el día con sus amigas en el parque. ¿Qué hace cada persona en estos lugares? Escribe la letra que complete la oración de una manera lógica.

1. Las chicas están nadando _____.
2. Unos muchachos van navegando un velero a _____.
3. Ester anda corriendo por _____.
4. Yo me dormí y estaba soñando _____.
5. Hay unos niños jugando _____.
6. Algunas aves andan volando _____.
7. Una joven está haciendo _____.

a. el bosque
b. en el lago
c. esquí acuático
d. la isla en el medio del lago
e. que me caía de un acantilado
f. con la arena
g. de un árbol a otro

R1-6 Un día accidentado. Manolo y su familia no tuvieron un buen día. Usa los verbos apropiados con la estructura **se + objeto indirecto** para completar el párrafo a continuación.

descomponer   escapar   quemar   perder

Ayer tuvimos un mal día. A mí (1) _____ _____ _____ el perro en la calle y casi lo mata un coche. A Julia (2) _____ _____ _____ todos sus documentos y ahora tiene que volver a pedirlos. A Carlos y a ella (3) _____ _____ _____ el coche y el mecánico les cobró mil dólares por arreglarlo. Y para terminar, a mi madre y a mí (4) _____ _____ _____ dos pasteles de manzana porque nos pusimos a ver la tele y nos olvidamos de que estaban en el horno.

R1-7 Opiniones de la familia. Rebeca y sus amigos de Costa Rica están compartiendo algunas opiniones propias y de su familia sobre los hispanos. Escribe sus ideas añadiendo las palabras necesarias y teniendo cuidado con la conjugación de los verbos.

1. a ti / disgustar / noticias sobre las condiciones de los inmigrantes
2. a mí / molestar / actitudes racistas de algunas personas
3. a mi madre / fascinar / la comida que prepara mi abuela mexicana
4. a Carlos y a mi hermana Julia / caer bien / nuestro vecino guatemalteco
5. a todos nosotros / parecer / debemos mantener nuestra lengua y nuestra cultura

1. _____
2. _____
3. _____
4. _____
5. _____

R1-8 David y Cristina. David y Cristina son dos amigos cubanos de Julia que estudian con ella en la universidad. Los tres están hablando sobre Cuba y cocinando comida cubana. Escribe lo que dicen los amigos uniendo las distintas partes de la información dada.

1. A mi madre	me encanta	unos plátanos para hacer el arroz a la cubana
2. A ti	nos interesan	la música cubana
3. A mí	les molesta	la política del gobierno hacia Cuba
4. A algunos estudiantes	no le quedan	muchos parientes en Cuba
5. A nosotros	te faltan	las noticias sobre Cuba

1. Cristina: _____

2. David: _____

3. Julia: _____

4. David: _____

5. Cristina: _____

R1-9 La historia de mi familia materna. Julia les está contando la historia de su familia materna a sus amigos cubanos. Usa el pretérito o el imperfecto de los verbos entre paréntesis para completar su narración.

Mis abuelos (1) _____ (emigrar) a California en 1944.

(2) _____ (ser) los años de la segunda guerra mundial y las fábricas

(3) _____ (necesitar) trabajadores, porque muchos americanos

(4) _____ (estar) luchando en Europa. Cuando (5) _____

(llegar) no tuvieron problemas para encontrar trabajo. A los dos años

(6) _____ (comprar) un coche y una casa. Mi madre

(7) _____ (nacer) en 1950. Cuando (8) _____ (ser) niña

(9) _____ (hablar) solamente español, pero en la escuela

(10) _____ (empezar) a estudiar inglés y lo (11) _____

(aprender) rápidamente. Mis abuelos (12) _____ (estar) muy orgullosos de ser

mexicanos y no (13) _____ (querer) perder el contacto con su familia y su

cultura mexicana, por eso todos los veranos (14) _____ (volver) a Hermosillo.

Un verano, cuando mi madre (15) _____ (tener) 18 años,

(16) _____ (conocer) a mi padre, que (17) _____ (ser) hijo

de una familia mexicana. La familia de mi padre (18) _____ (vivir) en Nuevo

México y mis padres no (19) _____ (poder) verse mucho durante el año, pero

se (20) _____ (escribir) muchas cartas y (21) _____ (pasar)

el verano juntos en Hermosillo. Por fin, en 1972, (22) _____ (casarse) y

(23) _____ (venir) a vivir a Albuquerque. El resto, es ya mi historia.

R1-10 Los abuelos paternos. Para terminar, Julia cuenta también cómo se conocieron sus abuelos paternos. Usa el pretérito o el imperfecto de los verbos entre paréntesis para completar su narración.

El abuelo Luis

Mi abuelo (1) _____ (tener) que emigrar a los Estados Unidos porque era el mayor de una familia muy pobre y necesitaba mandar dinero a sus padres. Mi abuelo no (2) _____ (saber) inglés y por eso sus primeros dos años aquí fueron muy difíciles. Por suerte, antes de venir (3) _____ (conocer) a otros jóvenes de su ciudad que también vinieron a trabajar con él. Después de muchos años de trabajar muy duro, (4) _____ (poder) abrir su propio restaurante.

La abuela Pilar

La abuela (5) _____ (conocer) al abuelo una Nochebuena. Su hermano tuvo un problema con el camión en la carretera y no (6) _____ (poder) llegar a casa a tiempo para la cena si alguien no lo ayudaba. Un joven mexicano que también trabajaba con un camión, paró y lo trajo a casa. Lo invitaron a quedarse a cenar pero el joven no (7) _____ (querer) aceptar la invitación. Mi abuela era camarera y vio de nuevo al joven en el restaurante donde trabajaba. Él iba al restaurante cada vez con más frecuencia y por fin, un día, la invitó al cine. Así empezó todo. Mi abuela (8) _____ (saber) después, que aquella primera Nochebuena mi abuelo cenó solo y pensó en ella toda la noche.

4

Capítulo cuatro

Hablemos de la salud

En marcha con las palabras

4-1 Sopa de letras. Juan fue al médico y, mientras esperaba, resolvió el pasatiempos de una revista. Busca las palabras que corresponden a las definiciones.

A.

```
C  E  J  A  S  U  C  R  O  M  E
B  I  E  N  Y  Ñ  V  O  I  V  I
R  A  E  S  P  A  L  D  A  S  M
L  U  C  H  O  S  A  I  O  Ñ  O
A  S  C  T  O  B  I  L  L  O  A
B  M  I  D  N  A  S  L  Y  T  U
I  C  O  O  R  U  A  A  Z  O  N
O  C  L  O  M  N  O  T  A  R  A
```

1. Es la parte de atrás del cuerpo.
2. Está en la parte de delante de la boca.
3. Doblamos el brazo por él.
4. Están encima de los ojos.
5. Doblamos la pierna por ella.
6. Está entre la pantorrilla y el pie.
7. Está al final del dedo.
8. Es la parte de arriba de la pierna.

B. En la sopa de letras hay un consejo secreto con las letras que sobran. ¿Cuál es?

____ ____ _ _____ _____ ____, _____ _ __
_____ __ _____.

4-2 Peligros para la salud. Elvira no se cuida mucho últimamente porque está muy estresada en el trabajo. Escribe en los espacios en blanco la letra correspondiente para indicar la consecuencia.

Problemas

1. _____ Toma mucha sal.

2. _____ Come alimentos con mucha grasa.

3. _____ Usa zapatos muy viejos y baratos y corre a todas partes.

4. _____ Toma 8 tazas de café al día.

5. _____ Vomita y tiene mareos constantemente.

6. _____ Cuando estornuda, no se tapa la nariz ni la boca.

Consecuencias

a. Un día va a torcerse un tobillo.

b. Va a contagiar a todos sus compañeros de trabajo.

c. Va a engordar muchísimo.

d. Puede tener insomnio.

e. Un día va a desmayarse en la calle.

f. Va a acabar con la tensión arterial muy alta.

4-3 Una gran lección. Josefina Palacios, la compañera de trabajo de Elvira, tuvo problemas de salud el año pasado y por eso ahora se cuida mucho. Usa el pretérito y el imperfecto del verbo apropiado para completar el párrafo continuación.

sentir	sentirse	hacer caso	prestar atención

El año pasado Josefina (1) _____ estresada, le dolía el estómago con frecuencia y no (2) _____ a lo que comía y bebía. Un día fue al hospital porque, de repente, (3) _____ un dolor muy fuerte en el estómago. Alli le dijeron que tenía gastritis y la pusieron a dieta. Por desgracia, Josefina no le (4) _____ al doctor y continuó con sus malos hábitos y además empezó a tomar pastillas para adelgazar. Dos meses después, empezó a molestarle mucho el estómago otra vez y una mañana (5) _____ muy débil. Su novio le recomendó visitar al médico otra vez pero ella no le (6) _____. En el trabajo, empezó a encontrarse mal, (7) _____ que todas las cosas se movían y de repente se mareó. La llevaron al hospital y descubrieron dos úlceras. (8) _____ muy mal durante varias semanas, pero ahora sabe que debe cuidarse mucho.

4-4 El insomnio. Josefina presta ahora mucha atención a su salud. Éstos son algunos de los consejos que le dio ayer a Elvira para evitar el insomnio y sentirse bien. Escribe los consejos de Josefina uniendo las distintas partes de la información dada.

1. Es importante	hacer ejercicios	dos o tres horas antes de acostarte
2. Es mejor	tomar pastillas	en el trabajo
3. Tienes que	tomar café con cafeína	para dormir
4. Debes	evitar el estrés	antes de acostarse
5. No es bueno	tratar de dormir	con regularidad
6. No es necesario	cenar	por lo menos seis horas diarias

Elvira:

1. _____

2. _____

3. _____

4. _____

5. _____

6. _____

Sigamos con las estructuras

Referencia gramatical 1: Indicating location, purpose, and cause: *Por* vs. *para*

4-5 ¡Cuidado con los medicamentos! Rafael tuvo algunos problemas serios el mes pasado a causa de un medicamento. Usa las siguientes expresiones con *para* para completar el párrafo a continuación.

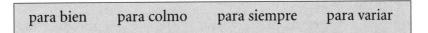

para bien	para colmo	para siempre	para variar

El mes pasado Rafael tuvo un fuerte resfriado. Un dia se levantó con mucho dolor de garganta y,

(1) _____, le estuvo molestando el estómago toda la mañana. Generalmente

tomaba jarabe, pero ese día decidió tomarse unas pastillas, (2) _____. Salió de

casa en la moto y tuvo un pequeño accidente porque las pastillas le hicieron sentirse mareado. Se

hizo una herida grande en la mejilla y probablemente va a tener una cicatriz (*scar*)

(3) _____. Sus padres y su novia se asustaron tanto que Rafael decidió,

(4) _____ de todos, vender la moto.

4-6 **En el consultorio médico.** Ramón fue al consultorio porque quería hacer régimen para adelgazar. Marca la expresión con *por* que sea necesaria para completar el diálogo lógicamente.

RAMÓN: Doctora Robles, quiero hacer régimen porque cada día estoy más gordo. (Por lo menos / Por si acaso) quiero adelgazar diez kilos.

MÉDICA: Ramón, (por lo pronto / por fin) vamos a hacerte un análisis de sangre. (Por lo tanto / Por cierto), ¿estás muy estresado en el trabajo?

RAMÓN: Bastante. Estamos trabajando en un proyecto muy importante y (por casualidad / por eso) no tengo tiempo para cocinar ni casi para dormir.

MÉDICA: Ya veo. Seguramente cuando vas a casa estás tan cansado que llamas a la pizzería, (por último / por ejemplo), y te comes una pizza sin darte cuenta.

RAMÓN: Pues sí, doctora. Hago eso casi todas las noches.

MÉDICA: Bueno, (por ahora / por lo menos) vamos a hacer los análisis (por si acaso / por un lado) tienes algún problema de salud. Si estás bien, vas a ir a un nutricionista para empezar un régimen efectivo y fácil de seguir. Pero debes olvidarte del teléfono de la pizzería durante un tiempo

RAMÓN: ¡(Por lo tanto / Por supuesto), doctora!

4-7 **A dieta.** A Antonia no le gusta estar a dieta pero necesita adelgazar unas libras. Ahora está muy contenta porque encontró una dieta que no le exige muchos sacrificios. Completa los espacios en blanco con *por* o *para*.

¡Estoy otra vez a dieta! (1) _____ suerte esta dieta es (2) _____ gente como yo. Es una buena dieta (3) _____ adelgazar sin muchas restricciones; si prohiben algo, lo reemplazan con otra cosa. (4) _____ ejemplo, no permiten comer pan blanco pero se puede comer pan integral. También cambian el arroz blanco (5) _____ arroz integral; o las pastas (6) _____ pastas hechas con harina integral. Básicamente la dieta consiste en comer muchos vegetales y proteínas. (7) _____ supuesto que todos los dulces y los postres están prohibidos, pero puedo comer frutas. En el verano hice esta dieta (8) _____ un mes y me sentía muy bien. Ahora quiero perder diez libras (9) _____ antes de la Navidad. (10) _____ una gordita como yo, no es mucho; pero me ayudará a verme mejor.

Referencia gramatical 2: Talking to and about people and things: Uses of the definite article

4-8 Una carta. Manuela no se sintió bien el año pasado pero ahora está mucho mejor y le está escribiendo una carta a su hermana. Usa el artículo definido apropiado donde sea necesario para completar la carta de Manuela.

Querida Rosaura:

Espero que estés bien. Por fin puedo decir que estoy bien de salud. Sigo mi régimen religiosamente. No como (1) _____ grasas y bebo 6 vasos de (2) _____ agua diariamente porque el médico me dijo que (3) _____ agua es muy importante en una dieta equilibrada.

(4) _____ lunes, miércoles y viernes voy a clases de natación (swimming) durante una hora. Hoy es (5) _____ sábado y también fui a nadar esta mañana porque me gusta mucho relajarme en (6) _____ piscina. Además, (7) _____ semana pasada conocí allí a una mujer francesa que no habla muy bien (8) _____ español y voy a enseñarle un poco después de nuestras clases de natación.

Desde que empecé con (9) _____ régimen y (10) _____ ejercicio, me siento mucho mejor. No me duelen (11) _____ piernas ni (12) _____ pecho y me siento muy contenta. (13) _____ doña Gabriela, mi vecina, dice que parezco más joven y (14) _____ Dr. Alvarado, mi médico, dice que mi salud ha mejorado mucho.

Querida hermana, cuídate mucho. (15) _____ vida tiene otro significado ahora que ya no estoy enferma.

Escríbeme pronto.

Manuela

Referencia gramatical 3: Suggesting group activities: *Nosotros* commands

4-9 Un día especial. Raúl ya está mejor después de su accidente de coche, Vilma y él están pensando en hacer algo especial para celebrar su recuperación. Escoge la oración correcta en respuesta a las ideas de Vilma y Raúl.

VILMA: Ahora que te sientes bien. ¿Quieres ver a algunos de tus amigos?

RAÚL: 1. a. Sí, invitemos a Paco y Laura para almorzar.

b. No, invitamos a Paco y Laura para almorzar ayer.

c. Sí, invitaste a Paco y Laura para almorzar.

VILMA: ¿Qué tal si salimos a caminar por el parque hoy por primera vez?

RAÚL: 2. a. Bueno, salimos a caminar ayer.

b. Bien. Por ser la primera vez salgamos por una media hora.

c. No, salimos todos los días a caminar.

VILMA: ¿Tienes ganas de comer algo rico? Hace mucho que no comemos algo especial.

RAÚL: 3. a. Sí, compremos un pastel de chocolate.

b. Compramos pasteles todos los días.

c. No, no comimos nada para el desayuno.

VILMA: ¿Qué te parece si hacemos una fiesta para celebrar que estás bien?

RAÚL: 4. a. Alicia dio una fiesta ayer.

b. Nunca hicimos una fiesta.

c. Me parece fantástico. Hagamos una fiesta dentro de unas semanas.

Aprendamos 1: Telling people what to do: Formal and informal commands

4-10 Ejercicios sencillos. Una revista dedicada a la salud y la nutrición recogió varias sugerencias sobre ejercicios de varios profesores de gimnasia puertorriqueños. Completa las instrucciones de los profesores con la forma **usted** de los mandatos.

A. Ejercicio de tronco

(1) _____ de pie con los pies separados, (2) _____ el cuerpo a la derecha por la cintura, (3) _____ la mano derecha de arriba a abajo en la pierna derecha. (4) _____ el mismo ejercicio hacia el lado izquierdo. (Juan José Reina, Ponce)

repetir
ponerse
mover
doblar

B. Ejercicio de brazos y hombros

(1) _____ sobre una superficie firme, (2) _____ una pesa en cada mano con los brazos extendidos en cruz,

(3) _____ los brazos rectos encima de la cabeza y

(4) _____ las manos. Lentamente, (5) _____ los brazos y (6) _____ de nuevo en cruz en el suelo.

(Alfredo Castellanos, Aguadilla)

acostarse
juntar
levantar
bajar
colocar
tomar

◖. Ejercicio de muslos

(1) _____ de pie con las manos en la cintura,

(2) _____ un paso adelante con la pierna derecha,

(3) _____ la pierna izquierda y (4) _____

el suelo con la rodilla. (5) _____ en esa posición durante

cinco segundos. (6) _____ a la posición inicial.

(7) _____ el mismo movimiento con la otra pierna

(Fernando León, San Juan)

ponerse
flexionar
tocar
permanecer
dar
volver
hacer

4-11 Vida nueva. Después del ataque al corazón que sufrió Javier, su esposa Ana y él fueron a un médico para pedirle consejos porque ella también tiene problemas de salud y los dos quieren cambiar de estilo de vida. Responde a sus preguntas usando la forma **_ustedes_** de los mandatos y los pronombres personales donde lo requiera el contexto.

Modelo: JAVIER: Doctor, ¿podemos comer huevos todos los días?

   DOCTOR: *No, no los coman todos los días.*

1.   JAVIER: ¿Necesitamos hacer ejercicio?

   DOCTOR: _Sí,_ _____.

2.   ANA: ¿Debemos ir al gimnasio todos los días?

   DOCTOR: _Sí,_ _____.

3.   ANA: ¿Debemos empezar clases de yoga?

   DOCTOR: _Sí,_ _____.

4.   JAVIER: ¿Podemos beber café?

   DOCTOR: _No,_ _____.

5.   JAVIER: ¿Podemos almorzar con vino?

   DOCTOR: _No,_ _____.

6.   JAVIER: ¿Necesitamos ponernos a régimen?

   DOCTOR: _Sí,_ _____.

7.   ANA: ¿Podemos dormir la siesta después del almuerzo?

   DOCTOR: _No,_ _____.

4-12 ¿Estás deprimido/a? Ana leyó en una revista una lista de sugerencias sobre lo que debe y no debe hacer una persona con depresión. ¿Qué piensas tú?

A. Indica cuáles son las cosas que debe o no debe hacer:

	Debe	No debe
1. decir siempre cómo te sientes	☐	☐
2. ser muy exigente contigo mismo/a	☐	☐
3. quedarte solo/a en casa los fines de semana	☐	☐
4. hacer una lista de 10 cosas positivas que vas a hacer en el próximo mes	☐	☐
5. ir a clases de yoga	☐	☐
6. salir con personas optimistas	☐	☐
7. dormir muy poco	☐	☐
8. tener un trabajo que requiera mucha concentración y energía	☐	☐
9. tener cuidado con lo que comes	☐	☐

B. Vuelve a escribir ahora los consejos usando los mandatos informales (*tú*) en la forma afirmativa o negativa, de acuerdo con la información.

1. _____

2. _____

3. _____

4. _____

5. _____

6. _____

7. _____

8. _____

9. _____

Aprendamos 2: Telling people what to do: Placement of object pronouns with commands

4-13 Opiniones. Cecilia le está dando a su hermana Carmen su opinión sobre lo que ella quiere hacer. Completa las opiniones de Cecilia usando los mandatos informales y el pronombre necesario.

Modelo: CARMEN: Voy a comprar mis medicinas.

     CECILIA: Sí, cómpralas.

1. CARMEN: Voy a ponerme a régimen.

   CECILIA: No, _____

2. CARMEN: Tengo que hacer los ejercicios que me indicaron.

   CECILIA: Sí, _____

3. CARMEN: Quiero beber esa cerveza.

   CECILIA: No, _____

4. CARMEN: Debo comer verduras.

   CECILIA: Sí, _____

5. CARMEN: Necesito acostarme más temprano.

   CECILIA: Sí, _____

6. CARMEN: Quiero dejar mi trabajo.

   CECILIA: No, _____

4-14 La gripe. Roberto tiene una gripe muy fuerte y su madre lo llama por teléfono y le da algunos consejos. Escribe los consejos de la madre uniendo las dos partes de la información dada. Usa los mandatos informales (*tú*) en la forma negativa o afirmativa.

1. beber _____   a. al trabajo
2. hacer _____   b. ejercicios físicos fuertes
3. ir _____   c. en la cama unos días
4. ponerse _____   d. mucho líquido
5. quedarse _____   e. la temperatura todos los días
6. salir _____   f. antibióticos sin receta médica
7. tomar _____   g. una bufanda al salir a la calle
8. tomarse _____   h. por la noche con los amigos

Al fin y al cabo

4-15 Salvador Moncada. Ayer encontraste en un periódico español un artículo sobre el científico Salvador Moncada. Léelo y completa la información.

A Salvador Moncada le sorprende que la Academia sueca no reconozca su aporte a la ciencia

El laboratorio de Salvador Moncada, científico hondureño, demostró la importancia del óxido nítrico en el organismo. A pesar de esto, la Academia sueca le dio el premio Nobel de Medicina a los científicos estadounidenses Robert Furchgott, Louis Ignarro y Ferid Murad, grupo que postuló la hipótesis sobre la importancia de dicho químico para la vida humana.

Moncada nos dijo que en 1986 se habían postulado varas teorías sobre la intervención del óxido nítrico en las enfermedades cardiovasculares, pero fue su equipo el primero en establecer los mecanismos bioquímicos que demostraban la teoría. Lo importante para Moncada es poder demostrar qué teoría es válida y cuál no lo es.

Gracias a las investigaciones del científico hondureño se estableció que el óxido nítrico contribuye a la dilatación de las venas, lo cual ayuda a prevenir enfermedades cardiovasculares, como la trombosis o la arterioesclerosis.

A pesar de todo, Moncada reconoce que los premios no son todo, él no se desanima y sigue realizando investigaciones de alta calidad.

---

1. Salvador Moncada es un _____ de _____.

2. En el laboratorio de Moncada demostraron la importancia del _____

   _____.

3. El óxido nítrico influye en las enfermedades _____.

4. El equipo de Moncada demostró que las teorías de los estadounidenses

   _____ eran ciertas.

4-16 Gran Hotel de La Toja. Estás pensando en ir a pasar una semana a un hotel-balneario español. Lee el folleto a continuación y escoge las respuestas correctas. Si no sabes lo que es un balneario, lee el texto del ejercicio **4-18**.

A. Antes de leer

1. Averigua dónde está situada Pontevedra.

   a) en el noreste de España

   b) en el noroeste de España

   c) en el sur de España

2. Averigua en qué región está Pontevedra.

   a) Andalucía

   b) Cataluña

   c) Galicia

Gran Hotel de la Toja
Balneario y club termal

El Gran Hotel está ubicado en la isla de La Toja, frente a la península de O'Grove, llamado también "Paraíso del Marisco". Es considerado uno de los mejores de España. Con su nuevo Centro Termal, ha logrado combinar "Termalismo", y "Salud y belleza", siendo una de las instalaciones balneoterápicas más modernas de Europa.

Características de las aguas:
Clorurado sódicas, radiactivas, bromuradas, ferruginosas a una temperatura de 60°C.

Indicaciones terapéuticas:
Reumáticas, rehabilitación, enfermedades de la piel, respiratorias, otorrinolaringología, tratamientos preventivos para niños. Programas antistrés, psicodinamizantes, de belleza, adelgazamiento y anticelulíticos.

Técnicas:
Bañeras de hidromasajes, chorros, ducha escocesa, sauna, fangos, algas, UVA, masajes y baños termales.

Accesos y comunicaciones:
Aeropuerto de Santiago de Compostela (80 km) y Vigo (60 km), estaciones de ferrocarril de Pontevedra y Villagarcía (30 km) y Grove (1,5 km)

Servicios en el Balneario-Hotel:
Sala de estética, gimnasio, sauna, solarium, láser, peluquería. Bar, restaurante, cafetería, salones, tiendas, pabellón de congresos, salas de reuniones.
Piscina exterior y piscina termal cubierta. Campo de golf de 9 hoyos, complejo deportivo con piscina olímpica, tenis, paddle, gimnasio, casino, pabellón de congresos. Habitaciones con baño completo, calefacción, secador, radio, minibar y TV color (antena parabólica).

Lugares de interés histórico-artístico:
Pontevedra (30 km), Santiago de Compostela (80 km.), varios paseos en la zona (Cambados, La Oca . . .), Monasterios de Poyo, La Armentería.

Paseos y excursiones:
En barco por la Ría, paseos por las playas, la isla y península del Grove, Vigo, La Guardia, Bayona.

Fiestas populares:
El Carmen, patrona de los pescadores (16 de julio); Nuestra Señora de la Lanzada (30 de agosto); Fiesta de la exaltación del Marisco (12 de octubre).

Especialidades gastronómicas:
Toda clase de mariscos y pescados, vinos blancos de zona del Salnés (Albariño, Ribeiro).

Programas:
En todos los programas (excepto los de 2 y 3 días), se incluye una visita médica y un seguimiento personal y profesional, además de los tratamientos que se indican.

B. Di si son ciertas (**C**) o falsas (**F**) las siguientes afirmaciones.

a) Sólo los programas de 2 y 3 días incluyen una visita médica.   C   F

b) El hotel está situado en una isla.   C   F

c) El hotel-balneario está dedicado a las enfermedades del corazón.   C   F

d) Algunas de las técnicas que usan son las hierbas, la acupuntura y la homeopatía.   C   F

e) En el hotel hay varias piscinas.   C   F

4-17 La hermana mayor. Cristina es la mayor de cinco hermanos y ellos siempre le piden consejo cuando tienen problemas. Escribe los consejos de Cristina usando mandatos informales (*tú*).

CARLOS: Cristina, todas las mañanas me duele la cabeza.

CONSEJO DE CRISTINA: _____

MÓNICA: Cristina, últimamente tengo náuseas y vómitos.

CONSEJO DE CRISTINA: _____

LOLA: Cristina, el invierno pasado engordé diez kilos y no sé cómo adelgazar.

CONSEJO DE CRISTINA: _____

GONZALO: Cristina, esta noche viene mi novia a cenar y no sé qué cocinar.

CONSEJO DE CRISTINA: _____

JORGE: Cristina, quiero ir a un balneario pero no sé dónde hay uno.

CONSEJO DE CRISTINA: _____

4-18 Los balnearios. Antes de ir a La Toja estuviste leyendo algo sobre los balnearios. Responde las preguntas y explica después si vas o no vas a ir a uno.

¿Qué son los balnearios?

El uso de aguas termales para la curación de ciertas enfermedades crónicas del aparato locomotor, respiratorio y digestivo es llamado *termalismo*. Estas aguas minerales con propiedades medicinales han sido usadas desde hace más de 2000 años. En algunos casos pueden ser ingeridas por la boca o pueden usarse en forma de inhalaciones, baños, lodos, saunas, etc., sin efectos secundarios. La composición química varía de un lugar a otro, y así también varían sus propiedades terapéuticas.

Para enfermedades de la piel, o el aparato respiratorio y el locomotor, se recomiendan las aguas sulfuradas. Mientras que las aguas sódicas son consideradas estimulantes. Las aguas ricas en hierro ayudan a la regeneración de la sangre, los casos de anemia, las enfermedades de la piel y también colaboran con los regímenes para adelgazar. Para las personas estresadas, ansiosas o depresivas se recomiendan las aguas radiactivas las cuales tienen efectos sedantes y analgésicos. Mientras que las aguas sulfatadas tienen efectos laxantes y diuréticos. Para problemas con el aparato digestivo se recomiendan las aguas bicarbonatadas.

Las aguas termales no sólo sanan sino que también previenen las enfermedades, regeneran el cuerpo y proporcionan descanso a la mente. Por esto los balnearios modernos se han convertido en lugares de vacaciones que proveen diversión para personas de todas las edades. Además de las aguas termales se ofrecen paseos, actividades culturales y deportivas, excursiones y otras atracciones para que los visitantes tengan unas vacaciones regeneradoras del cuerpo, la mente y el espíritu.

Nombre: _____   Fecha: _____

A. Preguntas:

1. ¿Para qué tipos de enfermedades son buenas las aguas termales?

   _____

2. ¿Desde cuándo se utilizan las aguas termales para tratar enfermedades?

   _____

3. ¿Qué efectos tienen las aguas sódicas?

   _____

4. ¿Para qué son buenas las aguas sulfuradas?

   _____

5. ¿Qué tipos de aguas están indicadas para personas con anemia o que quieren hacer régimen?

   _____

6. ¿Qué tipos de agua se recomiendan para personas nerviosas?

   _____

7. ¿Para qué se recomiendan las aguas bicarbonatadas?

   _____

8. ¿Qué ofrecen los balnearios, además de tratamientos para ciertas enfermedades?

   _____

B. Decisión: Explica en un párrafo si te parece buena o mala idea pasar una semana en un balneario.

_____

_____

_____

_____

_____

_____

_____

_____

_____

4-19 **Una receta sana.** Todos los meses el hotel-balneario de La Toja publica algunas de las recetas sanas que se preparan en la cocina. Tú trabajas en el hotel y te ocupas de recoger las recetas. Escribe una de las recetas del mes. Puede ser una bebida o una comida.

Nombre: _____

Ingredientes: _____

_____

_____

_____

_____

Preparación (usa los mandatos formales)

_____

_____

_____

_____

_____

_____

_____

4

Capítulo cuatro
Hablemos de la salud

En marcha con las palabras

4-20 ¿Eres alérgico/a? Escucha las siguientes oraciones y di si son lógicas (**L**) o ilógicas (**I**).

Modelo: Respire por las orejas, por favor. – *I* (ilógico)

1. L   I
2. L   I
3. L   I
4. L   I

5. L   I
6. L   I
7. L   I
8. L   I

4-21 En la farmacia. Escucha las siguientes conversaciones y luego marca en cada caso la afirmación correcta.

Conversación A:

1. Liliana
   a. tiene dolor de oídos.
   b. tiene dolor de garganta.
   c. se siente mal.
2. La farmacéutica
   a. le pregunta a Liliana si tiene gripe.
   b. le pregunta si tose.
   c. le dice a Liliana que vea a un médico.
3. A Liliana
   a. no le gusta ir al médico.
   b. le dan un jarabe para la tos.
   c. le duele el pecho.
4. Marcos
   a. se siente mejor.
   b. quiere un antiácido.
   c. tiene dolor de estómago.

Conversación B:

1. Don Juan
   a. se siente mal.
   b. necesita tomarse la presión.
   c. quiere que le den una inyección.
2. Alejandro
   a. se rompió una pierna.
   b. necesitó sacarse una radiografía.
   c. es un muchacho muy sano.
3. Don Juan
   a. tiene la presión normal.
   b. tiene la presión alta.
   c. es el abuelo de Alejandro.
4. La farmacéutica
   a. le pregunta a don Juan por la familia.
   b. le toma la presión a don Juan.
   c. le manda saludos a la esposa de don Juan.

Lab Manual

4-22 ¿Sufre de insomnio? Escucha las siguientes preguntas y marca en cada caso la respuesta apropiada.

Modelo: ¿Le duele la cabeza?

    a. No, es muy tarde.

    b. Sí, y un poco la garganta. ✓

1. a. Sí, y fui a la farmacia también.

   b. Lleva un poco de pan integral y también harina de trigo.

2. a. El dentista está de vacaciones.

   b. Sí, tú el 15 y yo el 18.

3. a. Es igual.

   b. En la olla.

4. a. No, la verdad que no.

   b. Bueno, hago ejercicio dos veces por semana.

5. a. Sí y también lleva una dieta equilibrada.

   b. Sí, creo que sí. Comemos comida variada, muchas verduras, y hacemos ejercicio.

6. a. ¡Uff! Muchísimo.

   b. Voy al médico la semana que viene.

7. a. Quizás, pero yo también.

   b. No, no te preocupes.

8. a. No lo sé.

   b. No, no es necesario.

Sigamos con las estructuras

Referencia gramatical 1: Indicating location, purpose, and cause: *Por* vs. *para*

4-23 ¿Por o para? Completa los espacios en blanco con la preposición correcta. Luego, escucha las preguntas y las respuestas.

Modelo: *¿Por dónde comenzó el dolor?*

    Por la pierna izquierda.

1. ¿ _____ dónde comienzo la visita?

   _____ la sala de emergencia.

2. ¿Cuánto pagó Fernando _____ los medicamentos?

   Pagó unos veinte pesos _____ los medicamentos.

3. ¿ _____ qué llora tanto ese niño?

   Pues, _____ que le duele mucho.

4. ¿ _____ quién son los antibióticos?

   _____ su compañero de cuarto.

5. ¿ _____ cuántos días estuvo en el hospital?

   _____ lo menos una semana.

6. ¿ _____ cuándo es la cita con el médico?

   _____ el viernes en la mañana.

7. ¿Qué hizo Gabriel _____ adelgazar?

   Chica, lo que hace todo el mundo _____ adelgazar: una dieta estricta.

8. ¿ _____ las dudas le dieron la inyección?

   Sí, _____ las dudas aquí siempre te dan una inyección.

Referencia gramatical 2: Talking to and about people and things: Uses of the definite article

4-24 **En la cocina.** Completa las oraciones con el artículo definido cuando sea necesario de acuerdo al modelo. Luego, escucha la oración correcta.

Modelo: Es _____ cocinero del restaurante.

   Es el cocinero del restaurante.

1. Es _____ cocinera del programa "Cocinando con doña Lola".

2. Buenas tardes, _____ doña Lola.

3. Mucho gusto. Como saben, yo soy _____ especialista en comida caribeña.

4. Para comenzar, abran _____ libro en _____ página 29.

5. Esta receta lleva _____ carne.

6. También van a necesitar _____ papas y _____ cebollas.

7. _____ preparación se cocina en _____ horno.

8. Bueno, hemos terminado. Muchas gracias y hasta _____ próxima, _____ doña Lola.

Referencia gramatical 3: Suggesting group activities: *Nosotros commands*

4-25 Vayamos a la playa. Contesta las preguntas utilizando el mandato nosotros en afirmativo o en negativo según se indica. Luego escucha las respuestas correctas.

Modelo: ¿Quieres ir a la playa?
Sí
Sí, vayamos a la playa.
No
No, no vayamos a la playa.

1. Sí, _____.

2. No, _____.

3. Sí, _____.

4. No, _____.

5. Sí, _____.

6. No, _____.

7. Sí, _____.

8. No, _____.

Aprendamos 1: Telling people what to do: Formal and informal commands

4-26 Para estar en forma. Da las órdenes que tiene que seguir tu compañero/a para estar en forma. Luego, escucha las respuestas correctas.

Modelo: Correr por lo menos media hora por semana.
¡Corre por lo menos media hora por semana!

Para mantenerte en forma:

1. Hacer gimnasia dos veces por semana.

   _____.

2. No hacer más de lo que puedes.

   _____.

3. No comer mientras haces ejercicio.

   _____.

4. Medirse las pulsaciones.

   _____.

5. No ducharse con agua fría.

   _____.

6. Pedir consejos a la instructora.

   _____.

7. No tomar frío.

   _____.

8. No abrir las ventanas del gimnasio.

   _____.

4-27 Mente sana en cuerpo sano. Escucha las preguntas de un amigo y luego escribe la respuesta, de acuerdo al modelo.

Modelo: ¿Como en restaurantes todos los días? No.
No, no comas en restaurantes todos los días.

1. No, _____ .

2. Sí, _____ .

3. No, _____ .

4. Sí, _____ .

5. No, _____ .

6. Sí, _____ .

7. No, _____ .

8. Sí, _____ .

4-28 Buena onda, buena forma. Escucha el programa de radio "Buena onda, buena forma" y señala a qué imagen corresponde cada uno de los tres ejercicios.

a

b

c

4-29 **Con el veterinario.** Tu gato está enfermo. Contesta las preguntas de acuerdo al modelo.

Modelo: ¿Tengo que ponerle una inyeccion? – Sí.

Sí, ponle una inyección.

1. Sí, _____.

2. No, _____.

3. Sí, _____.

4. No, _____.

5. Sí, _____.

6. No, _____.

4-30 **Buena Onda y la comida.** Hoy tienes invitados y quieres ofrecerles una tortilla española pero no encuentras la receta. Por suerte, en la emisora de radio Buena Onda tienen un programa de recetas fáciles y tradicionales. Escucha la receta de la tortilla y completa tu receta con los verbos en el imperativo.

Modelo: Hay que usar aceite de oliva.

Use aceite de oliva.

Para hacer una auténtica tortilla española no tiene más que seguir los siguientes pasos:

1. _____ las patatas en cubos pequeños y las cebollas en rodajas finas y _____ el aceite en una sartén.

2. _____ las patatas y las cebollas a fuego lento durante cuarenta minutos, hasta que las patatas estén tiernas. _____ a menudo para que no se peguen. No las _____ dorar.

3. _____ las patatas para que quede poco aceite.

4. En un recipiente _____ los huevos y _____ sal. Luego, _____ las patatas y las cebollas cocidas y _____ todo muy bien.

5. Finalmente, _____ una cucharada de aceite en una sartén; _____ la mezcla de huevos, patatas y cebollas y _____ en el fuego cinco minutos de cada lado. _____ vuelta con un plato. _____ en cuadrados y _____ tibia. ¡Buen provecho! Y hasta pronto, con más recetas tradicionales y fáciles en Buena Onda, su onda.

Aprendamos 2: Telling people what to do: Placement of object pronouns with commands

4-31 Llegan los invitados. Tus invitados están por llegar y no todo está listo. Por suerte tienes a alguien que te ayuda. Contesta las preguntas de acuerdo al modelo.

Modelo: ¿Pongo la mesa en el jardín?

Sí, ponga la mesa en el jardín, por favor.

¿Saco las sillas?

No, no las saque, gracias.

1. Sí, _____.

2. No, _____.

3. Sí, _____.

4. Sí, _____.

5. No, _____.

6. No, _____.

7. Sí, _____.

8. Sí, _____.

Al fin y al cabo

4-32 Mensajes. Escucha los mensajes telefónicos que recibió la doctora Parrechi y coloca el nombre del paciente y su número telefónico en cada una de las recomendaciones de la médica.

Doctora Débora Parrechi Médica Clínica Nombre del paciente: Teléfono: Consejo: Darle una cita para hoy y tomar algo para bajar la fiebre.	Doctora Débora Parrechi Médica Clínica Nombre del paciente: Teléfono: Consejo: Darle una cita para la semana próxima y hacerse una prueba de embarazo.	Doctora Débora Parrechi Médica Clínica Nombre del paciente: Teléfono: Consejo: Enviarle la dieta de los ejecutivos y el folleto para dejar de fumar. Darle una cita para la semana que viene.	Doctora Débora Parrechi Médica Clínica Nombre del paciente: Teléfono: Consejo: Venir al hospital y hacerse una radiografía urgente.

4-33 Restaurante mexicano. Agustina y Miguel, una pareja de españoles, van a comer a un restaurante mexicano. Escucha la conversación y luego completa el cuadro.

	Miguel	Agustina
De entrada		
De plato principal		
De postre		
Para beber		

4-34 Encuesta. Una radio local hace una encuesta en la calle para saber si la gente joven lleva una vida sana. Escucha las entrevistas y marca en el cuadro (Sí) o (No) según las respuestas que da cada persona.

Pregunta	Clara	Inés	Federico
1. ¿Haces ejercicio durante 20 minutos tres veces por semana o más?			
2. ¿Tienes tiempo libre para ti y tus amigos?			
3. ¿Manejas positivamente las situaciones estresantes de tu vida?			
4. ¿Haces un examen médico anual?			
5. ¿Fumas?			
6. ¿Comes fuera de hora dulces, patatas fritas y sodas?			
7. ¿Mantienes tu peso estable sin bajar y subir constantemente?			
8. ¿Tomas por lo menos 8 vasos de agua por día?			

Dictado

4-35 Defensas mentales. Transcribe el fragmento del artículo "La actitud mental: un arma contra la enfermedad" que escucharás a continuación.

_____

_____

_____

_____

_____

_____

_____

5

Capítulo cinco

Hablemos de donde vivimos

En marcha can las palabras

5-1 Palabras y más palabras. Ayer tu amigo te dio 24 palabras para que formaras ocho pares.

A. Primer paso: Elimina la palabra que no partenezca a cada par.

1. vidrio	cartón	desempleado
2. techo	llave	pared
3. estante	cómoda	nevera
4. cine	esquina	centro comercial
5. desarrollo	forma	manera
6. reutilizar	malgastar	reciclar
7. ahorrar	desechar	tirar
8. residuos	municipio	materiales de desecho

B. Segundo paso: Tu amigo te dio una lista de categorías y sinónimos para clasificar los pares de la sección A. Escribe junto a cada categoría el número del par correspondiente.

a. basura   _____

b. desperdiciar   _____

c. edificios   _____

d. materiales reciclables   _____

e. modo   _____

f. muebles   _____

g. partes de la casa   _____

h. reaprovechar   _____

C. Las palabras que sobran. A tu amigo le gustan los secretos. Con cuatro de las palabras que no forman pares en la sección **A**, completa el mensaje secreto que escribió en una hoja.

"El mes pasado perdí mi trabajo, así que estoy (1) _____. Tengo la

(2) _____ de la caja de seguridad de un banco. La escondí en la

(3) _____, detrás de la botella de leche. El sábado voy a robar ese

banco. ¿Sabes cuál? Es el banco que está en la (4) _____ de las calles

Bolívar y San Martín. No me esperes a cenar esa noche."

5-2 Prueba de memoria. Ayer estuviste leyendo en una revista unos textos sobre la vivienda y el medio ambiente y hoy encontraste el siguiente juego para evaluar tu memoria. Escribe la palabra correcta para cada una de las definiciones siguientes.

Modelo: Lugar donde se hacen objetos con máquinas: *fábrica*

1. Desechos, residuos: _____

2. Problema que describe el aumento de temperatura en nuestro planeta: _____

3. Sucio, con muchos desechos: _____

4. Cortar los árboles: _____

5. Productos químicos para matar insectos de las plantas: _____

6. Material duro y transparente que se usa para hacer envases: _____

7. Plantar semillas en la tierra: _____

5-3 Un parque público. En el pueblo de San Fernando se publicó un anuncio para invitar a todos los vecinos a participar en la construcción de un parque público. Usa el verbo apropiado en la forma correcta para completar el anuncio de la alcaldesa.

alcanzar	conseguir	lograr	obtener

UN PARQUE PARA TODOS

Ciudadanos:

El año pasado nuestro municipio (1) _____ un nuevo terreno para la construcción de un parque público. El mes pasado, por fin (nosotros) (2) _____ los 10.000 árboles gratis que habíamos pedido al Servicio de Parques Nacionales. Queremos plantar todos los árboles el próximo fin de semana. Para (3) _____ nuestro objetivo, necesitamos la ayuda de todos. Por fin vamos a (4) _____ tener el parque con el que siempre hemos soñado. ¡Vengan todos el sábado y el domingo y planten un árbol!

La alcaldesa

5-4 Elecciones municipales. Uno de los candidatos a alcalde del municipio de Santa Rosa habló para un grupo de ciudadanos. La grabación de su discurso no es buena y ahora un periodista del periódico local está imaginando cuáles son las palabras que no se oyen. Ayúdalo a reconstruir el discurso con algunas de las expresiones para influir y tratar de convencer a otros.

> • Debe(s) pensar que. . .
>
> • Hay que tener en cuenta que. . .
>
> • Tenemos que darnos cuenta de que. . .
>
> • Hay que considerar que. . .
>
> • Por un lado. . .
>
> • Por otro (lado). . .

". . . hay que (1) . . . _____ en _____ que este municipio necesita la ayuda de todos para reducir el volumen de basura diaria. Por (2) _____ es necesario que las autoridades abran un centro de reciclaje y recojan cartones, vidrios y plásticos de los contenedores de las aceras; por (3) _____ es importante que todos los ciudadanos se mentalicen de que proteger el medio ambiente es un deber de todos. Debemos (4)_____ que dentro de unos años todos los ciudadanos de Santa Rosa van a producir menos basura y van a sentirse mejor sobre su ciudad. Tenemos que _____ (5) de que si seguimos derrochando y contaminando a este ritmo, nuestra ciudad se va a convertir en un gran basurero.

Sigamos con las estructuras

Referencia gramatical 1: Distinguishing between people and things: The personal a

5-5 Ciudadanos conscientes. El gobierno de la ciudad ha enviado a todas las casas unas sugerencias sencillas para cuidar de las calles y parques de la ciudad. Completa la información con la preposición **a** donde sea necesario.

Saque (1) _____ su perro al parque, pero no se olvide de limpiar después. No ponga (2) _____ el vidrio con el resto de la basura. Si no hay transporte público cerca, lleve (3) _____ sus vecinos al trabajo en su coche y comparta (4) _____ los gastos de gasolina con ellos. No deje (5) _____ las bolsas de basura en la acera, póngalas en los contenedores. Enséñeles (6) _____ sus niños que no deben tirar papeles en la calle. Si cambia (7) _____ los electrodomésticos de la cocina, elija los que consuman menos energía. Cuide (8) _____ la ciudad donde vive como si fuera su propia casa. Escuche (9) _____ otros vecinos que tengan buenas ideas para conservar limpia la ciudad.

Referencia gramatical 2: Avoiding repetition of nouns: Direct object pronouns

5-6 Buenos planes. Rebeca le está describiendo a un amigo lo que está haciendo para no derrochar ni contaminar.

A. Vuelve a escribir sus propósitos usando el pronombre de objeto directo que corresponda. Hay dos maneras de hacerlo.

1. Voy a comprar productos de limpieza en envases reciclables.

   _____

   _____

2. Tengo que buscar el centro para reciclar.

   _____

   _____

3. Ya estoy guardando todo el papel.

   _____

   _____

4. Debo ahorrar agua.

   _____

   _____

5. Pienso reciclar las pilas.

   _____

   _____

B. Ahora su amigo le está dando algunos consejos. Reescribe sus consejos usando los pronombres de objeto directo que correspondan.

   Rebeca, todo eso está muy bien pero, además. . .

1. No tengas siempre la televisión encendida.

   _____

2. Pon la secadora solamente en el invierno.

   _____

3. Echa los restos de café y té en las plantas.

   _____

4. No uses servilletas de papel.

   _____

5. Compra productos en grandes cantidades.

   _____

6. No tires las bolsas de plástico a la basura.

   _____

5-7 La limpieza del río. Eres del grupo ecologista de tu ciudad. Ustedes están hablando de los problemas del río de su ciudad y de un plan de limpieza urgente. Aquí tienes las opiniones de varios miembros. Usa los pronombres de objeto directo para apoyar las ideas que se están presentando en la reunión.

Modelo: UN MIEMBRO: La fábrica de detergentes está contaminando el río.

   TÚ: *Sí, la fábrica de detergentes **lo** está contaminando.*

1. UN MIEMBRO: Los materiales de desecho están matando los peces del río.

   TÚ: _Sí,_ _____.

2. UN MIEMBRO: Debemos limpiar el río.

   TÚ: _Sí,_ _____.

3. UN MIEMBRO: Podemos contratar a los vecinos desempleados para este trabajo.

   TÚ: _Sí,_ _____.

4. UN MIEMBRO: El alcalde derrocha el dinero a menudo en obras menos importantes.

   TÚ: _Sí,_ _____.

5. UN MIEMBRO: Tenemos que proteger la flora y la fauna del río.

   TÚ: _Sí,_ _____.

5-8 Los buenos ecologistas. El municipio de San Fernando de Henares (Madrid) envió un cuestionario a los vecinos para saber lo que hacen por el medio ambiente. Responde el cuestionario usando pronombres de objeto directo.

1. ¿Recicla usted el vidrio?

   TÚ: _Sí,_ _____.

2. ¿Lleva las pilas al depósito del pueblo?

   TÚ: _Sí,_ _____.

3. ¿Toma usted el transporte público para ir al trabajo?

   TÚ: _No,_ _____.

4. ¿Compra usted aerosoles sin CFC?

   TÚ: _Sí,_ _____.

5. ¿Está usted reciclando el papel?

   TÚ: _No,_ _____.

Referencia gramatical 3: Indicating to whom or for whom actions are done: Indirect object pronouns

5-9 El colegio ecológico. Un profesor de un colegio de Santiago tiene un plan original para enseñarles a los estudiantes a cuidar el medio ambiente. Ahora está hablando con el jefe de profesores sobre su plan. Usa los mandatos y los pronombres de objeto indirecto para escribir la reacción del jefe de professores.

Modelo: no decir / nada / padres
No les diga nada a los padres.

1. presentar / director/ su plan "Colegio ecológico"

   _____

2. no pedir / nadie / dinero para el proyecto porque no hay

   _____

3. pedir permiso / profesores / para hablarles a los niños

   _____

4. hablar / niños / sobre el proyecto del medio ambiente

   _____

5. dar / padres / ideas para ayudar a los niños

   _____

6. no explicar / yo / ahora todos los detalles

   _____

7. enseñar / nosotros / los resultados del proyecto

   _____

8. mandar / alcalde / un video sobre las actividades de los alumnos

   _____

5-10 Un nuevo trabajo. Álvaro ha conseguido un trabajo en la Comisión del Medio Ambiente de Caracas. Ahora está hablando por teléfono con un amigo de Caracas. Escribe las preguntas del amigo basándote en cada respuesta. Presta atención a los pronombres.

Modelo: AMIGO: *¿Qué te mandaron?*
ÁLVARO: Me mandaron una carta.

1. AMIGO: ¿ _____ ?
   ÁLVARO: Me decían que me habían aceptado para trabajar en la Comisión del Medio Ambiente.

2. AMIGO: ¿ _____ ?
   ÁLVARO: Le dije a mi novia que tenía que mudarme inmediatamente.

3. AMIGO: ¿ _____ ?
   ÁLVARO: Sí, les mandaré mi dirección a mis padres tan pronto como encuentre apartamento allí.

4. AMIGO: ¿ _____ ?
   ÁLVARO: Bueno, te explicaré todos los detalles en el aeropuerto, ¿de acuerdo?

5-11 La carta de Álvaro. Álvaro ya llegó a Caracas y ahora le está escribiendo una carta a su novia Margarita. Completa la carta de Álvaro con los pronombres de objeto directo o indirecto necesarios de acuerdo con el contexto.

Querida Margarita:

Ya estoy en Caracas pero (1) _____ extraño mucho. Ayer me mudé a mi nuevo apartamento y ahora tengo que comprar algunos muebles. Creo que (2) _____ voy a comprar el próximo fin de semana porque es difícil vivir en un apartamento casi vacío. Mi amigo (3) _____ ha dado la dirección de una tienda donde (4) _____ tienen muy baratos. La semana pasada empecé mi trabajo y, la verdad, no (5) _____ gusta mucho lo que tengo que hacer. Cuando (6) _____ hablaron del trabajo en la entrevista, pensaba que iba a poder aplicar algunas de las técnicas que (7) _____ enseñaron en la universidad, pero creo que (8) _____ explicaron todo muy superficialmente. Aquí solamente tengo que (9) escribir _____ cartas al ministro para (10) pedir _____ dinero para los proyectos municipales. Otras personas se ocupan de crear los proyectos y (11) presentar _____ a la Comisión de Medio Ambiente para que ésta (12) _____ apruebe. Yo sólo soy un secretario. ¿Por qué nadie (13) _____ dijo esto antes?

Margarita, ven a (14) ver _____ pronto.

(15) _____ quiere,

Álvaro

Aprendamos 1: Avoiding repetition of nouns: Double object pronouns

5-12 Una playa limpia. La playa de Santa Cruz del Mar está contaminada y el municipio va a limpiarla. Carlota trabaja en el proyecto. Vuelve a escribir las oraciones a continuación usando los pronombres de objeto directo e indirecto.

Modelo: Ayer nos enviaron la carta con toda la información.
Ayer nos la enviaron.

1. Ayer me dieron toda la información sobre el programa de descontaminación.

   _____

2. Esta mañana le estoy explicando los detalles al jefe de Medio Ambiente.

   _____

3. Esta tarde el jefe de Medio Ambiente le presenta el plan a la alcaldesa.

   _____

4. Mañana la alcaldesa nos tiene que dar su opinión sobre el programa.

   _____

5. La próxima semana le escribimos una carta al ministro.

   _____

6. A continuación me van a encargar el trabajo de promoción del plan.

   _____

5-13 **El trabajo de promoción.** Carlota está muy contenta porque va a encargarse de promocionar el plan de limpieza de la playa de Santa Cruz del Mar. Ahora su amiga le está haciendo algunas preguntas sobre su futuro trabajo. Responde las preguntas usando los pronombres de objeto directo e indirecto cuando sea posible.

Modelo: AMIGA: ¿Quién te recomendó para este proyecto?

   CARLOTA: Mi antiguo jefe me recomendó para este proyecto.

1.   AMIGA: ¿Le vas a dedicar mucho tiempo a ese trabajo?

   CARLOTA: Sí, _____

2.   AMIGA: ¿Cuándo empezarás el trabajo?

   CARLOTA: (*Muy pronto*) _____

3.   AMIGA: ¿Les vas a enviar a los profesores del colegio un video del plan?

   CARLOTA: Sí, _____

4.   AMIGA: ¿Nos vas a dar más detalles del proyecto a todos tus amigos?

   CARLOTA: Sí, _____

5.   AMIGA: ¿Cuándo terminarán ustedes la limpieza de la playa?

   CARLOTA: (*dentro un año*) _____

6.   AMIGA: ¿Me puedes incluir a mí en la promoción? ¡Es un plan fabuloso!

   CARLOTA: Sí, _____

7.   AMIGA: ¿Les puedo explicar todo esto a mis padres?

   CARLOTA: Sí, _____

5-14 Una carta muy torpe. Manolo está corrigiendo una carta sobre el consumo de energía para su jefe. En la carta hay muchas repeticiones. Ayúdale a escribir otra vez el siguiente párrafo usando los pronombres de objeto directo e indirecto donde corresponda.

Esta carta es para comunicar _____ (1. a todos los empleados) que debemos reducir el consumo de energía en nuestra empresa. Quiero explicar _____ (2. a todos los empleados) que malgastamos el papel inútilmente, _____ tiramos (3. el papel) en la papelera casi sin usar y no _____ reusamos (4. el papel). La empresa le está dando a nuestro departamento cien mil hojas de papel semanales, pero ahora tiene que dar _____ (5. a nuestro departamento) (6. cien mil hojas de papel) diariamente. El director quiere explicar _____ (7. a nuestro departamento) por qué esto no puede continuar así. El director va a enviar _____ (8. a nuestro departamento) la carta con el plan de ahorro de papel. Él está escribiendo _____ (9. la carta) (10. para nuestro departamento) ahora y quiere mandar _____ (11. la carta) (12. a nuestro departamento) la próxima semana. Por favor, sigan las recomendaciones de la dirección, aprendan _____ (13. las recomendaciones) de memoria y ahorren papel.

Aprendamos 2: Expressing inequality: Comparisons

5-15 ¿Quién cuida mejor el medio ambiente? Comparen a Estela y Carlos en sus hábitos hacia el medio ambiente.

Carlos	Estela
1. Recicla todas las revistas.	Sólo recicla algunas revistas.
2. Sólo compra el periódico los domingos y los recicla.	Compra el periódico todos los días y los recicla.
3. Reusa todas las bolsas de plástico.	Reusa las bolsas de plástico algunas veces.
4. Recicla todas las botellas vacías que encuentra en la calle y en su casa.	Recicla sólo las botellas de su casa.
5. Nunca usa bolsas de papel.	Usa bolsas de papel algunas veces.

1. Carlos recicla _____ revistas _____ Estela.

2. Carlos recicla _____ periódicos _____ Estela porque compra menos.

3. Carlos reusa _____ bolsas de plástico _____ Estela.

4. Carlos recicla _____ botellas _____ Estela.

5. Carlos usa _____ bolsas de papel _____ Estela.

5-16 ¿Cuánto sabes sobre la ecología global? Completa estas frases con las palabras dadas para descubrir cuánto sabes sobre estas situaciones mundiales.

peor / mejor que	más / menos que	más de

1. En la provincia peruana de Cajamarca se destruyeron _____ 9.000 hectáreas de bosque en un solo año.

2. La contaminación que produce una casa es _____ la que produce un coche.

3. El mediterráneo recibe cada año _____ 220 millones de turistas lo cual causa un deterioro de la riqueza natural y cultural de la región.

4. Las plantas sufren por la contaminación _____ los animales.

5. Todos sabemos que los glaciares están en retroceso debido al calentamiento global. Si se derrite el hielo de los glaciares, las aguas costales aumentarán _____ 8 metros.

6. La organización del reciclado en los países industrializados es _____ en los países en vías de desarrollo.

7. La contaminación ambiental en las ciudades latinoamericanas es _____ la de las ciudades de los EE.UU.

Aprendamos 3: Expressing equality: Comparisons

5-17 Alicia y Sonia son muy similares. Lee el siguiente párrafo y luego completa las oraciones con las comparaciones de igualdad.

A Alicia y Sonia les gusta mucho viajar. Este verano Sonia visitó 10 países europeos en sus vacaciones. Alicia también visitó 10 países pero en Latina América. Ellas trabajan mucho durante el año. Sonia trabaja hasta 50 horas por semana en un estudio de abogados. Alicia trabaja el mismo número de horas en su oficina como arquitecta. Las dos viven en un apartamento de dos dormitorios pero una vive en Boston y la otra en San Francisco. Ellas asistieron a la misma universidad en Texas donde se conocieron. Ahora se comunican por correo electrónico. Alicia le escribe 15 mensajes por semana y Sonia se los contesta. Para las Fiestas de Fin de año van a estar juntas en Nueva York donde viven sus padres.

1. A Alicia le gusta viajar _____ _____ a Sonia.

2. Este verano Sonia visitó _____ países _____ Alicia.

3. Alicia trabaja _____ horas por semana _____ Sonia.

4. El departamento de Sonia es _____ grande _____ el de Alicia.

5. Alicia escribe _____ mensajes por semana _____ Sonia.

6. _____ los padres de Alicia _____ los de Sonia viven en Nueva York.

7. _____ Alicia _____ Sonia van a estar en Nueva York para las Fiestas.

5-18 Comparando países y ciudades. Completa los espacios con las estructuras para las comparaciones. Sigue el modelo.

Modelo: Costa Rica tiene mucho ecoturismo

Nicaragua tiene muy poco ecoturismo.

Costa Rica tiene __más__ ecoturismo __que__ Nicaragua.

Nicaragua no tiene __tanto__ ecoturismo __como__ Costa Rica.

1. Buenos Aires tiene 11 millones de habitantes.

   Ciudad de México tiene 20 millones de habitantes.

   a. Buenos Aires tiene _____ habitantes _____ México.

   b. Buenos Aires no es _____ grande _____ México.

2. Costa Rica tiene un 25% de reservas naturales.

   El Salvador sólo tiene el 5%.

   a. Costa Rica tiene _____ reservas naturales _____ El Salvador.

   b. El Salvador no tiene _____ reservas naturales _____ Costa Rica.

3. En Costa Rica tiene el 5% de las especies animales del planeta.

   Colombia tiene el 10% de las especies animales del planeta.

   a. Costa Rica tiene _____ especies animales _____ Colombia.

   b. Costa Rica no tiene _____ especies animales _____ Colombia.

4. En Panamá van a plantar árboles en 7.000 hectáreas.

   En Honduras van a reforestar sólo 700 hectáreas.

   a. En Panamá van a plantar _____ árboles _____ en Honduras.

   b. En Honduras no van a plantar _____ árboles _____ en Panamá.

Al fin y al cabo

5-19 Reciclaje creativo. Amalia está estudiando arquitectura en la Universidad de Río Piedras y ayer en la clase estuvieron hablando del famoso arquitecto catalán Antonio Gaudí. Éstas son algunas de las notas que Amalia tomó en la clase.

Antonio Gaudí es, sin duda, el arquitecto catalán más famoso de la histcria. Nació en 1852 y murió atropellado por un tranvía en Barcelona en 1926. Gaudí se licenció en la Escuela Superior de Arquitectura de Barcelona. Era un arquitecto de gran creatividad y aplicó soluciones arquitectónicas muy arriesgadas e innovadoras para su tiempo. Una de las técnicas más originales que aplicó en la decoración de los edificios que construía era el "trencadis", que consistía en usar elementos cerámicos reaprovechados de edificios destruidos. Gaudí combinaba esta cerámica de diferentes colores de una manera única y personal, lo cual puede verse en muchos de sus edificios que todo el mundo reconoce como típicamente gaudianos. Muchas de estas obras se encuentran en Barcelona. Las más famosas son la catedral de la Sagrada Familia, el parque Güell y las casas Milá y Batlló.

A. Ahora Amalia está haciendo una síntesis de las notas que tomó. Ayúdala a completarla.

1. Gaudí nació a mediados del siglo _____

2. Estudió en _____

3. Utilizaba cerámica de edificios destruidos para _____

4. Uno de los monumentos religiosos de Gaudí es _____

B. Ahora ayúdale a Amalia a escribir tres ventajas del "trencadis" para el medio ambiente.

1. _____

2. _____

3. _____

5-20 Barcelona. Amalia quiere visitar la biblioteca de la Universidad Pompeu Fabrá de Mataró (Barcelona), y al mismo tiempo ver Barcelona y los edificios de Gaudí. Pero antes está averiguando algunos datos básicos sobre la ciudad. Ayúdala a seleccionar las respuestas correctas. Si necesitas ayuda, busca la información en Internet o en la biblioteca.

1. Barcelona es la capital de _____.
   a. Andalucía   b. Cataluña   c. País Vasco

2. Está en la costa del _____.
   a. Mediterráneo   b. Atlántico   c. Cantábrico

3. En Barcelona se hablan dos lenguas: el castellano y el _____.
   a. catalán   b. guaraní   c. vasco

4. En 1992 en Barcelona se celebraron _____.
   a. la Exposición Universal   b. la boda del Rey   c. las Olimpiadas

5. El barrio antiguo de Barcelona se llama _____.
   a. barrio de San Telmo   b. barrio Gótico   c. Coyoacán

6. Una de las calles más famosas de Barcelona es _____.
   a. el Paseo de la Reforma   b. la Avenida del Libertador   c. la Rambla

7. Una montaña famosa de Barcelona es _____.
   a. el Montjuit   b. el Popocatepec   c. el Aconcagua

5-21 Las viviendas bioclimáticas. En su viaje a España, Amalia quiere también visitar unas casas bioclimáticas en Málaga y está leyendo la siguiente descripción.

Amalia le va a mandar un mensaje electrónico a su profesor con los detalles más importantes sobre estas casas. Completa la información que le va a mandar.

Cuarenta y nueve viviendas experimentales bioclimáticas en San Pedro de Alcántara, Malága

La calefacción y la refrigeración de estas viviendas se hace de una forma pasiva gracias al clima del lugar. La forma en que está diseñado el edificio hace que aproveche el soleamiento directo durante el invierno, mientras que en el verano recibe un 58% menos de radiación directa. Las brisas del lugar también contribuyen a la refrigeración natural. Además, se ha diseñado dentro de la misma construcción elementos de refrigeración pasiva originales. Considerando que las temperaturas exteriores medias son entre 13,5°C y 25°C, en el interior de las viviendas las temperaturas medias se mantienen entre 16,4°C y 26°C sin ningún otro aporte que el solar pasivo. Como se puede observar, las viviendas están siempre por encima de los 15°C, y sólo en el 1% de las ocasiones pasan de 27°C, según datos obtenidos en dos viviendas monitorizadas.

El preciso de estas viviendas es igual al de las viviendas habituales.

1. Número de casas _____.

2. Las viviendas reciben _____ en el verano.

3. El sol de invierno se aprovecha al máximo gracias a la _____.

4. Para la refrigeración natural se aprovechan las _____.

5. La temperatura media de las casas está siempre entre _____.

6. Las casas cuestan _____ que las viviendas habituales.

5-22 El agujero de ozono. Lee el siguiente artículo sobre la reducción de la capa de ozono y después responde las preguntas.

▎ La capa de ozono en la mira del CADIC*

El Centro Austral de Investigaciones Científicas—CADIC, dependiente del Consejo Nacional de Investigaciones Científicas y Técnica—CONICET, y ubicado cerca de Ushuaia, Tierra del Fuego, realiza el seguimiento del adelgazamiento de la capa de ozono. El ozono se halla en casi su totalidad en la estratosfera, y, si bien a nivel del suelo es venenoso, el que está presente en la estratosfera es imprescindible.

Su importancia reside en que hace posible la vida sobre la Tierra, pues atenúa ciertos componentes de la radiación solar que son perjudiciales para los seres vivos. La concentración de ozono no es homogénea en toda la superficie terrestre, ya que existe una marcada variación con la latitud, es decir, según nos movemos desde el ecuador hacia los polos.

Los valores de concentración de ozono en el planeta varían entre 230 y 500 UD (unidad de medida), con un promedio mundial de 300 UD; en tanto, la cantidad del mismo varía entre el día y la noche y con la estación del año, siendo máxima en primavera y mínima en otoño. Esta variación estacional es más marcada cerca de los polos que del ecuador.

El ozono absorbe la radiación solar ultravioleta B (UV-B), impidiendo que llegue a la superficie terrestre. En los últimos años se ha observado una disminución en la concentración de ozono debida a la acción de los compuestos denominados halocarbonos (gases producidos por el hombre, que contienen carbono y halógenos—flúor, cromo y bromo). De ellos, los más comunes son los CFC (clorofluorcarbonados).

Hay una pronunciada disminución, de más del 50%, en la concentración de ozono sobre la Antártida y zonas vecinas, que comienza a fines del invierno y se prolonga durante la primavera, y que se denomina "Agujero de Ozono". Éste último fenómeno consiste en la destrucción de un alto porcentaje del ozono estratosférico en el término de pocos días. Finalizada la primavera, los niveles de concentración de ozono vuelven a valores casi normales. El nombre de "Agujero. . ." se debe a que, en el mapa obtenido por satélites, se ve una zona negra sobre la Antártida, formada por las concentraciones inferiores a 180 UD, las que habían sido descartadas porque se las creyó incorrectas.

En 1987, la NASA, con otras instituciones y universidades de EE.UU., organizó una expedición desde Punta Arenas, Chile, para determinar el alcance y causas del fenómeno. Esta campaña confirmó la existencia del agujero y su relación con la presencia de los CFC.

A causa de los resultados mencionados, la Fundación Nacional de Ciencias de EE.UU. (NSF) decidió instalar una red de espectrorradímetros para el seguimiento de la radiación UV. Estos aparatos miden la radiación solar directa y difusa a nivel del suelo, barriendo el espectro ultravioleta y visible. Las mediciones se realizan todo el año, cada hora, durante las horas de luz solar. Las investigaciones, hasta ahora, muestran que durante la primavera Ushuaia se halla bajo el influjo del agujero de ozono, observándose algunos días en que la concentración de ozono llega a ser el 50% de la normal para la época. También durante el verano, en ciertos días hay una leve disminución en la concentración, la cual se debería al pasaje de masas de aire antártico con bajo contenido de ozono, luego de la ruptura del vértice.

*Source: CERIDE. Reprinted with permission.

1. ¿Qué es el CADIC?

   _____

2. ¿Qué tipo de trabajo hace?

   _____

3. ¿Qué diferencia hay entre el ozono de la superficie terrestre y el de la estratosfera?

   _____

4. ¿Dónde se observan más marcadamente las variaciones en el nivel del ozono?

   _____

5. ¿De qué nos protege el ozono?

   _____

6. ¿Qué ocurre en la Antártida durante la primavera?

   _____

7. ¿Por qué se habla de "agujero" de ozono?

   _____

8. ¿Con qué se relaciona la aparición del "agujero de ozono"?

   _____

9. ¿Para qué se usan los espectrorradímetros?

   _____

10. ¿Qué se ha observado en Ushuaia durante la primavera y durante el verano?

    _____

5-23 Buenos propósitos. En los últimos días has estado pensando mucho en la importancia de proteger el medio ambiente, y has decidido hacer algunas cosas al respecto. Éstos son tus planes:

Desde este momento voy a _____,

y a _____.

No voy a _____

ni a _____.

5

Capítulo cinco

Hablemos de donde vivimos

En marcha con las palabras

5-24 Hay mucha contaminación. Escucha las siguientes oraciones y di si son lógicas (**L**) o ilógicas (**I**).

Modelo: En México celebramos la contaminación. – *I* (ilógico)

1. L   I   3. L   I   5. L   I   7. L   I
2. L   I   4. L   I   6. L   I   8. L   I

5-25 Orientación profesional. Seis estudiantes están pensando en hacer algún tipo de estudio sobre el medio ambiente. Tú debes ayudarlos a encontrar el curso apropiado. Escucha lo que desea cada uno y di qué cursos les convienen.

a. **Tema:** Nuevas formas de sembrar la tierra y de aprovechar los recursos naturales.
   Lugar: Chile
   Duración: un mes
   Fechas: julio y agosto.

b. **Tema:** Limpieza de ríos y vías navegables especialmente recuperación de las aguas
            contaminadas por deshechos del petróleo.
   Lugar: México
   Duración: dos semanas
   Fechas: 1 al 15 de julio.

c. **Tema:** El calentamiento del planeta y la protección de la capa de ozono. El efecto de los
            aerosoles en el calentamiento. El cambio climático y sus consecuencias.
   Lugar: Chile y por Internet. Los cursillos se siguen por Internet y hay un examen final en la
            ciudad de Santiago durante el mes de marzo.

d. **Tema:** Nuevas tecnologías en las áreas de la ecología, la biosistemática y el comportamiento
            animal. Uso y conservación de los recursos naturales dentro de la problemática
            ambiental mexicana.
   Lugar: México
   Duración: tres cursillos de dos semanas cada uno.
   Fechas: semestres de otoño, primavera y verano.

e. **Tema:** El problema del calentamiento. Análisis de las especies animales en vías de extinción.
            Estudios para la protección de los bosques y otros recursos naturales.
   Lugar: España
   Duración: un mes
   Fechas: todo el año excepto en los meses de julio y agosto.

f. **Tema:** Nuevas perspectivas en el reciclado de materiales de deshecho. Reaprovechamiento
            creativo de la basura generada en las casas y viviendas. Nuevos métodos de
            reutilización del papel y el cartón. Envases ecológicos.
   Lugar: España   **Duración:** 30 horas   **Fechas:** julio y agosto

5-26 Definiciones. Escucha las definiciones y decide a qué palabra se refiere cada una.

Modelo: Energía producida por el agua – *energía hidráulica*

1. envase
2. reutilizar
3. cartón
4. recursos naturales

5. basura
6. pila
7. energía solar
8. ecología

Sigamos con las estructuras

Referencia gramatical 1: Distinguishing between people and things: The personal *a*

5-27 ¿Conoces al ministro? Tienes un amigo que trabaja en el departamento de medio ambiente y tú estas en el trabajo. Lee las siguientes oraciones y coloca la preposición *a* cuando sea necesario. Luego, escucha las oraciones correctas. Utiliza la contracción *al* cuando sea necesaria.

Modelo: Busco _____ la directora.
Busco *a* la directora.

1. Busco _____ soluciones para los problemas ambientales.
2. Busco _____ encargado de recursos naturales.
3. Ése que está allí, es _____ el presidente de la comisión de reciclado.
4. Te presento _____ la responsable del medio ambiente del municipio.
5. Te presento _____ el presidente de la comisión de ecología.
6. Ustedes tienen que escribirle _____ la directora de la fábrica.
7. Les va a hablar _____ la ingeniera Domínguez.

Referencia gramatical 2: Avoiding repetition of nouns: Direct object pronouns

5-28 ¿A qué se refieren? Escucha las siguientes oraciones y di a qué o a quién se refieren.

Modelo: Yo <u>la</u> llamo.
a. A la señora Domínguez ✓
b. Al señor Domínguez

1. a. a los ingenieros de la fábrica
   b. a las personas del municipio
2. a. los envases
   b. la basura
3. a. las latas
   b. los bosques tropicales

4. a. la capa de ozono
   b. el medio ambiente
5. a. los aerosoles
   b. la contaminación
6. a. las fábricas
   b. el cartón

5-29 ¿Quién lo hace? En la oficina hay mucho trabajo y tienes que repartir las tareas. Contesta las preguntas de acuerdo al modelo.

Modelo: ¿Quién llama a Susana? – Yo.
Yo la llamo.

1. Nosotros

   _____.

2. Ustedes

   _____.

3. Yo

   _____.

4. Él

   _____.

5. Yo

   _____.

6. Usted

   _____.

7. Tú

   _____.

8. La directora

   _____.

Referencia gramatical 3: Indicating to whom or for whom actions are done: Indirect object pronouns

5-30 ¿A quién? Tú eres un/a representante de tu comunidad y los ciudadanos te plantean sus gustos y preocupaciones. Escucha sus preocupaciones y decide a quién se refiere cada oración.

Modelo: Me preocupan los problemas de la ciudad.
   a. a mí ✓   b. a nosotros

1. a. a ellas	3. a. a ellos	5. a. a nosotros	7. a. a mí
b. a nosotras	b. a ti	b. a ellas	b. a ti
2. a. a mí	4. a. a mí	6. a. a él	8. a. a mí
b. a él	b. a ellos	b. a ellos	b. a ella

5-31 Responsabilidades. Dile a tu ayudante a quien debe hacer cada una de estas cosas. Escribe lo que tiene que hacer. Luego, escucha la respuesta correcta.

Modelo: Escribe las cartas. – a mí
Escríbeme las cartas.

1. Da la carta. – al secretario

   _____.

2. Pide los nuevos envases. – a la fábrica

   _____.

3. Solicita los permisos. – a mí

   _____.

4. Compra los cartones. – a nosotros

   _____.

5. Vende las pilas. – a ellos

   _____.

6. Explica la nueva ley. – a los políticos

   _____.

7. Consigue los busureros. – a ti

   _____.

8. Describe el programa de reciclado. – a ella

   _____.

Aprendamos 1: Avoiding repetition of nouns: Double object pronouns

5-32 Repítemelo. Lee las siguientes oraciones y reemplaza las palabras <u>subrayadas</u> por el pronombre que corresponda. Luego, escucha las respuestas correctas.

Modelo: Escríbele las <u>cartas</u>.
              Escríbeselas.

1. Dale <u>la carta</u>.

   _____.

2. Pídele <u>los nuevos envases</u>.

   _____.

3. Solicítame <u>los permisos</u>.

   _____.

4. Cómpranos <u>los cartones</u>.

   _____.

5. Véndeles <u>las pilas</u>.

   _____.

6. Explícales <u>la nueva ley</u>.

   _____.

7. Consíguete <u>los busureros</u>.

   _____.

8. Descríbele <u>el programa de reciclado</u>.

   _____.

5-33 ¿Me lo explicas? En la oficina hay mucha gente nueva y todos tienen preguntas. Contesta las preguntas de acuerdo al modelo.

Modelo: ¿Me explicas el nuevo programa?

   Sí, te lo explico.

1. Sí, _____.

2. No, _____.

3. Sí, _____.

4. No, _____.

5. Sí, _____.

6. No, _____.

7. Sí, _____.

8. No, _____.

5-34 ¿Me lo das? Todo está un poco desorganizado en la oficina. Contesta las preguntas de acuerdo al modelo.

Modelo: ¿Le das las pilas? No.

   No, no se las doy.

1. Sí, _____.

2. No, _____.

3. Sí, _____.

4. No, _____.

5. No, _____.

6. Sí, _____.

7. Sí, _____.

Lab Manual

Aprendamos 2: Expressing inequality: Comparisons

5-35 ¿Cuánto tardan? Escucha las siguientes afirmaciones y di si son ciertas (**C**) o falsas (**F**) basándote en la información de la tabla.

Productos	Tiempo de descomposición
periódicos	10 años
pañuelos de papel	3 meses
billetes de metro	3–4 meses
fósforos (cerillas)	6 meses
corazón de una manzana	6–12 meses
filtros de cigarrillos	1–2 años
folletos de propaganda	5 años
revistas	10 años

5-36 Departamentos en Buenos Aires. Lee la información sobre las ofertas inmobiliarias. Luego, escucha di si las afirmaciones son ciertas (**C**) o falsas (**F**).

Tenemos tres departamentos para ofrecerle. Uno en el barrio norte y dos en la zona sur. El de barrio norte tiene dos dormitorios y un baño. Uno de la zona sur tiene 3 dormitorios y dos baños y el otro un dormitorio y un baño. Los precios son diferentes. Por el de barrio norte piden 1500 pesos, por el grande de la zona sur 1400 y por el pequeño, 1200. Podemos visitarlos todos esta mañana. Los de la zona sur a las diez y el de barrio norte a las once y media.

1. C   F
2. C   F
3. C   F
4. C   F
5. C   F
6. C   F
7. C   F
8. C   F

Aprendamos 3: Expressing equality: Comparisons

5-37 Más comparaciones. Vuelve a leer la información sobre las ofertas inmobiliarias. Luego, escucha y di si las afirmaciones son ciertas (**C**) o falsas (**F**).

1. C   F
2. C   F
3. C   F
4. C   F
5. C   F
6. C   F
7. C   F
8. C   F

5-38 Tres ciudades junto al mar. Escucha y escribe las comparaciones sobre La Solariega, Villa del Bosque y Mar azul. Luego, identifica a cada una de las ciudades.

habitantes	30.000	30.000	50.000
campings	8	6	7
cines	4	4	10
pistas de tenis	6	5	6
restaurantes	12	8	12
piscinas	4	4	2
playas	5	4	10
campos de golf	0	1	1
lluvia por año	100 ml	100 ml	200 ml

1. _____
2. _____
3. _____
4. _____
5. _____
6. _____
7. _____
8. _____

Lab Manual

Al fin y al cabo

5-39 Econoticia. Escucha una noticia de la radio y di si las afirmaciones son ciertas (**C**) o falsas (**F**). Corrige las afirmaciones falsas.

1. Los residuos de las ciudades equivalen al 13% del total de basura. C   F

2. El 46% son papeles. C   F

3. El 21% es materia orgánica. C   F

4. El 11% son plásticos. C   F

5. El 5% son residuos textiles. C   F

6. El 20% lo componen otros residuos. C   F

5-40 Conciencia ecológica. Una radio local hace una encuesta en la calle para conocer los hábitos de la gente. Escucha la encuesta y marca en el cuadro las respuestas afirmativas que da cada persona.

Pregunta	Marta	Cecilia	Ignacio
1. ¿Recicla papeles y cartones?			
2. ¿Recicla el vidrio?			
3. ¿Usa pilas recargables?			
4. ¿Va en su auto al trabajo?			
5. ¿Usa el transporte público?			
6. ¿Pertenece a algún grupo ecologista?			
7. ¿Sabe cuánta basura produce en una semana?			

5-41 Dialoguitos. Escucha las siguientes oraciones y di a qué dibujo corresponde cada una.

1. _____

2. _____

3. _____

4. _____

5. _____

6. _____

Dictado

5-42 Propuestas verdes en España. Transcribe el fragmento que escucharás a continuación.

_____

_____

_____

_____

_____

_____

_____

_____

_____

_____

Workbook

6 Capítulo seis
Hablemos de los derechos humanos

En marcha con las palabras

6-1 Los derechos de los pueblos. En un periódico universitario apareció el siguiente crucigrama que contiene vocabulario sobre los derechos humanos. Complétalo.

Horizontales

1. nativo
2. una persona que vive explotada y esclavizada, vive así
3. en muchos países del mundo no se respetan los derechos. . .
4. atrapar, capturar
5. que ha perdido su herencia cultural o sus señas de identidad
6. grupo organizado de personas que lucha con armas

Verticales

7. director, gobernador, superior
8. cien años es un. . .
9. prohibir, no permitir
10. jefe indigena
11. mujer que cultiva y vive de la tierra

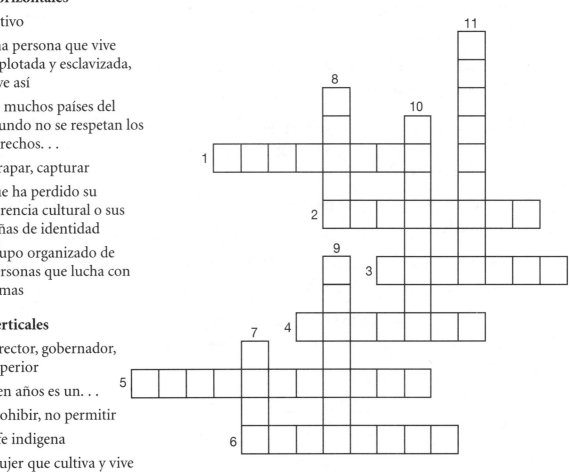

6-2 Algunos datos importantes. En el mismo periódico universitario había también una sección con algunos datos importantes sobre Latinoamérica. Complétala con las siguientes palabras. Haz los cambios necesarios.

costumbre	derecho	destruir	ejército	guerrero	lucha
matar	paz	pueblos	sacerdote	salvar	tierra

1. Hernán Cortés (1) _____ la ciudad azteca de Tenochtitlán en 1521. Los (2) _____ aztecas no pudieron defender los templos y palacios de su grandiosa ciudad.

2. Los incas no pudieron (3) _____ la vida del emperador Atahualpa a pesar de todo el oro que le entregaron a Pizarro. Éste lo (4) _____ de todas maneras.

3. En Centroamérica, las compañías bananeras americanas como Chiquita Banana son dueñas de grandes extensiones de (5) _____.

4. El (6) _____ Zapatista de Liberación Nacional empezó su (7) _____ armada por la justicia social y los (8) _____ de los indios en el año 1994.

5. La guerra entre México y los Estados Unidos duró dos años. En el año 1848 los dos países firmaron la (9) _____.

6. Los (10) _____ indígenas exigen que se respeten sus (11) _____ y su lengua.

7. En los años sesenta, algunos (12) _____ católicos latinoamericanos desarrollaron una nueva interpretación del evangelio llamada Teología de la Liberación.

6-3 Los murales del Palacio Nacional. Rogelio visitó el Palacio Nacional de la Ciudad de México el mes pasado y le escribió a su hermana una carta hablándole de la visita. Usa las palabras a continuación y haz los cambios necesarios para completar la carta correctamente.

a veces	cada vez	época	hora	rato	tiempo

9 de noviembre

Querida hermana:

El lunes pasado fui al Palacio Nacional para ver los murales de Diego Rivera. Pasé dos

(1) _____ mirándolos. Algunos murales reflejan la vida de los indígenas en la

(2) _____ anterior a la conquista. Parece que en aquellos

(3) _____ los pueblos indígenas vivían mejor que ahora. Cuando llegué al Palacio

casi no había nadie pero al (4) _____ llegó un grupo grande de una escuela y los

niños empezaron a gritar y a correr por todas partes. (5) _____ la profesora les

decía "silencio" y ellos se callaban, pero inmediatamente empezaban a gritar. Me pregunto por qué

(6) _____ que voy a un museo o un lugar de interés me encuentro rodeado de

niños.

Ya te escribiré otra postal desde Chichén Itzá.

Abrazos,

Rogelio

6-4 Ciudad en peligro. Un grupo de arqueólogos visitó una antigua ciudad maya en la selva de Guatemala. Los arqueólogos opinan que las autoridades deben hacer algo para protegerla.

Informe rápido de los arqueólogos sobre la ciudad:

- pirámide muy interesante
- observatorio en ruinas
- ciudad con mucho interés arqueológico
- templo con estatuas destruidas
- pinturas hermosas en una pirámide

Escribe lo que los arqueólogos piensan que debe hacer el gobierno para salvar la ciudad. Usa las expresiones de obligación y necesidad. Haz los cambios necesarios.

Es necesario. . .	Hay que. . .	Tener que. . .	Deber. . .

1. _____ conseguir dinero.

2. _____ enviar a un grupo de expertos a la ciudad.

3. _____ estudiar las pinturas de la pirámide.

4. _____ restaurar el observatorio.

5. _____ investigar el significado de las estatuas.

Sigamos con las estructuras

Referencia gramatical 1: Expressing hope and desire: Present subjunctive of regular verbs

6-5 La lucha. Un miembro de la guerrilla le está explicando a un periodista sus opiniones sobre el problema entre su grupo y el gobierno del país. Usa el subjuntivo o el infinitivo cuando se requiera para completar las ideas del guerrillero.

Modelos: el líder / desear / luchar / indefinidamente   el líder / desea / las mujeres / luchar
    El líder desea luchar indefinidamente.   *El líder desea que las mujeres luchen.*

1. el gobierno / esperar / firmar la paz con la guerrilla

   _____

2. el gobierno / ordenar / la guerrilla / entregar las armas

   _____

3. nosotros / desear / hablar / con los líderes del gobierno

   _____

4. yo / esperar / pueblos oprimidos / conseguir/ más tierra

   _____

5. el líder de la guerrilla / exigir / el ejército / no atacar / a las mujeres y niños

   _____

Referencia gramatical 2: Expressing hope and desire: Present subjunctive of irregular verbs

6-6 Los deseos. Pablo es un médico que trabaja en un pueblo de Guatemala y le está explicando a un visitante algunas de las cosas que quieren en el pueblo. Usa el subjuntivo presente de los verbos entre paréntesis para completar los párrafos a continuación.

1. Los indígenas quieren que los políticos (reconocer) _____ sus derechos. También desean que sus comunidades (tener) _____ más oportunidades.

2. Los indígenas quieren que sus hijos (recordar) _____ la lucha de sus antepasados.

3. Los campesinos indígenas esperan que los patronos les (pagar) _____ mejor. También quieren que sus hijos (poder) _____ asistir a la escuela.

4. Ojalá que (haber) _____ una buena cosecha este año. Así todos van a poder vivir un poco mejor.

5. Los pueblos indígenas desean que sus lenguas (ser) _____ respetadas y quieren que los estudiantes (estudiar) _____ también su historia.

6-7 **Puntos de vista.** Es el siglo XV. Éstas son las opiniones y los temores de tres hombres de Tenochtitlán antes de la llegada de Cortés. Usa el subjuntivo presente de los verbos entre paréntesis para completar sus opiniones.

Un sacerdote azteca:

Preferimos que (haber) (1) _____ muchos sacrificios en los próximos meses porque tenemos miedo de que unos hombres extranjeros con mucho pelo y ojos claros (conquistar) (2) _____ nuestra tierra si los dioses no están contentos.

Un soldado azteca:

Me alegro de que nuestros enemigos de los pueblos vecinos (ser) (3) _____ tan débiles, pero temo que en el futuro (llegar) (4) _____ por el mar hombres con armas mejores que las nuestras.

Un hombre del pueblo:

Mi familia prefiere que yo (ir) (5) _____ a luchar con los otros guerreros. A todos les molesta que yo no (mostrar) (6) _____ interés por la guerra.

Referencia gramatical 3: Expressing opinion, judgment and feelings: Impersonal expressions with the subjunctive

6-8 **La situación de los oprimidos.** Ayer leíste en el periódico un informe de Amnistía Internacional sobre los problemas de los indígenas. Usa el subjuntivo presente para expresar tu reacción. Sigue el modelo.

Modelo: Muchas tierras están en manos extranjeras.

Es una lástima que muchas tierras _____ estén _____ en manos extranjeras.

1. Algunos pueblos todavía viven como esclavos.

   Es horrible que algunos pueblos todavía _____ como esclavos.

2. Los huracanes destruyen casi siempre las casas de los más pobres.

   Es terrible que los huracanes _____ casi siempre las casa de los más pobres.

3. Amnistía Internacional denuncia las violaciones de los derechos humanos.

   Es importante que Amnistía Internacional _____ las violaciones de los derechos humanos.

4. Algunas personas apoyan la violencia contra los indígenas.

   Es sorprendente que algunas personas _____ la violencia contra los indígenas.

5. Algunas asociaciones no gubernamentales tratan de ayudar a los indígenas.

   Es necesario que algunas asociaciones no gubernamentales _____ de ayudar a los indígenas.

6-9 Una reunión de campesinos. Un grupo de campesinos está reunido en la escuela del pueblo porque no está contento con sus condiciones de trabajo y quiere hacer algo. Usa el presente del subjuntivo o del indicativo cuando se requiera para completar sus quejas.

1. es verdad / mucha gente / no conocer / nuestros problemas

   _____

2. es importante / nosotros / cultivar / nuestra propia tierra

   _____

3. es imposible / nuestras familias / comer / con tan poco dinero

   _____

4. es evidente / alguien / explotar / a nosotros

   _____

5. no hay duda de / nosotros / tener que / organizarnos

   _____

6. es mejor / el gobierno / devolver / a nosotros / las tierras de nuestros antepasados

   _____

Aprendamos 1: Giving advice, suggesting, and requesting: Noun clauses

6-10 Una visita a Chiapas. Elena quiere visitar Chiapas para entrevistar a los indígenas. Dale algunos consejos para que su viaje sea productivo. Usa los siguientes verbos en tus oraciones.

aprender	dar	decir	hablar	leer	llevar

Modelo: Te aconsejo que lleves libros y medicinas para la gente.

1. Te aconsejo _____.
2. Te propongo _____.
3. Te recomiendo_____

   y también que _____.
4. Te sugiero _____.

6-11 Los poderosos. Los campesinos están cansados de oír siempre las mismas órdenes. Completa las órdenes de los poderosos que repiten los campesinos siguiendo el modelo y usando el subjuntivo en la oración dependiente.

Modelo: ¡Trabajen más!

El patrón ordena que trabajemos más.

1. ¡Dennos sus tierras!

   El gobernador exige que le _____ nuestras tierras.

2. ¡Váyanse a vivir a las montañas!

   El gobierno insiste en que nos _____ a vivir a las montañas.

3. ¡Cállense!

   Los soldados dicen que nos _____.

4. ¡No hablen su lengua, hablen español!

   Los maestros del pueblo prefieren que _____ español.

5. ¡Háganse soldados del ejército del país!

   El presidente dice que nos _____ soldados del ejército del país.

6-12 El cacique. Es el siglo XV. Un cacique azteca no está contento con lo que hace la gente de su pueblo y da ciertas órdenes para que las cosas cambien. Completa las oraciones con el verbo apropiado en el subjuntivo.

1. Prohíbo que los campesinos _____ todo el maíz para su familia.

   guardar   dar   compartir

2. Exijo que los arquitectos _____ templos más grandes.

   destruir   construir   tener

3. No permito que los soldados _____ tanto como ahora.

   bajar   explotar   beber

4. Ordeno que los sacerdotes no _____ muchos sacrificios.

   matar   hacer   engañar

5. Insisto en que todos _____ por la paz con otras tribus.

   trabajar   vivir   violar

Aprendamos 2: Expressing doubt, denial, and uncertainty: Subjunctive in noun clauses

6-13 Testimonios y opiniones. Martín y Magdalena tienen puntos de vista diferentes sobre la misma realidad. Completa sus opiniones de acuerdo a sus testimonios. Presta atención al uso del indicativo o del subjuntivo.

Martín Larrea, dueño de las tierras del pueblo:

Mis trabajadores no reciben mucho dinero pero viven bien. Sus mujeres trabajan mucho en la casa y ganan buena plata en el mercado. Además, ¿para qué necesitan el dinero? Tienen su pequeña tierra y sus animales y no les falta comida. Mi familia sí que tiene gastos. ¡Imagínese! Mantener tanta tierra, una casa grande y tres hijos perezosos que siempre piden dinero para irse de fiesta a la ciudad.

Opiniones de Martín:

1. Sé que _____.

2. No niego _____.

3. No creo que _____.

4. No es cierto que _____.

5. No pienso que _____.

Magdalena Marcos, una mujer indígena:

A mi esposo no le pagan mucho en el trabajo. Con ese dinero es imposible dar de comer a toda la familia y por eso trabajo en casa muchas horas haciendo suéteres y cultivando un pedacito de tierra para venderlo todo en el mercado. Los niños me ayudan con el trabajo y la casa después de la escuela. La vida es muy dura para nosotros.

Opiniones de Magdalena:

6. Niego que _____.

7. Dudo que _____.

8. Es cierto que _____.

9. Creo que _____.

6-14 **¿Qué le pasa al pequeño?** El hijo de Magdalena llegó enfermo de la escuela. Magdalena trata de pensar qué tiene. Completa los pensamientos de Magdalena usando el subjuntivo.

Problemas del hijo:

Tardó mucho en andar el camino de la escuela a la casa.

Tenía mucho frío cuando llegó y no tenía ganas de comer ni de beber.

Empezó a llorar después de un rato y no quiso decir ni una palabra.

Se quedó dormido en una silla durante dos horas.

¿Qué puede ser?

1. Quizá _____.

2. Acaso _____.

3. Tal vez _____.

4. Probablemente _____.

6-15 Domitila Barrios de Chungara. Lee los siguientes datos sobre esta mujer boliviana. Usa los datos para escribir su biografía con oraciones completas.

NACIONALIDAD:	boliviana
AÑO DE NACIMIENTO:	1937
LUGAR DE NACIMIENTO:	campamento minero Siglo XX en los Andes
ORIGEN:	indígena
FAMILIA:	cuatro hermanas menores que ella, sin madre desde los 10 años, padre minero
PADRE:	primero, campesino; después, trabajador de la mina Siglo XX y dirigente sindical
PROBLEMAS FAMILIARES:	pobreza, prejuicios sexistas contra las hermanas, muerte de la hermana pequeña
INTERESES:	mejorar las condiciones de vida de los mineros, luchar por los derechos de las mujeres bolivianas, hacer conocer la vida de los indígenas de Latinoamérica
OBRAS TESTIMONIALES:	*Si me permiten hablar. . . Testimonios de Domitila, una mujer de las minas de Bolivia* (1977), *¡Aquí también, Domitila!* (1985)
TRABAJO COMUNITARIO:	fundación del Comité de Amas de Casa del Siglo XX, participación en una tribuna organizada por la ONU en el Año Internacional de la Mujer (1975)

Me llamo. . . _____

_____

_____.

Quiero que los mineros. . . _____

_____

_____; también quiero que la gente _____

_____.

En 1975. . . _____.

En 1985. . . _____.

6-16 Bolivia. Después de leer uno de los libros de Domitila, fuiste a la biblioteca a buscar información sobre su país de origen. En la página de una enciclopedia encontraste los siguientes datos sobre Bolivia. Responde las preguntas basándote en ellos.

Bolivia y Paraguay son los únicos países de Sudamérica que no tienen costa. Bolivia limita al oeste con Perú y Chile, al sur con Argentina y Paraguay y al norte y al este con Brasil. Al oeste del país se encuentra la cordillera andina y en ella está situada su capital, La Paz, que es la más elevada del mundo, y el lago Titicaca, el lago navegable más alto del planeta.

Entre los años 1000 y 1300, junto al lago Titicaca floreció el Imperio Tiahuanaco, que se convirtió en una civilización muy importante antes del desarrollo de la civilización inca. Las ruinas de Tiahuanaco demuestran el gran desarrollo técnico que llegó a alcanzar esta civilización. Hoy en día los aymaras, descendientes de la cultura de Tiahuanaco, que siguen viviendo junto al lago Titicaca, han mantenido su lengua y su cultura y constituyen el grupo indígena más numeroso de Bolivia.

Cuando los españoles entraron en el territorio que hoy corresponde a Bolivia explotaron especialmente sus ricas minas de plata y, alrededor de ellas, fundaron grandes ciudades, como la propia capital y la ciudad de Potosí. En las minas, los españoles impusieron un sistema de trabajo forzado conocido como la mita. Los mineros eran indígenas de entre dieciocho y cincuenta años que tenían que trabajar en condiciones inhumanas durante un año. Después de este tiempo eran reemplazados por otros indígenas, pero podían ser nuevamente obligados a trabajar después de varios años.

1. ¿Qué tienen en común Paraguay y Bolivia?

_____

2. ¿Dónde está situada La Paz?

_____

3. ¿Qué cultura preincaica floreció junto al lago Titicaca?

_____

4. ¿Quiénes son los aymaras?

_____

5. ¿Qué era la mita?

_____

6-17 Reflexiones. Francisca aprendió mucho sobre la historia de México en su visita al Palacio Nacional. Por la noche escribió en su diario algunas reflexiones. Usa el presente del subjuntivo o del indicativo cuando se requiera para completar el diario de Francisca.

1. Espero que ahora los indígenas _____.

2. Quizás ahora el gobierno _____.

3. Es cierto que México _____.

4. Posiblemente _____.

5. Es una lástima que todavía _____.

6. Creo que _____.

6-18 Los africanos. Javier está estudiando historia latinoamericana. En una página de un libro leyó el siguiente párrafo:

"... La importación de esclavos del continente africano comenzó poco después de la colonización de las tierras conquistadas y duró más de tres siglos. La presencia del africano fue más numerosa en aquellos lugares donde los españoles necesitaban trabajadores, pero no había suficientes indígenas para realizar los trabajos. Especialmente intensa fue la presencia de esclavos africanos en las islas del Caribe. Estos esclavos trabajaban en las minas y en las plantaciones de cultivos tropicales. Aunque perdieron muchas de sus tradiciones africanas, todavía hoy puede verse su influencia en algunas prácticas y creencias religiosas, la música, el baile y la literatura. Por ejemplo, en los poemas del poeta cubano Nicolás Guillén hay referencia constante a su herencia africana y a la cultura y los sufrimientos de los esclavos en el continente americano".

Ahora Javier te está contando con otras palabras lo que aprendió sobre la esclavitud africana. Completa su informe.

1. La importación de esclavos duró _____ años.

2. Hubo muchos esclavos africanos en países como Cuba porque _____ pero no había _____.

3. Desgraciadamente los esclavos no conservaron _____ _____.

4. Es posible encontrar restos de sus tradiciones en _____ y creencias religiosas, _____ y la literatura.

6-19 **Una buena organización.** Busca información sobre alguna organización local, nacional o internacional que realice un trabajo humanitario importante (derechos humanos, atención médica, educación, construcción de casas para gente necesitada, etc.). Completa los siguientes datos sobre la organización y sobre su trabajo y da tu opinión sobre ella.

1. Creo que la organización _____

   hace un trabajo humanitario muy importante porque _____

   _____.

2. Las personas que reciben los beneficios de esta organización _____

   _____.

3. Dudo que esta organización _____

   _____.

4. Pienso que _____

   _____.

6

Hablemos de los derechos humanos

En marcha con las palabras

6-20 Es importante salvar al oprimido. Escucha las siguientes oraciones y di si son lógicas (**L**) o ilógicas (**I**).

Modelo: Ojalá destruyan su oprimido. – *I* (ilógica)

1. L   I
2. L   I
3. L   I
4. L   I

5. L   I
6. L   I
7. L   I
8. L   I

6-21 Juego de palabras. Escucha las siguientes palabras y escribe la letra del antónimo para cada palabra de la lista a continuación.

Modelo: ganar – *perder*

1. oprimido _____
2. muerte _____
3. desgraciadamente _____
4. igualdad _____

5. destruir _____
6. esclavizar _____
7. impedir _____
8. derecho _____

6-22 Definiciones. Escucha las siguientes definiciones y escribe el número de la definición en la palabra que corresponda.

Modelo: *Persona cuya raza es una mezcla de indio y de blanco.* – mestizo

a. colaborar _____
b. las ruinas _____
c. el rostro _____
d. el siglo _____

e. engañar _____
f. esclavizar _____
g. la guerra _____
h. el poder _____

Sigamos con las estructuras

Referencia gramatical 1: Expressing hope and desire: Present subjunctive of regular verbs

6-23 Ojalá. Escucha las siguientes oraciones y luego cámbialas de acuerdo al modelo.

Modelo: Las naciones no siempre viven en paz.

Ojalá las naciones vivan en paz.

Las autoridades a veces usan la violencia.

Ojalá las autoridades no usen la violencia.

1. Ojalá _____.
2. Ojalá _____.
3. Ojalá _____.
4. Ojalá _____.
5. Ojalá _____.
6. Ojalá _____.
7. Ojalá _____.
8. Ojalá _____.

Referencia gramatical 2: Expressing hope and desire: Present subjunctive of irregular verbs

6-24 Deseos para un mundo mejor. Escucha las siguientes afirmaciones y transfórmalas según el modelo.

Modelo: Escoger nuevas autoridades

Ojalá escojan nuevas autoridades.

1. Ojalá _____.
2. Ojalá _____.
3. Ojalá _____.
4. Ojalá _____.
5. Ojalá _____.
6. Ojalá _____.
7. Ojalá _____.
8. Ojalá _____.

Referencia gramatical 3: Expressing opinion, judgment, and feelings: Impersonal expressions with the subjunctive

6-25 Increíble. El pueblo quiché es uno de los grupos que más lucha por mantener sus tradiciones milenarias. Escucha las siguientes oraciones y luego cámbialas de acuerdo al modelo.

Modelo: Los gobiernos abusan de los pobres.

Es una pena que. . . *los gobiernos abusen de los pobres.*

1. Es una lástima que _____.
2. Es imposible que _____.
3. Es importante que _____.
4. Es fantástico que _____.
5. Es raro que _____.
6. Es sorprendente que _____.
7. Es interesante que _____.
8. Es posible que _____.

6-26 Es importante. Has oído una serie de recomendaciones generales pero las quieres hacer más específicas para que la gente se haga responsable. Escucha las siguientes oraciones y transfórmalas con el sujeto indicado de acuerdo al modelo.

Modelo: Es importante respetar las culturas. – Tú

Es importante que tú respetes las culturas.

1. – Yo

_____.

2. – Tú

_____.

3. – La iglesia

_____.

4. – El presidente

_____.

5. – Nosotros

_____.

6. – Ustedes

_____.

7. – Las autoridades

_____.

8. – El gobierno

_____.

Lab Manual

Aprendamos 1: Giving advice, suggesting, and requesting: Noun clauses

6-27 Propuestas creativas. Ya hablamos del sufrimiento y de la discriminación. Ahora es el momento de proponer soluciones. Escucha las siguientes oraciones y luego cámbialas de acuerdo al modelo.

Modelo: No mejoran la explotación de las tierras.
aconsejar – *Aconsejamos que mejoren la explotación de las tierras.*

1. proponer _____.
2. aconsejar _____.
3. recomendar _____.
4. sugerir _____.
5. insistir en _____.
6. esperar _____.

6-28 Reforma constitucional. Vas a escuchar algunas propuestas para cambiar la constitución. Escucha las siguientes oraciones y luego cámbialas de acuerdo al modelo.

Modelo: Algunos indígenas no deciden su organización social.
pedir – *Pedimos que los indígenas decidan su organización social.*

1. exigir _____.
2. mandar _____.
3. preferir _____.
4. sugerir _____.
5. proponer _____.
6. pedir _____.
7. recomendar _____.
8. insistir en _____.

Aprendamos 2: Expressing doubt, denial, and uncertainty: Subjunctive in noun clauses

6-29 El crédulo. Tú siempre crees en todo lo que te dicen. Escucha las siguientes oraciones y luego cámbialas de acuerdo al modelo.

Modelo: Los indígenas saben mucho de medicina.
Creo que los indígenas saben mucho de medicina.

1. _____.
2. _____.
3. _____.
4. _____.
5. _____.

6-30 El incrédulo. Tú no crees en nada de lo que te dicen. Escucha las siguientes preguntas y contéstalas de acuerdo al modelo.

Modelo: ¿Los gobiernos son generosos con las poblaciones indígenas?

No, no creo que los gobiernos sean generosos con las poblaciones indígenas.

1. _____.

2. _____.

3. _____.

4. _____.

5. _____.

6. _____.

6-31 El inseguro. Tú dudas de todo lo que te dicen. Escucha las siguientes oraciones y luego cámbialas de acuerdo al modelo.

Modelo: Cambiar la situación.

Posiblemente *cambie la situación.*

1. Quizás _____.

2. Posiblemente _____.

3. Probablemente _____.

4. Quizás _____.

5. Tal vez _____.

6. Quizá _____.

Al fin y al cabo

6-32 Rigoberta. Escucha la siguiente información sobre Rigoberta Menchú y luego di si las afirmaciones son ciertas (**C**) o falsas (**F**).

Rigoberta Menchú Tum:

1. Nació en Nicaragua.   C   F

2. Es de origen maya—quiché.   C   F

3. Se dedica a promover la agricultura de América Latina.   C   F

4. En su libro habla de las tradiciones de los pueblos incas.   C   F

5. En 1992 ganó un premio muy importante.   C   F

6. Trabaja para la UNESCO.   C   F

Lab Manual

6-33 Día Internacional de las Poblaciones Indígenas.

A. Has recibido esta noticia, pero le faltan algunas palabras. Escucha y completa las oraciones.

CELEBRAN EN NUEVA YORK EL DÍA INTERNACIONAL DE LAS POBLACIONES INDÍGENAS

La (1) _____ del Día Internacional de las Poblaciones (2) _____, (9 de agosto), se iniciará en la sede de las Naciones (3) _____ el jueves 7 del presente mes. La conmemoración será inaugurada con la (4) _____ de la "pipa sagrada"; canciones y danzas en honor a las poblaciones indígenas.

La tarde del 7 de agosto se abrirá un panel de (5) _____ sobre la tierra y los (6) _____. Éste será moderado por el Centro de (7) _____ Humanos de la ONU e incluirá representantes de (8) _____ indígenas y de agencias de las Naciones Unidas.

El viernes 8 se hará una sesión interactiva de información para los pueblos indígenas en la cual participarán: el Programa de Naciones Unidas para el Desarrollo, el Programa de Naciones Unidas para el (9) _____ _____, la Organización de las Naciones Unidas para la (10) _____, la Ciencia y la Cultura (UNESCO), el Fondo de Naciones Unidas para la Infancia (UNICEF) y el Fondo de Naciones Unidas para el Desarrollo de la Mujer (UNIFEM).

El Día (11) _____ de las Poblaciones Indígenas fue proclamado por la Asamblea General el 23 de diciembre de 1994 y se observó por primera vez en 1995.

En 1993, la Asamblea General proclamó la (12) _____ Internacional de las Poblaciones Indígenas del Mundo. La Década constituye un lapso de tiempo para que las Naciones Unidas, los (13) _____, las ONGs y otros comités, promuevan y (14) _____ los derechos de sus (15) _____ indígenas y den prioridad a las nuevas funciones de decisión desempeñadas por los indígenas.

B. Ahora reacciona a las noticias. Cambia las oraciones que escuches de acuerdo al modelo.

Modelo: Hay una nueva ley de protección del territorio.
  Es bueno que haya una nueva ley de protección del territorio.

1. Es interesante que _____ un día Internacional de las Poblaciones Indígenas.
2. Es sorprendente que _____ una ceremonia de la "pipa sagrada".
3. Es bueno que _____ la UNICEF, la UNESCO y UNIFEM.
4. Ojalá que la Década Internacional de las Poblaciones Indígenas _____ un éxito.
5. Es necesario que _____ muchas organizaciones internacionales.
6. Esperamos que _____ prioridad a las decisiones de los comités.

6-34 Proyecto comunitario. Escucha el siguiente texto sobre la FAC (Fundación de Apoyo a Centroamérica) y luego di si las afirmaciones son ciertas (**C**) o falsas (**F**).

1. La misión de la FAC es apoyar el desarrollo de las naciones de Norteamérica.   C   F

2. La misión de la FAC es fortalecer los programas de desarrollo de los pueblos indígenas.   C   F

3. La FAC provee programas de capacitación y becas.   C   F

4. La FAC provee fondos para viajes.   C   F

5. La FAC ayuda con asistencia técnica.   C   F

6. La FAC apoya proyectos dirigidos y controlados por las Naciones Unidas.   C   F

7. Los proyectos deben enfocarse en los problemas del medio ambiente y en el manejo de los recursos naturales.   C   F

8. Otras áreas de interés son la educación y la cultura.   C   F

Dictado

6-35 El eclipse. Trascribe el fragmento del cuento "El eclipse" que escucharás a continuación.

_____

_____

_____

_____

_____

_____

_____

_____

_____

_____

_____

_____

_____

_____

_____

Repaso 2

R2-1 Situaciones diferentes. Raquel y Cristina son dos hermanas. La semana pasada fue muy diferente para cada una de ellas. Usa las palabras apropiadas entre paréntesis para completar sus relatos. Haz los cambios necesarios.

El problema de Raquel

La semana pasada no pude ir al trabajo porque me enfermé. Cuando me (1) _____ (tomar la temperatura, sonar la nariz, hacer régimen) descubrí que tenía fiebre. Me dolía todo, especialmente (2) _____ (la pantorrilla, la garganta, la rodilla), y por eso no podía hablar. Mi esposo me llevó al médico y él me dijo que tenía (3) _____ (un desmayo, insomnio, gripe), así que me (4) _____ (rechazar, recetar, asegurar) unos antibióticos y me dijo que debía beber jugo de naranja.

El trabajo de Cristina

La semana pasada fui a (5) _____ (una piedra, una fábrica, una pila) donde hacían envases de plástico y de (6) _____ (cartón, siglo, seña) que eran reciclables. Fue una visita muy interesante y me hizo pensar que nuestra compañía debe comprar esos productos para envasar todos nuestros alimentos. (7) _____ (A su vez, De esta manera, Modo de) nuestros clientes no tendrán que tirar a (8) _____ (la basura, la lata, la fuente) los envases, sino que podrán reciclarlos.

R2-2 Un repaso. Un profesor de español ha preparado un repaso de vocabulario para sus alumnos. Escribe en los espacios en blanco la letra del término que corresponda a la definición.

¿Qué es?

1. _____ Visitar el cementerio el día de los muertos
2. _____ La de Vietnam o la de México
3. _____ Una pistola o una bomba
4. _____ Un mapuche o un aymara
5. _____ El codo

a. una guerra
b. un indígena
c. una costumbre de muchos hispanos
d. una parte del brazo
e. un arma

¿Qué significa?

6. _____ Cocinar algo en el horno

7. _____ Perder peso

8. _____ Quitarle a alguien la libertad

9. _____ No pagarle a un trabajador el salario justo

10. _____ Plantar, cuidar y cosechar la tierra

11. _____ Perder la consciencia

12. _____ Cortar un árbol

f. explotar

g. adelgazar

h. asar

i. talar

j. desmayarse

k. cultivar

l. esclavizar

R2-3 La carta de Roberto. Roberto le escribió una carta a Estrella desde Madrid. Usa las preposiciones *para* o *por* según corresponda para completar su carta.

Querida Estrella:

La Semana pasada estuve en el centro y me acordé de ti porque al pasar (1) _____ una librería vi un libro perfecto (2) _____ tu proyecto de investigación. Se titula La ciudad perdida de los Mayas. A lo mejor ya lo conoces pero llámame (3) _____ si acaso lo quieres. Espero que todo te vaya bien. Yo, (4) _____ variar, estoy enfermo. Ya sabes que la contaminación es terrible (5) _____ personas como yo y esta ciudad no es la mejor. El mes que viene me voy (6) _____ un pueblo pequeño y creo que allí voy a sentirme mejor. Además, encontré una casa (7) _____ ochenta mil pesetas al mes muy cerca del colegio.

    ¿Cómo estás tú? Me gustaría ir a verte en agosto pero necesito saber si vas a tener un poco de tiempo (8) _____ estar conmigo y acompañarme a algunos lugares de Puerto Rico que quiero visitar. (9) _____ cierto, ¿podría quedarme en tu casa? Escríbeme y dime cuáles son tus planes (10) _____ el verano. Un abrazo,

Roberto

R2-4 Consejos para adelgazar. A Roberto le encanta comer bien y últimamente ha engordado un poco. Su médico le dio algunos consejos para adelgazar un poco. Escribe la forma correcta del verbo usando los mandatos formales (*usted*).

Cosas que debe hacer:

1. (Evitar) ¡_____ las grasas!
2. (Hacer) ¡_____ un régimen!
3. (Ir) ¡_____ a un gimnasio!

Cosas que no debe hacer:

4. (Poner) ¡_____ mayonesa en todo!
5. (Comer) ¡_____ entre horas!
6. (Salir) ¡_____ a comer fuera todos los días!

R2-5 El viaje de Estrella. Estrella es una estudiante de arqueología de la universidad de Río Piedras en Puerto Rico. Va a pasar un año trabajando en unas ruinas mayas de Guatemala con un profesor y un grupo de estudiantes de la universidad. Escribe la forma correcta de los verbos usando los mandatos informales (*tú*) en vez de los infinitivos.

Su amiga le aconseja:

1. (Hacer) _____ una lista de todo lo que necesitas llevar.
2. (Dejar) _____ dinero en el banco para pagar las cuentas.
3. (Decirle) _____ a tu hermano que se ocupe de las cuentas.
4. (Pedir) _____ una mochila a uno de tus amigos.
5. (Disfrutar) _____ de esta gran experiencia.

Su madre le aconseja:

6. (No ir) _____ nunca sola a lugares aislados.
7. (No salir) _____ por la noche hasta muy tarde.
8. (No perder) _____ el tiempo.
9. (No descuidar) _____ tu salud.
10. (No olvidarse) _____ de escribir.

R2-6 Vienen tiempos mejores. En el pueblo donde Estrella va a vivir hubo algunos cambios muy positivos. Ahora su profesor y ella están hablando sobre esos cambios. Completa la conversación usando los pronombres necesarios.

1. ESTRELLA: ¿Quién organizó el plan de ayuda?

   PROFESOR: _____ el gobierno y una comisión especial.

2. ESTRELLA: ¿A quiénes les devolvieron ya sus tierras?

   PROFESOR: _____ a los campesinos más pobres.

3. ESTRELLA: ¿Les enseñaron también técnicas de cultivo?

   PROFESOR: Sí, _____ .

4. ESTRELLA: ¿Cuándo abrieron la clínica del pueblo?

   PROFESOR: _____ en el mes de abril.

5. ESTRELLA: ¿Quién va a dirigir la escuela?

   PROFESOR: _____ un profesor nuevo muy bueno.

R2-7 Cena familiar. El padre de Estrella va a preparar la cena y está hablando con su esposa sobre sus planes para que todos estén contentos. El problema es que en su diálogo hay muchas repeticiones. Escribe otra vez el diálogo entre los padres usando los pronombres de objeto directo e indirecto donde sea necesarios.

PADRE: Irene, voy a preparar pescado para la cena, ¿de acuerdo?

MADRE: Claro. Pero ¿cómo vas a hacer el pescado?

PADRE: Voy a hacer el pescado con patatas fritas para los niños.

MADRE: ¿Vas a freír el pescado para los niños?

PADRE: Sí, porque ésa es la única manera en que comen el pescado, ¿no?

MADRE: Sí, claro. ¿Y para nosotros?

PADRE: Podemos preparar para nosotros el pescado en el horno con vino blanco y hierbas.

MADRE: Estupendo. Así todos vamos a cenar muy bien.

1. MADRE: _____

2. PADRE: _____

3. MADRE: _____

4. PADRE: _____

   MADRE: Sí, claro. ¿Y para nosotros?

5. PADRE: _____

   MADRE: Estupendo. Así todos vamos a cenar muy bien.

R2-8 **La clínica SOLYMAR.** El hermano y la cuñada de Estrella encontraron trabajo en una clínica para adelgazar. Responde a sus preguntas usando los mandatos en la forma **ustedes** y los pronombres correspondientes.

1. HERMANO Y CUÑADA: ¿Está bien si bebemos alcohol?

   SUPERVISOR: No, _____.

2. HERMANO Y CUÑADA: ¿Debemos ver a los pacientes todos los días?

   SUPERVISOR: Sí, _____.

3. HERMANO Y CUÑADA: ¿Tenemos que comer la comida de la clínica?

   SUPERVISOR: Sí, _____.

4. HERMANO Y CUÑADA: ¿Podemos darles algunos dulces a los pacientes?

   SUPERVISOR: No, _____.

5. HERMANO Y CUÑADA: ¿Dónde podemos hacer ejercicio?

   SUPERVISOR: _____ en el gimnasio de la clínica. Está abierto para los pacientes y los trabajadores.

R2-9 **La carta de Estrella.** Estrella acaba de llegar a Guatemala, donde va a pasar un año participando en la excavación de unas ruinas mayas. Usa el infinitivo, el presente del indicativo o del subjuntivo de los verbos entre paréntesis, según corresponda, para completar la carta que le escribió Estrella a su madre.

Querida mamá:

Espero que todos en casa (1) _____ (estar) bien. Mi viaje a Guatemala fue bueno y ahora estoy viviendo con una familia muy cariñosa. Creo que la gente de esta cuidad (2) _____ (ser) muy amable y ha recibido a todo nuestro grupo con los brazos abiertos. En las próximas semanas queremos (3) _____ (empezar) las excavaciones y el jefe de la expedición quiere que algunos jóvenes del pueblo (4) _____ (venir) siempre con nosotros para ayudarnos en el trabajo. El dice que no (5) _____ (ir) a ser difícil contratar a varias personas. El alcalde está muy interesado en nuestro proyecto y nos aconseja que (6) _____ (comenzar) pronto porque dentro de cuatro meses empieza la época de las lluvias y entonces sí que va a ser difícil trabajar en el campo. Es posible que para entonces (7) _____ (tener - nosotros) material suficiente para poder empezar a estudiarlo en una de las habitaciones del ayuntamiento que él nos ha cedido. Verdaderamente me sorprende que (8) _____ (haber) gente tan generosa y tan receptiva en el mundo. Estoy segura de que esta experiencia (9) _____ (ir) a ser inolvidable. Mamá, saluda a todos de mi parte y diles que me (10) _____ (escribir).

Un beso,

Estrella

R2-10 El diario de Estrella. Durante su estancia en Guatemala, Estrella escribe todas las noches algo en su diario. Usa el infinitivo, el presente del indicativo o del subjuntivo, según corresponda, para completar lo que escribió anoche en su diario.

1. yo / esperar / nosotros / encontrar / algo especial

   _____

2. nuestro profesor / sugerir / el grupo / hacer / un diario de actividades

   _____

3. nosotros / necesitar / alguien / dibujar / algunas de las figuras

   _____

4. el profesor / dudar / la universidad / darnos / más dinero

   _____

5. yo / creer / los indígenas / estar / ayudándonos mucho

   _____

6. nosotros / querer / aprender / la lengua de los indígenas

   _____

7. quizás / un maestro del pueblo / enseñarnos / a hablar la lengua de la región

   _____

7 Capítulo siete
Hablemos del trabajo

En marcha con las palabras

7-1 Definiciones desordenadas. Estás buscando trabajo y tu futuro jefe quiere saber si puedes explicar estas palabras relacionadas con el mundo del trabajo. Escribe en los espacios en blanco la letra de la oración que defina mejor la palabra.

1. _____ jefe/a
2. _____ publicidad
3. _____ forma
4. _____ ventaja
5. _____ informática
6. _____ sueldo
7. _____ jubilación
8. _____ candidato/a

a. Estudios relacionados con las computadoras y la programación de computadoras.

b. Salario, pago por un trabajo.

c. Persona que solicita un trabajo.

d. Dinero que recibe una persona cuando deja de trabajar a los 60 ó 65 años generalmente.

e. Persona que dirige un grupo o una empresa.

f. Aspecto positivo de un trabajo.

g. Manera, modo.

h. Dibujos, fotografías y textos muy atractivos que se usan para vender productos.

7-2 La jefa de personal. La semana pasada entrevistaste a varios candidatos para un puesto de trabajo y hoy debes presentar un informe sobre los candidatos a los directivos de la compañía. Completa el informe con el vocabulario entre paréntesis.

Departamento de personal

15 de noviembre

Después de entrevistar a los cuatro (1) _____ (aspirantes, encargados, vendedores), creo que Esperanza Gutiérrez es la persona ideal para nuestra compañía. La Sra. Gutiérrez tiene más experiencia en el área de la (2) _____ (superación, administración, decisión) que los otros tres candidatos. Además, tiene (3) _____ (iniciativa, dominio, jubilación) de otros idiomas, como el portugués y el inglés y podría servirnos mucho en el departamento de (4) _____ (exportación, presupuesto, confianza) a Brasil y los Estados Unidos. Por último, ninguno de los otros candidatos tiene (5) _____ (solicitud de empleo, facilidad de palabra, antecedentes laborales) porque se licenciaron el verano pasado en la universidad, pero Esperanza Gutiérrez ya trabajó en una empresa de publicidad.

María José Varela
Jefa de personal

cc: MFA, MRO, JED

7-3 Llamada a una empresa. Rafael está buscando trabajo y ayer llamó por teléfono a la empresa HOMESA para pedir más información sobre un posible trabajo. Completa la conversación telefónica entre Rafael y el jefe de personal usando las siguientes palabras. Haz los cambios necesarios.

forma	formulario	aplicar	solicitar

RAFAEL: ¿Puedo hablar con el jefe de personal por favor?

JEFE DE PERSONAL: Sí, con él habla.

RAFAEL: Lo llamo por el aviso del periódico. Dice que ustedes buscan un ingeniero en informática. ¿Me puede decir lo que necesito para (1) _____ el empleo?

JEFE DE PERSONAL: Sí, como no. Tiene que llenar varios (2) _____ y mandarlos junto con su C.V. a la dirección que está en el periódico.

RAFAEL: No tengo los (3) _____. ¿Me los puede mandar de alguna (4) _____ rápida?

JEFE DE PERSONAL: Si usted tiene un número de fax, le puedo enviar los (5) _____ inmediatamente.

RAFAEL: Fantástico. Por favor envíelos a este número: 23-45-42-19.

JEFE DE PERSONAL: Debe mandarnos todo rápidamente porque la fecha de entrega es el lunes y no aceptamos nada después de esa fecha. Esta regla se (6) _____ estrictamente dentro de la compañía.

RAFAEL: Estoy muy interesado en (7) _____ este puesto. Tendrá todos mis papeles el jueves sin falta. Muchas gracias por su atención.

7-4 Ideas cortadas. Rafael consiguió el trabajo de ingeniero en la empresa HOMESA. El jefe de su departamento le escribió una nota con frases desordenadas para felicitarlo y recordarle lo que tiene que hacer. Une la primera parte de las oraciones con su continuación lógica. Escribe la letra correspondiente en los espacios en blanco.

1. Bienvenido al departamento. Espero que te guste _____.
2. Leí tu hoja de vida y vi que tienes la experiencia en _____.
3. Quedé muy bien impresionado después de tu entrevista. _____.
4. Aquí te dejo los objetivos para hoy. _____.
5. Hoy yo tengo una reunión con los directivos de la empresa _____.
6. Quisiera reunirme contigo mañana temprano _____.

a. Creo que vas a ascender dentro de la compañía muy rápidamente.

b. para proponer el desarrollo de un nuevo producto.

c. el ambiente empresarial que vas a hallar aquí.

d. programación de computadoras que necesitamos aquí.

e. para explicarte cuáles son las metas de este departamento para este mes.

f. En caso que termines antes de la hora de salida, puedes irte tranquilamente.

Sigamos con las estructuras

Referencia gramatical 1: Talking about generalities and giving information: Impersonal se

7-5 Ofertas de trabajo. En el periódico del domingo pasado se publicaron unas ofertas de trabajo muy interesantes. Escríbelas otra vez usando el *se* pasivo con los verbos correspondientes.

1.
> BUSCAMOS vendedores
> para la zona norte.
> Proveemos coche.
> Ofrecemos buenos
> sueldos y seguro médico.
> Teléfono 5 55 99 99
> HISPATUR.

2.
> NECESITAMOS persona
> para atender el teléfono.
> Pedimos conocimientos
> de inglés y de francés.
> Preferimos candidatos
> con experiencia laboral.
> Teléfono 8 88 44 22
> HOTEL LUZ.

Anuncio 1:

Se buscan _____

_____

Anuncio 2:

Se necesita _____

_____

Referencia gramatical 2: Describing general qualities: *Lo* + adjective

7-6 Ventajas y desventajas. Hace dos años que Elena trabaja en casa como traductora para una agencia. Usa las siguientes frases para completar sus impresiones sobre su trabajo.

lo difícil	lo que	lo más aburrido	lo mejor

1. _____ de mi trabajo es que tengo un horario muy flexible.

2. _____ de trabajar en casa es que no puedes hablar con nadie.

3. _____ hago mientras traduzco es escuchar música clásica.

4. _____ de muchas traducciones técnicas es encontrar la palabra precisa.

5. Cuando tengo alguna duda, _____ hago es llamar a mi jefa. Siempre me ayuda mucho. Ella dice que antes de entregar una traducción, _____ es asegurarse de que todo está bien traducido, consultando con ella o con otros traductores.

Referencia gramatical 3: Explaining what you want others to do: Indirect commands

7-7 Organicémosnos. Tú estás encargado/a de organizar a la gente en tu departamento para que se cumplan las tareas de hoy. Dile a tu secretario/a lo que cada uno debe hacer. Usa los mandatos indirectos.

Modelo: Luisa y Pedro / atender al público.
Que Luisa y Pedro atiendan al público.

1. Ana / entrenar a la nueva empleada

   _____

2. Ricardo / tener en cuenta el mensaje que mandó el gerente general

   _____

3. todos / cumplir con las tareas de hoy

   _____

4. Elena, Lucía y Antonio / trabajar en equipo en la nueva propuesta

   _____

5. Laura / contratar a la gente para la publicidad

   _____

6. Mónica y Susana / resolver el problema de los avisos

   _____

Aprendamos 1: Denying and contradicting: Indefinite and negative words

7-8 Un hombre muy ocupado. Eduardo le escribió una carta a su novia describiendo el ambiente de trabajo de su nueva empresa. Usa las palabras a continuación para completar su carta.

alguien	alguno	nadie	ni	ningún	también

Querida Marta:

Estoy contento en mi trabajo, pero (1) _____ veces me siento un poco frustrado porque aquí

(2) _____ sabe idiomas y yo tengo que hacer todas las traducciones del inglés.

(3) _____ de mis compañeros de trabajo ha estudiado otras lenguas y mi jefe dice que el mes

próximo va a buscar a (4) _____ competente para enseñar una clase de inglés a los empleados.

Como ya sabes, estoy encargado de la publicidad y (5) _____ de las ventas, así que

no tengo mucho tiempo libre. Pero me gusta este trabajo y voy a trabajar mucho para poder ascender.

Entonces, querida Marta, eso quiere decir que no voy a poder ir a verte (6) _____ este

mes (7) _____ el próximo. Espero que no te importe, y te prometo que, después de estos

dos primeros meses, no estarás sin mí (8) _____ fin de semana.

Un beso,
Eduardo

7-9 La incógnita. Juan está nervioso porque tuvo una entrevista de trabajo y está esperando la respuesta de la empresa que lo entrevistó. Usa las palabras negativas apropiadas para responder a las preguntas que le hace Juan a su madre.

Modelo: JUAN: Si me contratan, ¿me puedo poner siempre pantalones vaqueros para ir a trabajar?

MADRE: No, no te puedes poner pantalones vaqueros nunca para ir a trabajar.

1. JUAN: ¿Me llamó alguien hoy?

   MADRE: No, no _____ hoy.

2. JUAN: ¿Dejaron algún mensaje en el contestador?

   MADRE: No, no _____ mensaje.

3. JUAN: ¿Llegó ya mi título de licenciado y la carta de mi profesor?

   MADRE: No, no _____ el título

   _____ la carta de tu profesor.

4. JUAN: ¿Pero recibí algo en el correo?

   MADRE: No, no _____ en el correo. ¡Pero tranquilízate, todo va a salir bien!

7-10 Una empresa familiar. HOMESA es una empresa pequeña de productos congelados. Aquí tienes información importante sobre sus empleados. Léela y escribe un informe usando palabras indefinidas y negativas.

HOMESA	
Número total de empleados	20
Directivos	5
Licenciados en administración	10
Licenciados en informática	5
Hablan inglés	10
Hablan italiano	0
Seguro de desempleo	20
Participantes en el plan de jubilación	20
Aumentos de sueldo	Todos los años

1. _____ de los empleados no hablan inglés.

2. _____ de los empleados habla italiano. Necesitan a _____ para poder hablar con los clientes de Italia en italiano. No necesitan a _____ más para entender las cartas en inglés.

3. _____ está sin seguro de desempleo.

4. Los empleados reciben _____ aumentos de sueldo al comienzo del año.

5. _____ empleados son licenciados _____ en informática _____ en administración.

6. Todos los empleados tienen seguro de desempleo y _____ participan en el plan de jubilación.

7-11 Problemas. Ana Belén y Víctor quieren abrir un restaurante argentino en Barcelona y están pensando en todos los aspectos del negocio antes de pedir un préstamo al banco. Escribe en los espacios en blanco la letra de la frase que mejor complete cada oración.

1. _____ Necesitamos algunos camareros que. . .

2. _____ Para el restaurante nos gusta mucho ese edificio que. . .

3. _____ En esta parte de la ciudad no hay ningún restaurante que. . .

4. _____ Debemos buscar a alguien que. . .

5. _____ La tía Carmen sale con un hombre que. . .

6. _____ Ya conocemos a un cocinero argentino que. . .

a. . . .tiene experiencia con este tipo de negocios. Debemos hablar con él.

b. . . .dominen otros idiomas para hablar con los turistas.

c. . . .prepara una carne deliciosa.

d. . . .se parece a la Casa Milá de Gaudí.

e. . . .tenga buena fama.

f. . . .se encargue de hacer la publicidad.

Aprendamos 2: Describing unknown and nonexistent people and things: Adjective clauses

7-12 Lo que tengo y lo que quiero. Verónica está buscando trabajo porque el lugar donde trabaja ahora no es muy conveniente para ella. Escribe oraciones sobre su trabajo actual y sobre el trabajo que busca siguiendo el modelo.

Modelo: desde las 5 de la mañana   desde las 8 de la mañana

Tengo un trabajo que empieza a las 5 de la mañana. Busco un trabajo que empiece a las 8 de la mañana.

Trabajo actual	Trabajo que busca
1. de 5 de la mañana a 1 de la tarde	1. de 8 de la mañana a 4 de la tarde
2. lejos de casa	2. cerca de casa
3. beneficios no incluidos	3. con beneficios incluidos
4. aburrido	4. estimulante

1. _____

_____

2. _____

_____

3. _____

_____

4. _____

_____

7-13 Cosas de la empresa. Pedro y Pablo están tomándose un café en el bar de la empresa y hablando de algunos cambios que ha habido recientemente y de otros que posiblemente ocurran en el futuro. Usa el presente del indicativo o del subjuntivo, según corresponda, de los verbos entre paréntesis para completar el diálogo a continuación.

PEDRO: ¿Conoces al nuevo empleado que (1) _____ (trabajar) en la empresa?

PABLO: No, no lo conozco todavía, pero me dijeron que es muy simpático.

PEDRO: Sí, es muy simpático y además, vive en una calle que (2) _____ (estar) muy cerca de mi casa, así que me lleva y me trae siempre en coche.

PABLO: ¿Y qué hace aquí exactamente?

PEDRO: Se ocupa de la publicidad que (3) _____ (querer) hacer la empresa en Puerto Rico.

PABLO: La verdad es que necesitábamos gente nueva en el departamento de publicidad. Por cierto, ¿sabes si todavía están buscando a alguien que (4) _____ (saber) programación? Conozco a un chico que (5) _____ (acabar) de licenciarse en informática y estaría muy interesado en el puesto.

PEDRO: No sé nada, la verdad. Lo que sí sé es que todavía no han encontrado a ningún empleado que (6) _____ (querer) trasladarse a la oficina de Berlín.

PABLO: No me extraña. Aquí no hay nadie que (7) _____ (hablar) alemán.

7-14 Bolsa de trabajo. Ayer viste este anuncio en el periódico. Usa cláusulas adjetivas con el indicativo o el subjuntivo de los siguientes verbos, según corresponda, para reescribir el anuncio.

estar	tener	trabajar	ser

SE BUSCA persona para el departamento de ventas, con buena presencia, imaginativa y responsable. Hacemos negocios con compañías nacionales y extranjeras.

SE BUSCA una persona que _____,
que _____ y que
_____. Hacemos negocios con
compañías que _____ y en el
extranjero.

Al fin y al cabo

7-15 Una gran profesional. En una revista en español apareció la siguiente biografía de Cristina Saralegui, la presentadora del programa de Univisión "El Show de Cristina". Léela y responde las preguntas que se dan a continuación.

Cristina Saralegui

A Cristina Saralegui se la considera un símbolo de la mujer hispana actual. Es una periodista inteligente y comprometida a influir en la vida de los hispanos.

Cristina nació el 29 de enero de 1948 en La Habana, Cuba. Su abuelo paterno, editor de una revista, fue quien la introdujo en el mundo del periodismo. La familia se trasladó a Miami en 1960, donde Cristina se licenció en Periodismo y Creación Literaria en la Universidad de Miami. En 1979 fue nombrada jefa de redacción de la revista *Cosmopolitan* en español y diez años más tarde dejó este puesto para hacerse cargo de la producción y presentación del programa de Univisión "El Show de Cristina", en el que sigue todavía.

Además de hacer televisión y radio en español, Cristina ha realizado varios programas en inglés, incluida la versión inglesa de "El Show de Cristina". Según ella, siempre se ha considerado a la vez periodista y motivadora, y su programa de televisión le da la oportunidad de profundizar en muchos temas y de tratar de mejorar la vida de los hispanos y convertirlos en miembros productivos de su comunidad.

Cristina ha sido premiada por distintas organizaciones. Entre los muchos galardones que recibió están los de la Fundación Americana para la investigación del SIDA (AmFAR), que la galardonó en 1995 por su trabajo desempeñado en la educación sobre el SIDA (AIDS) en el mundo hispano, y dos años más tarde la volvió a distinguir por su activismo en la lucha contra esta enfermedad. En 1996 fue galardonada por la Organización Nacional de Mujeres en los Medios de Comunicación con el premio anual a la excelencia y se creó una beca que lleva su nombre. El Consejo de Asuntos de la Mujer (Council of Women's Issues) la reconoció también de manera unánime como un modelo de conducta para los americanos. Su biografía ha sido publicada simultáneamente en inglés y español por la editorial Warner Books.

1. ¿Qué cualidades de Cristina se destacan en esta biografía?

   _____

2. ¿Qué formación universitaria tiene Cristina?

   _____

3. ¿Qué puesto de trabajo desempeñó antes de 1989?

   _____

4. De acuerdo con la Fundación Americana para la investigación del SIDA (AmFAR), ¿qué trabajo importante ha hecho Cristina en relación con esta enfermedad?

   _____

5. ¿Qué otras distinciones ha recibido Cristina?

   _____

6. ¿Conoces a otra persona famosa que sea como Cristina? Di quién es, explica sus cualidades, describe su trabajo y di en qué se parece a Cristina.

   _____

7-16 La Habana. La capital cubana es la ciudad donde nació Cristina Saralegui. Imagínate que ella te está dando algunos datos sobre su ciudad natal y sobre el país. Consulta en Internet y otras fuentes de información para completar las oraciones.

1. La Habana está situada en el _____ de la isla.

2. En 1982 la Habana vieja fue nombrada patrimonio de la humanidad por la

   _____.

3. El poeta y revolucionario _____ nació en la Habana vieja.

4. Otras dos ciudades importantes del país son S _____ de
   C _____ y C _____.

5. La moneda oficial de Cuba es _____.

6. Los principales productos agrícolas del país son _____.

7. El sistema de montañas más importante de la isla es _____.

8. Cuba obtuvo su independencia en el año _____.

9. Fidel Castro ha sido presidente de Cuba desde el año _____.

10. En Cuba, la asistencia médica y la educación son _____ para todos
    los cubanos.

7-17 Opiniones. Alicia, Olga y Victoria encontraron trabajo el año pasado. Lee las opiniones de cada una sobre su trabajo y después responde las preguntas.

Alicia

Tengo un sueldo fabuloso, pero no estoy muy contenta en mi trabajo. Creo que soy muy buena programadora y cumplo con lo que me piden, pero parece que a nadie le importa. Mi jefe jamás me dice que he hecho las cosas bien, simplemente me exige que haga algo y lo tenga listo para una fecha determinada; eso es todo. No tengo nunca tiempo libre y el ambiente no es bueno; me paso días enteros encerrada en mi oficina sin ver a nadie.

Olga

Me encantan mis alumnos y mis compañeros de trabajo. En la enseñanza hay que trabajar duro y no se gana mucho, pero hay muchas vacaciones. Lo malo de este trabajo es que es temporal y el año que viene voy a tener que buscar otro colegio. Espero encontrar pronto un puesto que sea más estable. No se puede vivir cambiando constantemente.

Victoria

Tuve mucha suerte al encontrar este trabajo porque en la empresa me permiten realizar mis propios proyectos con toda libertad. Lo importante para ellos son las ideas originales, y para una arquitecta como yo, eso no es difícil. Lo peor del trabajo es el sueldo; la empresa es nueva y todavía no puede pagar mucho; sin embargo, a mí me interesa más la experiencia que el dinero.

---

1. ¿Cuál de los trabajos es perfecto para una persona que quiera tener mucho tiempo de ocio durante el año?

   El trabajo de _____.

2. ¿Cuál de los trabajos es malo para una persona que no quiera cambiar de ambiente?

   El trabajo de _____.

3. ¿Cuál de los trabajos es malo para una persona a quien le guste el contacto con otras personas?

   El trabajo de _____.

4. ¿Cuál de los trabajos es perfecto para una persona que tenga mucha imaginación?

   El trabajo de _____.

5. ¿Cuál de los trabajos es bueno para una persona que quiera solamente ganar dinero?

   El trabajo de _____.

7-18 Mujeres en el trabajo. A continuación hay unos datos sobre el número de mujeres trabajadoras en España que aparecieron en un artículo del periódico *El Mundo*. Lee el artículo y responde las preguntas que se dan a continuación.

La mujer acelera su incorporación al mercado laboral, por María Canales

La evolución de la mujer que accede a un puesto de trabajo ha sido progresiva y ha tenido un comportamiento dinámico en los últimos 20 años, mientras que se ha producido una contención en la colocación masculina.

En el primer trimestre de 1999, la creación de empleo entre las mujeres ha crecido un 6%, respecto al mismo período de 1998, mientras que la ocupación masculina ha aumentado a un ritmo inferior, un 2,8%, según señaló esta semana Francisco Laso, director de recursos humanos y relaciones laborales de la compañía de trabajo temporal Manpower.

En los últimos 20 años, 2,6 millones de mujeres activas se han incorporado al mercado laboral español. De éstas, el grupo que más ha crecido ha sido el compuesto por mujeres con edades comprendidas entre los 25 y los 44 años.

El incremento de la actividad femenina en el mercado laboral se debe a la fuerte incorporación de la mujer a los estudios superiores en los últimos 20 años (las mujeres con estudios universitarios suponían el 2,1% en 1977, mientras que en 1988 lo componía el 10,1%) y a la influencia procedente de Estados Unidos y de la Europa Comunitaria.

Actualmente, en el mercado de trabajo temporal, por ejemplo, sector en el que se encuadra la compañía Manpower, el 70% de los empleados son mujeres, frente al 30% comprendido por hombres, comentó Laso.

El sector donde ha habido más incorporaciones femeninas desde 1977 a 1998 ha sido el de servicios, con 1,8 millones de empleadas, especialmente en la administración pública, la enseñanza y la sanidad, según el estudio.

Por su parte, los sectores agrícolas e industriales han perdido 600.000 mujeres ocupadas desde 1977.

El mayor número de mujeres asalariadas se concentra en el sector público, con un millón, cifra que triplica los porcentajes de 1977, aunque por contra, se ha producido una disminución en el sector privado que sigue teniendo un peso importante con el 72,2% del total.

El Índice Manpower de convergencia laboral se ha situado en los primeros tres meses de 1999 en un 42,4%, un 3,8% más respecto al mismo período del año anterior, cada vez más cerca del 43,7% que alcanzaron los cuatro países europeos más potentes económicamente (Francia, Italia, Gran Bretaña y Alemania) a finales de 1997 (último dato obtenido). ∎

Según dicho estudio, España es, entre los grandes países de la unión Europea, el que ha aumentado más la tasa de actividad femenina, que alcanzó el 47,7% de la población activa, cada vez más cercana al 56% de la media europea.

1. ¿Qué ocurrió con el empleo femenino en los tres primeros meses de 1999?

   _____

2. ¿Qué ocurrió con el empleo masculino entre enero y marzo de 1999?

   _____

3. ¿Quién encontró trabajo con más facilidad, una mujer de 18 años o una mujer de 30?

   _____

4. ¿Cuáles son las causas del aumento de mujeres trabajadoras, de acuerdo con el artículo?

   _____

5. ¿En qué sectores hubo un aumento mayor de mujeres trabajadoras? ¿En qué sectores hubo una disminución?

   _____

6. En España, ¿qué porcentaje de trabajadores son mujeres? ¿y en Europa?

   _____

7-19 El trabajo ideal. Todavía no tienes trabajo, pero el próximo año vas a empezar a buscar uno. Haz una lista de las características de tu trabajo ideal:

Espero encontrar un trabajo que _____,

que _____

y que _____.

Lo importante es _____.

No quiero un trabajo que _____ ni que

_____.

No me interesa ni _____ ni _____.

Nunca voy a aceptar un trabajo que _____.

7

Hablemos del trabajo

En marcha con las palabras

7-20 Felicitaciones, te dieron un ascenso. Escucha las siguientes oraciones y di si son lógicas (**L**) o ilógicas (**I**).

Modelo: Felicitaciones, te dieron un ascenso. – *L* (lógico).

1. L   I
2. L   I
3. L   I
4. L   I

5. L   I
6. L   I
7. L   I
8. L   I

7-21 La primera entrevista. Escucha la siguiente conversación y marca las afirmaciones correctas.

1. Carlos Rodríguez
   a. era estudiante.
   b. es estudiante.
   c. busca trabajo.

2. La Sra. Goicochea
   a. trabaja en una empresa de computación.
   b. quiere contratar al Sr. Rodríguez.
   c. entrevista a Carlos.

3. La empresa
   a. ofrece un buen sueldo.
   b. ofrece plan de jubilación.
   c. no necesita programadores.

4. El Sr. Rodríguez
   a. no tiene antecedentes laborales.
   b. sí tiene antecedentes laborales.
   c. tiene experiencia trabajando en una escuela.

5. El puesto incluye los siguientes beneficios
   a. seguro de vida para toda la familia.
   b. bonificaciones anuales.
   c. seguro de desempleo.

6. La empresa
   a. hace una evaluación de los empleados cada seis meses.
   b. da aumento cada seis meses.
   c. asciende a todos sus empleados dos veces al año.

7. Al final,
   a. le ofrecen el puesto.
   b. Carlos acepta el puesto.
   c. Carlos va a contestar la semana próxima.

7-22 Palabras claves. Escucha las siguientes frases y di a qué se refieren.

1. Lo saluda atentamente es

   a. _____   b. _____   c. _____

2. El dominio de otros idiomas es

   a. _____   b. _____   c. _____

3. Un papel con los datos de mi vida y de mis antecedentes laborales es una

   a. _____   b. _____   c. _____

4. Cuando pido un trabajo

   a. _____   b. _____   c. _____

5. Un beneficio laboral es

   a. _____   b. _____   c. _____

6. La persona que solicita un puesto es

   a. _____   b. _____   c. _____

7. La hoja que completo en una agencia de empleos con mis datos es

   a. _____   b. _____   c. _____

8. Obtener un puesto mejor en la empresa donde trabajas es

   a. _____   b. _____   c. _____

Sigamos con las estructuras

Referencia gramatical 1: Talking about generalities and giving information: Impersonal se

7-23 Se buscan vendedores. Responde a las siguientes preguntas.

Modelo: ¿Necesitamos vendedores?

   Sí, se necesitan vendedores.

1. Sí, _____ _____ arquitectos.
2. Sí, _____ _____ solicitudes.
3. Sí, _____ _____ aumentos.
4. Sí, _____ _____ entrevistas.
5. Sí, _____ _____ dominio del inglés.
6. Sí, _____ _____ gente.

Referencia gramatical 2: Describing general qualities: Lo + adjective

7-24 Lo bueno. ¿Qué es lo esencial de este nuevo trabajo? Contesta las preguntas de acuerdo al modelo. Luego escucha las respuestas correctas.

Modelo: ¿Qué es lo bueno? Los beneficios.
              Lo bueno son los beneficios.

1. El ambiente de trabajo.

   _____

2. La posibilidad de ascender en la empresa.

   _____

3. El trabajo administrativo.

   _____

4. Los planes de jubilación.

   _____

5. Los antecedentes laborales.

   _____

6. El horario.

   _____

7. El salario.

   _____

8. El trabajo en equipo.

   _____

Referencia gramatical 3: Explaining what you want others to do: Indirect commands

7-25 ¡Que lo haga él! Escucha las siguientes frases e indica quién debe realizar las acciones.

Modelo: Hay que hacer las fotocopias.
              Ella. Que las haga ella.

1. la arquitecta
2. el contador
3. el secretario
4. los directivos

5. las candidatas
6. la gerente de ventas
7. la jefa de personal
8. los abogados

Aprendamos 1: Denying and contradicting: Indefinite and negative words

7-26 Todo lo contrario. Escucha las siguientes oraciones y luego cámbialas a su opuesto.

Modelo: Hay alguien en la oficina.
              No hay nadie en la oficina.

1. _____
2. _____
3. _____
4. _____
5. _____
6. _____

7-27 No, no escriba nada. Escucha las siguientes preguntas y luego contéstalas en forma negativa.

Modelo: ¿Miro algunas solicitudes?
No, no mire ninguna.

1. _____
2. _____
3. _____
4. _____
5. _____
6. _____

Aprendamos 2: Describing unknown and nonexistent people and things: Adjective clauses

7-28 Empresa en problemas. Una empresa con algunos problemas busca a alguien que los solucione. Para saber lo que necesitan, haz oraciones de acuerdo al modelo. Luego, escucha las respuestas correctas.

Modelo: (nosotros) / buscar / un candidato / resolver / los problemas
Buscamos un candidato que resuelva los problemas.

1. ¿Hay / alguien / estar al tanto / de la nueva política empresarial?

   _____

2. (yo) / conocer / a la persona / poder / mejorar la situación de la empresa

   _____

3. (ustedes) / necesitar / un plan / ser / fácil

   _____

4. (tú) / tener / un aspirante / conocer / los problemas

   _____

5. ¿Haber/ algún aspirante / apoyar / la privatización?

   _____

6. No / haber / ningún empleado / no trabajar / bien

   _____

7-29 Lo que tengo y lo que busco. Tú eres el/la jefe/a de personal de una empresa y te encuentras con aspirantes que no cumplen con los requisitos. Escucha las siguientes oraciones. Luego, cámbialas de acuerdo al modelo.

Modelo: Tengo un candidato que es tonto.
Busco un candidato que no sea tonto.

1. _____.
2. _____.
3. _____.
4. _____.
5. _____.
6. _____.
7. _____.
8. _____.

7-30 A la búsqueda. Ahora que ya sabes lo que quieres, pides ayuda para conseguir mejores aspirantes. Responde las preguntas.

Modelo: ¿Conoces algún candidato que tenga iniciativa? No.
No, no conozco a ningún candidato que tenga iniciativa.

1. No, _____.
2. Sí, _____.
3. No, _____.
4. Sí, _____.
5. No, _____.
6. Sí, _____.

Lab Manual

Al fin y al cabo

7-31 Aviso. Mira el aviso y marca si las afirmaciones que escuchas son ciertas (**C**) o falsas (**F**).

1. C   F
2. C   F
3. C   F
4. C   F
5. C   F
6. C   F
7. C   F
8. C   F

Laboratorio Farmacéutico Nacional
Solicita para las Zonas CENTRO y NORTE, con residencia en Madrid y Bilbao respectivamente.

DELEGADO DE CONSULTA MÉDICA

Para ocupar puesto de
CONSULTANTE DE PRODUCTO

El puesto requiere:
- Candidato (30–35 años) licenciado en Ciencias Farmacéuticas.
- Amplia experiencia en ventas dentro del sector farmacéutico.
- Conocimiento del inglés.
- Con personalidad comercial, ordenado y responsable.
- Disponibilidad para viajar.

Se ofrece:
- Afiliación con una compañía prestigiosa, respetada a nivel nacional e internacional, con alto sueldo fijo y notables incentivos sobre ventas.
- Incorporación a un programa de continuo crecimiento profesional.
- Coche de la empresa.

Interesados enviar CV al
Apartado de Correos número 259 de 08083 Barcelona.
Referencia Madrid o Bilbao, según corresponda.

7-32 Astronauta. Nadie es perfecto. Lee los perfiles, escucha los requisitos para el trabajo de astronauta y di cuáles son los requisitos que NO cumple cada uno de los candidatos.

Modelo: Ana María:

Piden una persona que tenga entre 27 y 37 y ella tiene 25 años.

Ana María: 25 años, 1,63 m de altura.

Ingeniera con dos años de experiencia.

Goza de buena salud, usa gafas.

Resultados de la prueba psicológica: persona muy motivada, flexible y con gran capacidad para trabajar en equipo.

Disponibilidad para viajar.

Juan Antonio: 28 años, 1,90 m de altura.

Biólogo con cuatro años de experiencia.

Goza de buena salud, tiene un poco de sobrepeso para su altura.

Resultados de la prueba psicológica: personalidad agresiva, flexible y con una excelente memoria.

Disponibilidad para viajar.

José Agustín: 38 años, 1,70 m de altura.

Piloto de avión, con cinco años de experiencia. Sin título universitario.

Goza de buena salud. Tiene muy buena vista y oído.

Resultados de la prueba psicológica: estabilidad emocional, capacidad de trabajo en equipo, nivel bajo de agresividad, gran flexibilidad.

Sonia: 39 años, 1,50 m de altura.

Ingeniera informática con cuatro años de experiencia.

Piloto de avión.

Resultados de la prueba psicológica: buena capacidad de razonamiento, memoria y concentración.

Personalidad agresiva e individualista. Muy buenas destrezas manuales.

Lab Manual

7-33 ¿Tienes madera de jefe/a? Escucha las siguientes situaciones y marca la respuesta que mejor se adapte a tu personalidad.

1. a. Cambias la fecha de la presentación para revisar el proyecto. . .

   b. Aprovechas la presentación para explicar a tus superiores el error cometido y pides consejo para encontrar una solución. . .

   c. Realizas la presentación y explicas el error. Si alguien tiene algo que comentar, se abrirá una discusión. . .

2. a. Eres una persona competente, de confianza y siempre sales adelante ante cualquier dificultad. Tu trabajo habla por ti. . .

   b. Eres brillante en tu trabajo. Tienes un sexto sentido para conseguir lo que quieres. . .

   c. Eres joven y muy buen profesional, pero sabes descubrir rápidamente los defectos de los demás y hacérselos ver a las personas adecuadas. . .

3. a. Los buenos resultados en el trabajo es lo primero para ti, pero son los amigos y la familia los que te dan la fuerza para conseguirlo. . .

   b. Aunque no sabes exactamente a dónde vas, inviertes tiempo y recursos. Siempre ha de haber riesgo. . .

   c. Te diviertes cuando alcanzas las metas que te propones en el trabajo y te gusta descansar después de conseguirlas. . .

4. a. Le escuchas con atención y tratas de encontrar una solución, de manera que su rendimiento se mantenga estable. . .

   b. Sólo te interesa su problema desde el punto de vista personal. Intentas encontrar una solución duradera. . .

   c. Le explicas que, según tu experiencia, hay que mantener un equilibrio entre lo personal y lo profesional y que, al final, todo saldrá bien. . .

5. a. Aunque de cara al exterior haces lo posible para que el equipo brille en su conjunto, sólo aceptas las aportaciones más brillantes. . .

   b. Un equipo sólo tiene sentido si todos sus miembros colaboran por igual y tienen los mismos derechos. . .

   c. Tratas de descubrir cuándo alguien está tratando de hacer algo por su cuenta. . .

6. a. Hubiera sido imposible lograr este resultado sin hacer horas extras. Además han surgido muchos trabajos inesperados. . .

   b. Atribuyes parte del éxito obtenido a la colaboración de los demás. . .

   c. Comentas que has hecho bien tu trabajo sin recibir instrucciones desde arriba y que todos tus proyectos han sido satisfactorios. Has sabido repartir tus fuerzas de forma adecuada para obtener un buen resultado. . .

7. a. Intentas reconducirlo todo de nuevo dando instrucciones precisas a cada miembro del equipo. Las amenazas no son tu estilo. . .

   b. Eres brillante en tu trabajo. Tienes un sexto sentido para conseguir lo que quieres. Les dejas claro que, a partir de ahora, esperas el máximo rendimiento de ellos y les explicas qué deben hacer exactamente. . .

   c. Explicas a cada uno las tareas que debe realizar y no ocultas que impondrás tus exigencias. . .

8. a. Revisas de nuevo tu trabajo y sólo das importancia a las críticas que provienen de personas de la empresa. . .

   b. Coges el toro por los cuernos y hablas directamente con la gente que tanto te critica. . .

   c. Tu lema es no ponerte nervioso, pero tampoco bajar la guardia. Intentas averiguar a través de alguien de confianza el origen de las críticas. . .

9. a. Aceptas el encargo aunque sabes que no llegará a buen término. Al fin y al cabo, lo que cuenta es la buena disposición al enfrentarse al asunto. . .

   b. Tratas de hacerlo lo mejor posible y anuncias a tu jefe la posibilidad de algún retraso. . .

   c. Sabes que el trabajo no te va a dar ninguna recompensa, pero tratas de que el resultado deje en buen lugar a los que han participado en la tarea. . .

10. a. Siempre haces fuera el trabajo creativo de la empresa: cualquier momento es bueno para subir escalones hacia la cima. . .

    b. Das a la empresa lo mejor de ti durante la jornada laboral. Si la jornada normal no basta es porque tienen un problema de organización. . .

    c. Tras la jornada sueles ir a tomar algo con compañeros y jefes para puntualizar resultados. . .

11. a. Si hay algún error, tiene que haber algún responsable. En general, suele bastar con una bronca para que el trabajo siga funcionando. . .

    b. Los errores sirven para mejorar, sea quien sea el responsable, aunque te sientes fracasado. . .

    c. Reflexionas en exceso sobre los errores cometidos aunque, en tu opinión, dudar de uno mismo es un buen instrumento de control. . .

12. a. Realizas un descanso para que la gente se relaje. Si después de esto no se llega a ninguna conclusión, haces valer tu autoridad. . .

    b. Si se han discutido todos los argumentos sin llegar a un consenso, es hora de dar un puñetazo en la mesa y esgrimir tu posición. . .

    c. Explicas que los argumentos, aunque parezcan ilógicos, van a traer beneficios al cliente y que hay que seguir trabajando con ellos. . .

Dictado

7-34 Adicto al trabajo. Transcribe el fragmento del artículo "El trabajo como adicción" que escucharás a continuación.

_____
_____
_____
_____
_____
_____
_____
_____
_____
_____
_____

8

Capítulo ocho

Hablemos del arte

En marcha con las palabras

8-1 Grupos de palabras. Completa las palabras que corresponden a cada grupo.

Instrumentos de los pintores:

1. p _ n _ _ _
2. p _ _ _ t _

Técnicas de pintura:

3. a _ _ a _ _ _ a
4. ó _ _ o
5. p _ s _ _ _
6. t _ _ p _ _ _

Algunos tipos de cuadros:

7. r _ _ _ _ tos
8. a _ t _ _ _ _ _ r _ _ os
9. n _ _ u _ _ _ _ zas   m _ _ r _as

Algunas corrientes artísticas:

10. s _ _ r _ _ _ ismo
11. c _ _ ismo
12. a _ _ e   a _ _ t _ _ _ _ _

8-2 El Guernica. Juan Pablo fue a Madrid y leyó en una guía de museos la siguiente información sobre el *Guernica*, una de las obras más importantes de Picasso. Lee la información y complétala con las palabras apropiadas.

El Guernica es una (1) _____ (obra, fuente) maestra del

(2) _____ (espejo, pintor) español Pablo Ruiz Picasso. Picasso pintó este gran

(3) _____ (dibujo, mural) para el pabellón español de la (4) _____

(Exposición, Taller) Universal de París de 1937. En esta obra Picasso (5) _____

(convierte, refleja) de un modo dramático los horrores de la guerra en general, aunque el hecho

concreto que le sirvió como (6) _____ (creación, inspiración) fue el bombardeo del

pueblo vasco de Guernica por la aviación alemana durante la Guerra Civil española. Antes de

(7) _____ (apreciar, crear) toda la composición, Picasso realizó muchos bocetos

(*sketches*) de las distintas (8) _____ (fondos, figuras) que la forman. En la

actualidad, tanto los bocetos como el *Guernica* mismo se hallan en el Museo Nacional Centro de Arte

Reina Sofía.

8-3 La visita al Prado. Después de ir al Museo de Arte Reina Sofía, Juan Pablo visitó en el Museo del Prado las salas de Goya, uno de sus pintores favoritos. Usa los verbos *hacerse*, *llegar a ser*, *ponerse* y *volverse* para completar sus comentarios sobre Goya.

1. Cuando miro el cuadro de Goya *El 3 de mayo de 1808* _____ triste porque esa pintura refleja de modo impresionante el terror de la guerra.

2. Goya _____ muy famoso entre la aristocracia y pintó muchos retratos de gente influyente. A mí me gustan, sobre todo, los de la Duquesa de Alba.

3. Creo que Goya _____ pintor oficial del rey cuando tenía 40 años.

4. Después de quedarse sordo, Goya _____ solitario, pesimista y más crítico de la sociedad de su tiempo.

Sigamos con las estructuras

Referencia gramatical 1: Describing past desires, advice, and doubts: Imperfect subjunctive

8-4 Un artista con futuro. Ayer abrieron una exhibición en la escuela de arte donde estudia Rosa y ahora ella le está dando a Marimar algunos datos sobre uno de los pintores. Usa el imperfecto de subjuntivo de los verbos entre paréntesis para completar sus comentarios.

Sabía que mi amigo Fermín pintaba en sus ratos libres, pero lo que no sabía es que lo (1) _____ (hacer) tan bien. Un día del mes pasado fui a su taller y me sorprendió que (2) _____ (haber) pinturas tan buenas por todas partes. Fermín me dijo que yo (3) _____ (elegir) el cuadro que más me (4) _____ (gustar) porque ése iba a ser mi regalo de cumpleaños.

Después de pensarlo un rato, me llevé uno en el que había una pareja bailando. Al llegar a casa mi compañera de cuarto me sugirió que (5) _____ (poner) el cuadro en el salón para que lo (6) _____ (ver) nuestros amigos. El día de mi cumpleaños todos se fijaron en el cuadro. Mi profesor de arte, que también vino a la fiesta, quería que Fermín le (7) _____ (enseñar) sus otros trabajos porque en la escuela iban a organizar una exposición de pintores jóvenes y necesitaban artistas que (8) _____ (tener) talento. En fin, mi profesor fue al estudio de Fermín y se quedó muy impresionado con sus cuadros y ayer, cuando abrieron la exposición, había cinco trabajos de mi amigo colgados en la sala principal. ¡Marimar, tienes que ir a verlos!

Referencia gramatical 2: Expressing desire: Imperfect subjunctive in independent clauses

8-5 Una experta. Julia trabaja en un museo y le encanta su trabajo. Usa el imperfecto de subjuntivo de los verbos *deber*, *querer* y *saber* para completar el diálogo entre ella y su amigo Manolo.

MANOLO: Julia, ¿(1) _____ ir conmigo al cine esta noche?

JULIA: Hoy no tengo tiempo, pero el viernes sí que puedo. Ya sabes que estoy muy ocupada con la exposición de Diego Rivera.

MANOLO: (2) _____ descansar un poco. Te vas enfermar.

JULIA: Sí, ya lo sé. Pero antes de inaugurar una exposición siempre hay mucho trabajo.

MANOLO: Por cierto, Julia, (3) _____ pedirte el libro sobre Rivera que compraste en México me gustaría leer un poco más sobre su obra antes de ir a ver la exhibición.

JULIA: ¿Cuál de ellos? Tengo como seis o siete en casa.

MANOLO: No sé, préstame el más actual. ¡Ay, Julia! ¡Quién (4) _____ tanto como tú sobre arte!

Aprendamos 1: Expressing concession and time in the future: Subjunctive in adverbial clauses

8-6 Un regalo muy especial. Gerardo y Dolores han estado casados casi cincuenta años y su hijo Mario quiere regalarles un retrato de familia para su cincuentavo aniversario. Usa el presente de subjuntivo para completar el diálogo entre Mario y el pintor.

MARIO: ¿Cuándo va a empezar el cuadro?

PINTOR: Lo voy a empezar **cuando** yo (1) _____.
(terminar otro retrato) Y usted, ¿no me va a pagar nada todavía?

MARIO: Le pagaré algo **tan pronto como** yo (2) _____.
(ver el cuadro en marcha)

PINTOR: Pues, pase por mi taller **en cuanto** usted (3) _____.
(tener un rato libre)

MARIO: De acuerdo, pasaré por allí **después de que** mis padres (4) _____.
(salir de vacaciones)

PINTOR: Se me olvidaba que es una sorpresa.

MARIO: Sí, es un secreto bien guardado, así que no iré por allí **hasta que** ellos
(5) _____. (estar fuera de Buenos Aires)

8-7 Una buena pintora. Estás escribiendo un breve artículo sobre una pintora amiga tuya para la sección de arte de un periódico. Usa el tiempo correspondiente del indicativo para completar el artículo.

La pintora de la luz

Carmen Buendía nació en Caracas en 1960. Cuando (1) _____ (ser) niña siempre pintaba con sus acuarelas y sus lápices de colores. Su profesor de pintura de la escuela secundaria descubrió que tenía mucho talento en cuanto (2) _____ (ver) los dibujos que hacía para la clase. Habló con sus padres y les recomendó que la mandaran a la escuela de Bellas Artes. Allí aprendió diferentes técnicas de pintura mientras (3) _____ (estudiar) con buenos maestros. Tan pronto como (4) _____ (terminar) sus estudios, esta joven artista expuso sus primeros cuadros en la galería de arte Espacio. Ése fue el principio de su brillante carrera. Ahora Carmen es una pintora incansable. Mientras (5) _____ (trabajar) en sus acuarelas, experimenta con diferentes técnicas y materiales y nunca (6) _____ (salir) de su taller hasta que se pone el sol. Cuando uno (7) _____ (contemplar) sus cuadros, puede ver en ellos toda la luz del Caribe.

8-8 En la Ciudad de México. Blanca está de vacaciones en México y le cuenta a Mario lo que ha hecho. Escribe en los espacios en blanco la letra de la frase que mejor complete cada oración.

1. _____ Siempre me siento un poco cansada. . .
2. _____ El sábado pasado fui al Palacio de Bellas Artes. . .
3. _____ No me marcharé de la Ciudad de México. . .
4. _____ Cuando era niña. . .
5. _____ Después de que hablé contigo. . .
6. _____ Visitaré la casa de Frida Kahlo en Coyoacán. . .
7. _____ Me encanta ir a los museos. . .

a. . . .en cuanto tenga un rato libre.

b. . . .mientras Elena asistía a su clase de pintura.

c. . . .fui a ver los murales de la Universidad Nacional.

d. . . .después de pasar dos o tres horas dentro de un museo.

e. . . .hasta que no vea el Museo Arqueológico Nacional.

f. . . .mis padres me llevaban al museo con frecuencia.

g. . . .cuando estoy de vacaciones.

8-9 La carrera de Eduardo. Eduardo es un profesor de arte en la escuela secundaria. Usa los tiempos necesarios del indicativo o del subjuntivo para escribir las siguientes oraciones sobre la vida de Eduardo.

1. Eduardo siempre / comprar / reproducciones / cuando / ir / museos

   _____

2. en 1995 / Eduardo / visitar / Museo Picasso / mientras / estudiar / Barcelona

   _____

3. el año que viene / Eduardo / ir a enseñar / universidad / después de que / terminar / clases de la escuela

   _____

4. Eduardo / ir a volver / Barcelona / en cuanto / poder

   _____

5. cuando / cumplir / cuatro años / abuelos / regalar / pincel y / paleta

   _____

6. durante su infancia / Eduardo / pintar / todas las tardes / hasta que / acostarse

   _____

7. ahora / Eduardo / trabajar / sus cuadros / tan pronto como / regresar / de la escuela

   _____

8. en el futuro / Eduardo / ir a hacer / exposición / cuando / tener / bastantes obras para exponer

   _____

8-10 Amante del arte. A Sofía le gustan mucho los retratos de su amigo Juan. Usa las frases de la columna A con la frase de la columna B que corresponda para completar la narración de Sofía.

A	B
fui a la galería de arte de Juan	aun cuando en esta ciudad llueve mucho
llevo paraguas	aun cuando llegue a casa a las ocho
voy a comprar uno de los cuadros de Juan	aunque tenga que gastar todos mis ahorros
tendré que trabajar horas extras	aunque era tarde y estaba lloviendo

1. Ayer _____

   _____.

2. Nunca _____.

3. El mes que viene _____.

4. Y si mis ahorros no alcanzan, _____.

Aprendamos 2: Expressing uncertainty, purpose, and condition: Subjunctive in adverbial cáluses

8-11 La vida secreta de los artistas. Eres periodista y vas a escribir un artículo sobre una artista latina joven. Usa el presente o el imperfecto de subjuntivo para completar la entrevista a continuación.

TÚ: ¿En qué momento descubriste tu vocación por la pintura?

ARTISTA: Creo que nací con ella. Mi madre dice que, de niña, no comía a no ser que me

(1) _____ (poner) papel y lápiz al lado del plato.

TÚ: ¡Qué curioso! Y ahora, ¿cuándo pintas?

ARTISTA: Me gusta la luz de la mañana, así que pinto todos los días soleados a menos que

(2) _____ (estar) fuera de casa trabajando en otro proyecto.

TÚ: En otra entrevista dijiste que el realismo es la única vía posible del artista responsable. ¿Qué quieres decir con esto?

ARTISTA: Yo creo que la pintura es una ventana para que la gente (3) _____

(descubrir) cómo es el mundo en el que vive todos los días. Yo no quiero cambiarlo,

sino presentarlo tal como es, sin que mis pinceles (4) _____

(influir) en lo que ve la gente.

TÚ: ¿Cuáles son tus planes inmediatos?

ARTISTA: Bueno, debo concluir el mural para el centro cultural César Chávez antes de que

(5) _____ (empezar) el mal tiempo. Es difícil trabajar con

lluvia y frío.

TÚ: ¿Te gustaría hacer otro mural o prefieres volver a tu taller?

ARTISTA: Trabajaría en otro mural siempre y cuando (6) _____ (poder)

pintar lo que yo quisiera. Ése es el único requisito.

TÚ: ¿Vas a exhibir algunos de tus cuadros pronto?

ARTISTA: Pues todavía no lo sé. Me llamaron de la universidad para que

(7) _____ (participar-yo) en un encuentro de artistas latinos

jóvenes. Creo que también quieren hacer una pequeña exposición con las obras de

todos. Ya veremos.

8-12 Una familia de artistas. Juan Carlos y su familia son muy creativos. Usa las expresiones **para** (que) y **antes** (que) para completar las oraciones con la frase apropiada en el infinitivo, el presente o imperfecto del subjuntivo según corresponda.

1. Mi madre pintaba acuarelas   cerrar la exposicion especial sobre Goya (ellos)
2. Mi padre era escritor   llegar el verano (yo)
3. Ayer fuimos al museo   dedicarse a la pintura (mi padre)
4. Mi hermano estudia   nacer (mi hermano)
5. Tomaré una clase de pintura   ver la exposición sobre Rivera (nosotros)
6. Quiero ir al Museo del Prado   ser arquitecto (mi hermano)

1. _____
2. _____
3. _____
4. _____
5. _____
6. _____

8-13 En otras palabras. Eres un artista y le estás contando a una modelo tuya algunas cosas sobre ti. Usa el infinitivo, el indicativo o subjuntivo según corresponda, en el tiempo apropiado para expresar tus ideas. Sigue el modelo.

Modelo: "De niño pintaba con acuarelas."
               Pintaba con acuarelas cuando era niño.

     "Nadie me enseñó a pintar."

1. Empecé a pintar sin que nadie _____.

     "No gané mucho dinero al principio, pero pude pagar el alquiler del estudio."

2. Vendí mis primeros cuadros muy baratos para _____.

     "En mi tiempo libre paseo por el campo para inspirarme."

3. Para inspirarme, paseo por el campo cuando _____.

     "La gente conoce solamente mi mural *Tierra y mar*."

4. Nadie me conocía antes de que _____.

     "Sólo pinto retratos de personas famosas."

5. No pinto retratos a no ser que _____.

     "Admiro a los impresionistas, pero todos mis cuadros son abstractos."

6. Me gustan mucho los pintores impresionistas, aunque yo _____.

     "Primero voy a terminar este fresco y después otros artistas y yo vamos a abrir una escuela de pintura."

7. Abriremos una escuela de arte después de que yo _____.

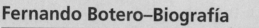

Al fin y al cabo

8-14 Fernando Botero. María Luisa fue a ver una exposición de Fernando Botero y le gustó tanto, que decidió buscar información sobre la vida y la obra de ese artista colombiano. En un libro de arte encontró la siguiente información sobre él. Léela y decide después cuáles de las afirmaciones a continuación son ciertas (**C**) y cuáles falsas (**F**).

Fernando Botero–Biografía

Fernando Botero nació en Medellín en 1932. De niño había querido ser torero pero cuando creció cambió de idea y se hizo pintor. Fue hijo de una familia antioqueña sin muchos recursos sobre todo después de la muerte de su padre, David Botero. A los quince años, Botero sorprendió a todos con su decisión de ser pintor, lo cual era extraño para una familia conservadora y no particularmente inclinada hacia el arte. Comenzó como dibujante en el periódico *El Colombiano*. Más tarde decidió probar suerte en Europa y viajó a España. En Madrid estudió en la Escuela de San Fernando. Luego pasó a Florencia donde descubrió el renacimiento italiano y la pintura del quattrocento. En 1951 regresó a Colombia y tuvo su primera exposición en la Galería de Leo Matiz.

En 1952 Botero participó en el Salón Nacional de Artistas, donde ganó el segundo puesto con su óleo "Frente al mar". Hasta 1955 el tema de sus cuadros era los hombres y los caballos, todavía no había descubierto las "gordas" y las esculturas monumentales. Éstas aparecieron accidentalmente: un día, Botero pintaba una naturaleza muerta con una mandolina, cuando, de repente, el hueco se agigantó como una especie de iluminación estética. En ese instante surgió el tipo de arte que lo hiciera famoso.

Botero se casó con Gloria Zea en 1964 y tuvieron tres hijos: Fernando, Lino y Juan Carlos. El matrimonio vivió en México con muchas dificultades económicas; eventualmente, se separaron. Entonces, teniendo apenas 220 dólares y sin saber ni una palabra de inglés, Botero viajó a Nueva York. Vivió en un pequeño estudio en McDougal Street, en Greenwich Village. Botero tuvo que sobrevivir vendiendo sus obras por muy poco y haciendo réplicas de las grandes obras que vendía a los visitantes de los museos. Finalmente en 1970 su suerte cambió cuando ingresó a la Galería Marlborough, la más grande y prestigiosa del mundo. Con las exposiciones realizadas allí adquirió fama universal.

Hoy día, el maestro Botero trabaja en varios sitios del mundo. Tiene una casa en Piedrasanta, en la Toscana de Italia, donde pasa el verano junto a sus hijos y sus nietos: allí, el funde sus esculturas de bronce. En la Costa Azul, en su apartamento de Montecarlo, hace los trabajos más pequeños, en acuarela, tinta china y sanguina. Pinta pasteles y acuarelas de gran tamaño en su apartamento de Nueva York, sobre Park Avenue. También tiene un apartamento en la Rue du Dragon, en la Rive Gauche de París, donde pinta los óleos grandes.

Botero ha llevado sus obras a Nueva York, Buenos Aires y Montecarlo. Japón y la China también han solicitado sus gigantescas esculturas que pesan entre 500 y 1.000 kilos y que cuestan 1.500 millones de pesos en promedio. La multitud de exposiciones que ha realizado en la última década incluyen las galerías más importantes del mundo en Estados Unidos, Francia, Brasil, Suecia, África del Sur, Colombia, Alemania, España, Corea, Italia, Venezuela, Austria, México. Argentina y Japón.

Fernando Botero disfruta la madurez de su éxito, sus obras están valoradas entre las más costosas del mundo. Por ejemplo, su obra "Desayuno en la hierba" fue vendida por un millón cincuenta mil dólares. Botero es el artista vivo más prestigioso del mundo y una de las grandes figuras del siglo XX.

1. De niño deseaba ser torero. □

2. Estudió arte en Madrid y Florencia. □

3. Antes de 1955 solamente hacía esculturas monumentales. □

4. México pasaba por una gran crisis económica cuando Botero se casó con Gloria. □

5. En Nueva York vendía sus réplicas a los visitantes de los museos. □

6. Botero trabaja en diferentes partes del mundo. □

7. Después de la exposición de París, Botero empezó a ser conocido en todo el mundo. □

8. Las esculturas gigantescas de Botero pesan entre 1.500 y 2.000 kilos. □

9. Las obras de Botero han sido expuestas en muchos países diferentes. □

8-15 Colombia. José, el amigo colombiano de María Luisa, le está tomando un "examen" para ver lo que ella sabe sobre Colombia. Ayuda a María Luisa a resolverlo. Si necesitas más información busca en Internet o en la biblioteca.

1. Bogotá, Medellín y Cartagena son _____.

2. Al oeste de Colombia está el Océano _____ y al norte el

   _____.

3. El Magdalena, el Cauca y el Putumayo son _____.

4. La cordillera de _____ forma tres cadenas de montañas que recorren el

   oeste de Colombia de Norte a Sur.

5. En el _____ de Bogotá se encuentra la mayor colección de joyas y

   artefactos de oro precolombinos del mundo.

6. El novelista colombiano _____ recibió el Premio Nobel de literatura en

   1983 por su novela *Cien años de soledad*.

7. _____ son las piedras preciosas colombianas más cotizadas en el mundo.

8-16 Hablan los artistas. Tres de los grandes pintores españoles contemporáneos están dando algunos datos sobre su vida. Lee la información y después completa el ejercicio de acuerdo a la información dada.

Pablo Ruiz Picasso

Nací en Málaga en 1881 y viví hasta los noventa y dos años. A los 14 años fui admitido en la escuela de Bellas Artes de Barcelona. Cuando comenzó el siglo empecé a pintar cuadros en los que predominaba el color azul. Yo quería que los personajes de estos cuadros expresaran melancolía y abandono. En 1904 cambié de técnica y adopté la monocromía rosa para que mis figuras expresaran una mayor alegría. En 1907 pinté *Las señoritas de Avignon.* No creía que este cuadro fuera a recibir tanta atención, pero a los críticos les gustó mucho y empezaron a citarlo como el prototipo del cubismo.

    Durante la guerra civil española pinté un gran mural, el *Guernica,* para que fuera expuesto en la Exposición Internacional de París. Quería que la gente se diera cuenta de las consecuencias de la guerra. Al terminar la guerra, decidí que el cuadro no debía volver a España hasta que no hubiera de nuevo democracia en España. Aunque viví casi toda mi vida en Francia, siempre me sentí muy unido a la gente y cultura de mi tierra.

Joan Miró

Nací en Barcelona en 1893 y viví hasta los noventa años. Fui pintor, ceramista, dibujante, grabador y escultor. Asistí a la Escuela de Bellas Artes de Barcelona. Cuando empecé a pintar, todos mis cuadros eran realistas pero después cambié de estilo y me hice surrealista. Durante la guerra civil viví en Francia y pinté un mural llamado *El segador* como reacción frente a ella. En 1958 la UNESCO me encargó que hiciera dos murales de cerámica para su edificio de París. Trabajé hasta el día de mi muerte.

Salvador Dalí

Nací en Figueras (Barcelona) en 1904 y viví hasta los ochenta y cinco años. Estudié en la Escuela de Bellas Artes de Madrid. El pensamiento de Freud y los pintores surrealistas de París tuvieron una gran influencia en mi estilo. Siempre sentí curiosidad por los sueños y traté de que mis cuadros recogieran las imágenes caóticas y distorsionadas que se presentan en ellos. Mientras vivía en París conocí a Gala, la mujer de mi vida. Aunque soy famoso por mis pinturas, también hice la película *Un perro andaluz* con mi amigo Luis Buñuel y colaboré con Hitchcock en una película.

¿Quién lo dice? Identifica cuál de los tres pintores españoles afirmó lo que sigue a continuación. Puede ser más de uno.

Modelo: Nací en el sur. *Picasso*

1. Además de pintar, también hice esculturas. _____

2. Pinté un mural que mostraba mi oposición a la guerra civil española. _____

3. Viví parte de mi vida en Francia._____

4. Nací en Cataluña. _____

5. Estudié en una Escuela de Bellas Artes. _____

6. Conocí a dos directores de cine muy famosos y trabajé con ellos. _____

7. Pinté muchos de mis cuadros siguiendo la estética del surrealismo. _____

8. Una de mis obras estuvo fuera de España durante la dictadura de Franco. _____

8-17 Un cuadro. Después de leer la información sobre los artistas españoles anteriores, decidiste buscar más información sobre las obras de uno de ellos. Busca en un libro de arte o en Internet uno de sus cuadros y completa la información.

Pintor: _____

Título: _____

Técnica utilizada: _____

Descripción del cuadro: _____

_____

¿Por qué te gusta este cuadro? _____

_____

_____

8-18 Mi artista favorito. En este capítulo has aprendido cosas importantes sobre algunos de los artistas más famosos de Latinoamérica y España. Ahora vas a escribir un párrafo sobre tu artista favorito. Expresa tu opinión usando algunas de las siguientes frases.

¡Qué bonito/a, bello/a!   _____

¡Qué lindo/a!   _____

¡Me encanta!   _____

¿Es maravilloso/a, fabuloso/a!   _____

¡Qué genio que tiene el pintor!   _____

¡Es verdaderamente una obra de arte!   _____

¡Me deja sin palabras!   _____

¡No tengo palabras para describirlo/a!   _____

8 Capítulo ocho
Hablemos del arte

En marcha con las palabras

8-19 ¿Qué es? Escucha las definiciones y di a qué palabra se refiere cada una.

Modelo: pintar – *Es lo que hace un pintor.*

> a. la luz
> b. pintar
> c. el taller
>
> d. exponer
> e. un pincel
> f. un mural

8-20 ¿Qué necesitas? Escucha y di cuáles de las cosas mencionadas necesitas para hacer una obra de arte.

Modelo: Para hacer una obra de arte necesitas un pincel.   Sí ✓   No

> 1. Sí   No
> 2. Sí   No
> 3. Sí   No
>
> 4. Sí   No
> 5. Sí   No
> 6. Sí   No

8-21 Diego Rivera. Escucha el siguiente fragmento sobre Diego Rivera y di si las afirmaciones son ciertas (**C**) o falsas (**F**).

> 1. Diego Rivera regresa a México en 1957.   C   F
> 2. Rivera intenta fomentar las bellas artes.   C   F
> 3. En los años veinte comienza a hacer pintura abstracta.   C   F
> 4. A partir de 1921 Rivera se dedica a pintar en los edificios públicos.   C   F
> 5. El gobierno mexicano fomentó el arte mural.   C   F
> 6. En los murales representó con realismo la vida de su pueblo.   C   F
> 7. La historia mexicana no tiene mucha importancia en sus murales.   C   F
> 8. A Rivera no le interesaban ni la política ni la situación social de su país.   C   F

Lab Manual

Sigamos con las estructuras

Referencia gramatical 1: Describing past desires, advice, and doubts: Imperfect subjunctive

8-22 ¿Qué querían? Escucha lo que hacían estas personas cuando eran pequeñas. Luego, cámbialas de acuerdo al modelo.

Modelo: Nosotros no pintábamos con acuarelas. – Nuestros abuelos

Nuestros abuelos querían que pintáramos con acuarelas.

1. Mis parientes querían. . .
2. Mi madre quería. . .
3. Mis profesores querían. . .
4. Yo quería. . .
5. Mi abuelo quería. . .
6. Mis padres querían. . .

Referencia gramatical 2: Expressing desire: Imperfect subjunctive in independent clauses

8-23 ¡Ojalá! Escucha lo que desean estas personas y reescribe la oración según el modelo.

Modelo: Quiero pintar como Picasso.

¡Ojalá pintaras como Picasso!

1. _____.
2. _____.
3. _____.
4. _____.
5. _____.
6. _____.
7. _____.
8. _____.

Aprendamos 1: Expressing concession and time in the future: Subjunctive in adverbial clauses

8-24 **Famoso.** Escucha las oraciones y complétalas de acuerdo al modelo. Luego, escucha las respuestas correctas.

Modelo: Voy a ser famoso cuando (vender) _____ muchos cuadros.

Voy a ser famoso cuando venda muchos cuadros.

1. Voy a ser famoso en cuanto (aprender) _____ mejor las técnicas.

    _____.

2. Voy a ser famoso tan pronto como (exponer) _____ en Madrid.

    _____.

3. Voy a ser famoso en cuanto (vender) _____ cuadros a los museos.

    _____.

4. Voy a ser famoso mientras (tener) _____ mis cuadros en el MOMA.

    _____.

5. Voy a ser famoso después de que (conectarme) _____ con artistas famosos.

    _____.

6. Voy a ser famoso cuando (poner) _____ mis obras en Internet.

    _____.

8-25 Persevera y triunfarás. Tu amigo es un artista, y él necesita tus consejos. Cambia las siguientes oraciones de acuerdo al modelo. Luego, escucha las oraciones correctas.

Modelo: Sigue trabajando a pesar de que. . .
no tener éxito
Sigue trabajando a pesar de que no tengas éxito.

1. Sigue trabajando a pesar de que. . .
no vender cuadros

   _____.

2. Sigue trabajando de modo que. . .
volverte un artista de moda

   _____.

3. Sigue trabajando aun cuando. . .
no vender tus obras

   _____.

4. Sigue trabajando aunque. . .
no ser como Siqueiros

   _____.

5. Sigue trabajando de manera de. . .
aprender mucho

   _____.

6. Sigue trabajando aunque. . .
no exponer

   _____.

8-26 ¿Cuándo? Un artista quiere saber cuándo le van a ocurrir estas cosas. Completa las oraciones de acuerdo al modelo. Luego, escucha las respuestas correctas.

Modelo: Vas a dar conferencias cuando. . .

ser reconocido

Vas a dar conferencias cuando seas reconocidos.

1. Vas a ser famoso cuando. . .

vender muchos cuadros

_____.

2. Vas a exponer en Nueva York cuando. . .

escribirle al director del MOMA

_____.

3. Vas a tener cuadros en museos cuando. . .

patrocinarte alguien famoso

_____.

4. Vas a recibir buenas críticas cuando. . .

descubrirte un periodista

_____.

5. Vas a conectarte con artistas famosos cuando. . .

ir a las galerías

_____.

6. Vas a ser conocido mundialmente cuando. . .

realizar una obra maestra

_____.

Aprendamos 2: Expressing uncertainty, purpose, and condition: Subjunctive in adverbial clauses

8-27 ¿Para qué? Escucha las siguientes oraciones y di para qué es importante el arte. Sigue el modelo.

Modelo: La gente se expresa.

El arte es importante para que *la gente se exprese.*

1. El arte es importante para que _____.
2. El arte es importante para que _____.
3. El arte es importante para que _____.
4. El arte es importante para que _____.
5. El arte es importante para que _____.
6. El arte es importante para que _____.

8-28 Los planes del pintor. Escucha y reacciona como en el modelo.

Modelo: Voy a ir tu casa para que. . .

tú ves mi obra

Voy a tu casa para que tú veas mi obra.

1. Voy a comprar los lienzos a menos que. . .
2. Voy a pintar un autorretrato para que. . .
3. Voy a pintar toda la noche a no ser que. . .
4. Voy a terminar antes de que. . .
5. Voy a copiar los murales con tal de que. . .
6. No voy a vender un solo cuadro sin que. . .
7. Me voy a mudar a otro taller siempre y cuando. . .
8. Voy a arreglar el nuevo taller para que. . .

8-29 Una venta complicada. Una pintora acaba de vender un cuadro pero ha tenido muchos problemas. Escucha los problemas y reacciona utilizando las claves dadas.

Modelo: No le pagan el anticipo.

No entregará el cuadro a menos que. . .

No entregará el cuadro a menos que le paguen el anticipo.

1. No firmará el contrato antes de que. . .
2. Pintará el cuadro siempre y cuando. . .
3. Cambiará el tamaño del lienzo a menos que. . .
4. El cuadro estará listo el mes próximo a no ser que. . .
5. Lo pintará lo más rápido posible con tal de que. . .
6. Seguirá trabajando para ese museo siempre y cuando. . .

Al fin y al cabo

8-30 Sueño o realidad. Escucha las siguientes frases e indica si la acción ocurrió o todavía no ocurrió.

Modelo: Picasso comenzó a pintar sin que nadie le enseñara.

Sí.

1. a. Sí	b. No		5. a. Sí	b. No	
2. a. Sí	b. No		6. a. Sí	b. No	
3. a. Sí	b. No		7. a. Sí	b. No	
4. a. Sí	b. No		8. a. Sí	b. No	

8-31 Noticias de Radio Onda. Escucha la siguiente noticia y luego responde las preguntas.

1. ¿Quién es Manuel Felguérez?

_____.

2. ¿Qué tipo de arte promueve el nuevo museo?

_____.

3. ¿Dónde funciona el museo?

_____.

4. ¿Qué servicios ofrece el museo?

_____.

5. ¿Cuál es el tema de la primera exposición?

_____.

6. Felguérez afirma que los artistas deben promover el arte. ¿Y usted qué opina?

_____.

Dictado

8-32 Frida. Transcribe el fragmento de la biografía de Frida Kahlo que escucharás a continuación.

_____

_____

_____

_____

_____

_____

9 Capítulo nueve
Hablemos del sexismo

En marcha con las palabras

9-1 El glosario. Acabas de leer un libro sobre la situación de la mujer en el mundo y ahora les estás dando a tus amigos algunos detalles sobre el libro. Escoge la palabra entre paréntesis apropiada para completar tus opiniones sobre el libro.

1. El libro es muy accesible porque la autora expresa sus ideas con mucha
   _____ (claridad, compasión).

2. En el libro se _____ (mencionan, derraman) ejemplos de diferentes
   culturas.

3. Según la autora, una de las cualidades que las mujeres valoran más en un hombre es la
   _____ (mezcla, ternura).

4. La autora dice que las mujeres consideran que es más _____
   (pujante, justo) dividirse las tareas domésticas con el esposo y los hijos que hacer el trabajo
   de la casa sola.

5. En el libro hay un capítulo dedicado a la _____ (crianza, manera) de los
   niños en diferentes partes del mundo.

6. La autora tiene _____ (confianza, amargura) en que, en el futuro, los
   prejuicios sociales basados en el sexo van a desaparecer.

7. En el capítulo sobre las condiciones de trabajo, la autora propone que, para
   _____ (estrechar, facilitar) el acceso completo de la mujer al mundo
   laboral, los gobiernos inviertan más dinero en jardines de infancia y otros servicios sociales.

9-2 Sopa de cognados.

A. Busca y marca en la sopa de letras los cognados para las siguientes palabras. Las palabras pueden ir en todas las direcciones. Todos los adjetivos están en femenino.

> aggressive   clarity   compassion   confidence   to dedicate
> dichotomy   to dominate   fertility   intimate   logical
> masculine   rational   submissive   tolerant

```
R  I  G  C  L  A  R  I  D  A  D  O  T  N
B  E  R  T  A  M  E  N  C  H  U  T  O  U
M  R  F  E  C  I  B  I  O  E  L  I  L  P
R  E  E  M  I  O  N  O  B  R  S  E  E  L
A  G  R  E  S  I  V  A  D  A  E  L  R  A
P  A  T  Z  I  E  N  M  P  C  I  L  A  N
O  V  I  A  N  R  E  M  C  I  I  E  N  N
T  O  L  I  T  A  O  S  N  D  O  V  T  E
N  T  I  M  I  C  A  Y  D  E  O  S  E  Y
G  A  D  O  M  I  N  A  R  D  B  R  A  I
E  L  A  T  A  O  A  M  I  S  T  S  R  A
L  E  D  O  L  N  D  L  O  G  I  C  A  E
L  I  T  C  E  A  R  A  T  M  U  R  A  E
N  E  L  I  C  L  U  A  U  R  E  N  T  A
Y  C  I  D  N  M  A  S  C  U  L  I  N  A
C  C  O  N  F  I  A  N  Z  A  O  R  M  T
```

B. Información secreta. Las letras que sobran, leídas de izquierda a derecha, forman una oración con la información secreta. Las tres últimas letras corresponden a las iniciales del nombre de una de las personas mencionadas en la información secreta.

1. Información secreta: _____

   _____

2. Iniciales y nombre completo de la persona mencionada: _____

   _____

9-3 Un informe alarmante. La Cruz Roja Internacional preparó un informe sobre la condición de las mujeres en un país en el que está trabajando intensamente. Aquí hay algunos datos incluidos en el informe. Usa los verbos a continuación en la forma y tiempo apropiado para completar el informe.

| apoyar | mantener | soportar | sostener |

1. En este país las mujeres _____ condiciones de vida muy duras.
2. Para muchas de ellas es imposible _____ a sus familias con el poco dinero que ganan.
3. En los últimos años muchas organizaciones están _____ las iniciativas de las mujeres para crear pequeños negocios.
4. Algunos grupos conservadores _____ que si las mujeres se independizan económicamente, habrá conflictos sociales.

9-4 Propuestas. Estos amigos están haciendo planes para salir juntos. Usa las expresiones para **invitar**, **aceptar** y **rechazar** para completar el diálogo entre ellos.

Te invito a. . .	Gracias. Me encantaría.	¡Cuánto lo siento!
¿Quieres / Querrías. . . ?	Me gustaría mucho.	Perdóname, pero esta vez no puede ser.
¿Te gustaría. . . ?	Sí, como no.	
	Encantado/a. (Lo acepto) con mucho gusto.	

RAQUEL: Marisa, ¿Te (1) _____ salir a tomar algo después del trabajo?

MARISA: Me (2) _____, pero no puedo porque esta tarde celebramos el cumpleaños de mi hija y tengo que volver temprano a casa.

....

ALICIA: ¿(3) _____ ir al cine esta noche?

SOFÍA: ¡Cuánto (4) _____! No puedo aceptar porque mi madre está enferma y quiero quedarme en casa con ella esta noche.

....

PEDRO: (5) _____ a cenar otra vez en el restaurante francés que tanto te gusta.

BEATRIZ: (6) _____ porque ya he hecho planes con Luisa y Ana para salir esta noche.

....

ALEJANDRA: ¿(7) _____ cenar conmigo esta noche en mi casa?

PEDRO: Gracias. (8) _____. ¿Qué llevo para la cena?

Sigamos con las estructuras

Referencia gramatical 1: Talking about future activities: Future tense

9-5 Planes para la niña. Jordi y Carmen acaban de ser padres y tienen muchos planes para su hija. Jordi es catalán y Carmen es andaluza. Completa sus ideas con el futuro de los verbos entre paréntesis.

Modelo: Marta <u>aprenderá</u> (aprender) a tocar un instrumento musical.

Jordi:

1. Marta _____ (estudiar) con nosotros todos los días.

2. Yo le _____ (leer) cuentos todas las noches.

3. La niña _____ (saber) dos lenguas: el catalán y el castellano.

4. Nosotros _____ (hacer) todo lo posible para que vaya a la universidad y estudie lo que quiera.

Carmen:

5. Marta _____ (tener) juguetes no exclusivos de niñas.

6. Nosotros tres _____ (ir) de excursión a muchos lugares interesantes.

7. Marta _____ (poder) crecer en una sociedad con menos prejuicios.

8. Seguramente _____ (haber) más oportunidades profesionales para ella que para mí.

9. ¿Qué _____ (pensar) ella de nosotros cuando sea mayor?

Referencia gramatical 2: Talking about conditions: Conditional tense

9-6 Sueños de ministra. Cristina Ibárruri trabaja en una escuela, pero en el futuro quiere dedicarse a la política. Está explicándole a un grupo de mujeres que trabajan con ella lo que haría por las mujeres. Usa el condicional para escribir lo que Cristina haría por ellas.

1. yo / crear / programas de Estudios de la Mujer / en las universidades

   _____

2. las mujeres / poder / pedir préstamos / fácilmente

   _____

3. nosotros / facilitar / el acceso / de las mujeres / al mundo del trabajo

   _____

4. Rosa, tú / dirigir / el departamento / de planificación familiar

   _____

5. las mujeres / saber / dónde / pedir ayuda

   _____

6. nosotros / poner / más jardines de infancia / en todos los barrios

   _____

7. nuestros centros de salud / ofrecer / servicios especiales

   _____

8. las mujeres / venir / a nuestras clínicas / con confianza

   _____

9. y tú, Blanca, / ¿qué / hacer?

   _____

Referencia gramatical 3: Discussing probability: Uses of the future and conditional to express probability

9-7 Chismes (*Gossip*). Estas dos amigas están hablando de otras personas que conocen. Escoge la conjetura que mejor cuadra a cada situación. Escribe la letra correspondiente en el espacio en blanco.

Bárbara dice:

1. Ana y Néstor se casaron después de conocerse sólo tres meses. _____
2. Teresita se relaciona muy bien con todos. _____
3. A los niños les encanta estar con Héctor. _____
4. Dalia se fue temprano de la fiesta anoche. _____
5. Yo casi no duermo por la noche porque tengo demasiado trabajo. _____
6. Tu hermano no me saludó ayer después de la pelea que tuvimos. _____

Carla comenta:

a. ¿Les mostrará mucha ternura y cariño?

b. ¿Tendría vergüenza?

c. ¿Se amarían mucho?

d. ¿Tendrá una personalidad agradable?

e. ¿Estaría aburrida?

f. ¿Estarás cansadísima?

Aprendamos 1: Talking about hypothetical situations in the future: Conditional clauses

9-8 Consejos encadenados. No estás contenta en tu trabajo y tu amiga te está dando algunos consejos para encontrar otro. Completa sus consejos continuando la cadena de oraciones como se presenta en el modelo.

Modelo: Si no estás contenta en esa oficina, <u>busca otro trabajo</u>.

Si **buscas otro trabajo**, <u>prepárate con tiempo</u>.

Si **te preparas con tiempo**, <u>encontrarás algo bueno</u>.

Si **encuentras algo bueno**, estarás feliz.

1. Si buscas un trabajo nuevo en el periódico, _____.

2. Si encuentras muchas posibilidades, _____.
Si seleccionas la mejor para ti, seguro que conseguirás una entrevista.

....

3. Si consigues una entrevista, _____.

4. Si haces una lista de preguntas, _____.
Si no te olvidas de preguntar por los beneficios, tendrás una idea más clara de las ventajas de los puestos que solicites.

....

Si te llaman de la empresa INSESA, ve a la entrevista.

5. Si _____, cómprate un traje serio.

6. Si _____, causarás una buena impresión.

....

7. Si te ofrecen el trabajo, acéptalo.

8. Si lo aceptas, _____.
Si pides un buen horario, te lo darán sin problemas.

....

9. Si empiezas a trabajar en INSESA, llega siempre a tiempo.

10. Si _____, asegúrate de que tu jefe lo sabe.

11. Si _____, al final de año recibirás un aumento de sueldo.

9-9 Tareas domésticas. Gabriela tiene algunos problemas con su familia. La lista A explica los problemas y la lista B da las recomendaciones de una asistente social. Escribe oraciones condicionales basándote en la información de las dos listas siguiendo el modelo. Empieza la oración con la información en la lista B. Haz los cambios necesarios.

Modelo: Tengo problemas con mi esposo. Debes hablar inmediatamente con él.

Habla con tu esposo inmediatamente si tienes problemas con él.

A. Problemas

1. Mi esposo es muy desordenado.
2. Mis hijos no quieren ordenar su cuarto durante la semana.
3. Mis hijas piensan que no las entiendo.
4. Trabajo en una oficina todo el día.
5. Mi esposo nunca quiere ayudarme a preparar la comida.
6. Mi esposo y yo nunca tenemos tiempo para hacer cosas juntos.
7. Me siento muy frustrada con mi familia.

B. Recomendaciones

No debes organizar las cosas de tu esposo.

Debes ponerte seria con tus hijos y obligarles a limpiar.

Debes tener paciencia y escuchar a tus hijas.

Debes contratar a alguien para hacer las tareas domésticas.

Debes establecer turnos para cocinar.

Deben buscar una niñera de vez en cuando.

Debes irte de vacaciones sola.

1. _____
2. _____
3. _____
4. _____
5. _____
6. _____
7. _____

9-10 La carta de Gabriela. Gabriela tomó en serio los consejos de la asistente social y se fue de vacaciones durante una semana con un grupo de mujeres. Usa los verbos entre paréntesis en el tiempo que corresponda para completar la carta que Gabriela le escribió a su esposo.

> Querido Carlos:
>
> Espero que tú y los chicos estén bien. Si (1) _____ (tener-tú) algún problema, llama a los tíos. Estos días en la playa están siendo magníficos y estoy descansando mucho. Si me acuerdo, te (2) _____ (comprar) un libro con fotos del pueblito tan hermoso donde estamos. Por favor, riega las plantas si (3) _____ (ver) que están un poco secas. Diles a los chicos que si no limpian su cuarto antes de mi vuelta, no les (4) _____ (dar) los regalitos que les he comprado. Volveré a casa el lunes próximo si (5) _____ (haber) billetes de tren para ese día. Si no (6) _____ (conseguir) billetes, te llamaré por teléfono por la noche para decirte exactamente el día y la hora a la que llego.
>
> Un beso muy fuerte para todos.
>
> Gabriela

Aprendamos 2: Discussing contrary-to-fact situations: Conditional clauses

9-11 Quejas. Un grupo de empleadas de una empresa de automóviles se sienten discriminadas y han escrito una carta a la dirección. Aquí hay algunas de las quejas extraídas de la carta. Une ambas listas para formar oraciones condicionales que expresen las quiejas de las mujeres. Sigue el modelo.

Modelo: tener permisos por maternidad estar más contentas

Si tuviéramos permisos por maternidad, estaríamos más contentas.

Lista A.

1. no haber discriminación en esta empresa
2. importarles nuestros hijos
3. haber una mujer en la dirección
4. no ser (ellos) machistas

Lista B.

los hombres y las mujeres recibir el mismo sueldo

abrir (ellos) una guardería infantil en la empresa

hacer algo por las empleadas

(nosotras) sentirnos mejor trabajando aquí

1. Si _____.
2. Si _____.
3. Si _____.
4. Si _____.

9-12 Momentos difíciles. Elena le está explicando a su hermana la situación tan difícil por la que Roberto y ella están pasando en estos momentos. Escribe oraciones condicionales para explicar cómo sería la situación contraria. Sigue el modelo.

> ***Trabajo tantas horas que estoy siempre cansada.*** Los hombres con quienes trabajo son agresivos y por eso no me siento bien en la fábrica. No tengo tiempo de leer el periódico y por eso no sé lo que pasa en el mundo. Los fines de semana estoy siempre tan agotada que no quiero salir nunca por la noche.
>
> Roberto perdió su trabajo hace tres meses y por eso yo tengo que trabajar tanto. El pobre está tan deprimido con las tareas domésticas que yo tengo que alentarlo todo el tiempo. Cocina tan mal que comemos siempre lo mismo.
>
> ¡Qué situación!

Modelo: "Trabajo tantas horas que estoy siempre cansada."

Si no trabajara tantas horas, ella no estaría tan cansada.

1. _____
2. _____
3. _____
4. _____
5. _____
6. _____

9-13 La culpa es de Roberto. Mónica, la hermana de Elena, cree que Roberto es el culpable de la situación de Elena y le ha dicho lo siguiente sobre él. Escribe las oraciones condicionales correspondientes con el imperfecto de subjuntivo y el condicional.

Modelo: si mi esposo / no saber cocinar / enseñarle

Si mi esposo no supiera cocinar, yo le enseñaría.

1. si Roberto / no ser / machista / no estar deprimido

_____

2. Roberto / ayudarte más / si / respetarte

_____

3. Roberto / encontrar trabajo / si / querer

_____

4. si / yo / tener / esposo / como Roberto / divorciarse

_____

9-14 Situaciones hipotéticas. Imagina que tienes un puesto de trabajo que te permite hacer algo para mejorar el problema de la discriminación femenina. Usa oraciones condicionales para explicar lo que harías. Siguel el modelo.

Modelo: *Si dirigiera una empresa, daría permisos por maternidad a las mujeres.*

1. Diriges una empresa:

   (a) _____

   (b) _____

2. Te han nombrado ministro/a de trabajo:

   (a) _____

   (b) _____

3. Eres el rector/ la rectora de una universidad:

   (a) _____

   (b) _____

4. Trabajas en las Naciones Unidas:

   (a) _____

   (b) _____

Al fin y al cabo

9-15 Una directora de cine. Estás escribiendo un informe sobre la mujer en el cine latinoamericano y español y encontraste en un periódico de 1995 el siguiente artículo sobre la directora argentina María Luisa Bemberg. Léelo y escribe una ficha breve sobre la directora.

Muere María Luisa Bemberg

Ayer, día 7 de mayo murió de un cáncer fulminante la directora argentina María Luisa Bemberg. Nacida en 1922 en Buenos Aires, no se dedicó a la carrera cinematográfica hasta su madurez. Su primer guión cinematográfico fue el de la película *Crónica de una señora* (1971), dirigida por Raúl de la Torre. En ella se cuenta la historia de una esposa rica y angustiada. En 1981 Bemberg produjo, escribió y dirigió su primera película, titulada *Momentos*. Un año después hizo una película bastante polémica sobre la amistad entre un homosexual y una mujer separada. Esta película, titulada *Señora de nadie*, representaba una crítica a la sociedad represiva y patriarcal argentina desde una perspectiva feminista.

Camila, de 1984, fue candidata al Oscar a la mejor película extranjera en 1985. La película trata de la trágica pasión entre Camila O'Gorman, joven perteneciente a la alta sociedad bonaerense, y el sacerdote Ladislao Gutiérrez. Dos años más tarde dirigió *La señorita Mary* y en 1990 *Yo, la peor de todas*, protagonizada por la actriz española Asumpta Serna y basada en el ensayo del Premio Nobel mexicano, Octavio Paz, *Sor Juana Inés de la Cruz o las trampas de la fe*, sobre la famosa poeta mexicana del siglo XVII. *De eso no se habla* (1993) fue la última de las películas dirigida por María Luisa Bemberg.

Ficha sobre María Luisa Bemberg

1. Fecha en la que apareció este artículo: _____

2. Edad a la que murió Bemberg: _____

3. Causa de la muerte: _____

4. Número de películas dirigidas por ella: _____

5. Película nominada para un Oscar: _____

6. Película sobre la vida de una escritora mexicana: _____

9–16 Argentina. El mes que viene va a haber un festival de cine en Buenos Aires y has conseguido una beca para poder asistir. Ahora vas a buscar algunos datos importantes sobre este país en la biblioteca o en Internet.

1. Tres ciudades importantes: B _____ A _____, C _____, R _____

2. Tres ríos importantes: de la P _____, P _____, S _____

3. Pico de los Andes de 7.021 metros: A _____

4. Región del Sur de Argentina: P _____

5. Primer explorador europeo de Argentina (1516): J _____ D _____
   d _____ S _____

6. Año de la independencia de Argentina: 18 _____

7. Moneda: p _____

8. Música y baile de Buenos Aires famosos en todo el mundo: t _____

9. Nombre de los vaqueros de las pampas: g _____

10. Dos escritores famosos: J _____ C _____, J _____ L _____
    B _____

9-17 Voces femeninas. Ayer viste la película de María Luisa Bemberg *Yo, la peor de todas* y alguien te recomendó que leyeras el siguiente ensayo de María A. Camino.

La voz femenina

Cine y Literatura: dos mundos, dos oficios que por mucho tiempo han sido principalmente el dominio de los hombres solamente y al que la mujer ha tenido contadas incursiones, a tal punto que las feministas de fines de los sesenta lo definieron como "mirada androcéntrica".

Es obvio que hay un gran número de películas que tienen como protagonistas a mujeres. Igualmente es incalculable el número de escritores que han escrito sobre ellas. Muchos han tenido la capacidad de describir a la mujer con cierta fidelidad. Pocos han podido reflejarla con absoluta exactitud. Así es que existen inolvidables personajes femeninos como Molly Bloom del último capítulo del *Ulyses* de James Joyce o la Pepa de "Mujeres al borde de un ataque de nervios" de Pedro Almodóvar. Sin embargo, la mujer es sólo presentada en su totalidad femenina cuando es reflejada por las mismas mujeres. Con la visión femenina, estas artes adquieren un carácter revelador, íntimo, confesional para dar un testimonio único de lo que hace, cree, siente y piensa el llamado "sexo débil".

María Luisa Bemberg y Elena Poniatowska son dos mujeres que se lanzaron al mundo de la creatividad y, con mucho esfuerzo, consiguieron ser ejecutoras de su propio arte. No se dejaron vencer por antiguos miedos ni tampoco se sometieron al silencio. Al contrario decidieron hablar a gritos a través de su arte.

Así, Bemberg a través del cine y Poniatowska a través de sus escritos dieron luz a personajes femeninos históricamente olvidados. Por esto, el vínculo entre Poniatowska y Bemberg no es sólo temático sino que presenta también la misma preocupación: el papel que ha jugado la mujer en la sociedad patriarcal argentina y mexicana.

Elena Poniatowska escogió para sus relatos y novelas a mujeres desconocidas que nos cuentan a gritos su dolor, cada una de ellas es prototipo de la mujer mexicana que lleva la marca de la miseria y el silencio.

En cambio, Bemberg eligió mujeres burguesas sin carencias y aristócratas ricas que aparecen en sus películas.

Pero, ya sean ricas o pobres, las dos presentan mujeres ignoradas, mujeres calladas. . . . Cada una de ellas evidencia lo desgarrador de la soledad femenina en un contexto dominado por los hombres.

Dí cuáles de las siguientes afirmaciones son ciertas (**C**) o falsas (**F**), de acuerdo a lo dicho en la primera parte del ensayo.

1. El cine y la literatura han presentado siempre el mundo masculino. _____
2. El cine y la literatura producidos por mujeres representan un testimonio fiel sobre las mujer. _____
3. Bemberg y Poniatowska mostraron su miedo a través del silencio de sus personajes. _____
4. Bemberg y Poniatowska tratan los mismos temas, pero sus preocupaciones son diferentes. _____
5. Las mujeres de Poniatowska son prototipo de la mujer mexicana sin voz propia. _____
6. Las protagonistas de Bemberg pertenecen a todas las clases sociales. _____

9–18 Énfasis en la lengua. Vuelve a leer el ensayo del ejercicio **9-17** para ver cuáles son las palabras y frases conectoras que usa la autora para dar cohesión a su texto. Busca en el ensayo los siguientes conectores.

por esto	pero	en cambio	al contrario	sin embargo

Modelo: sin embargo; párrafo número _____2_____

1. Tres conectores para contrastar ideas:
   (a) _____; párrafo número _____
   (b) _____; párrafo número _____
2. Un conector para introducir la idea opuesta:
   _____; párrafo número _____
3. Un conector para introducir el resultado que produce algo:
   _____; párrafo número _____

9-19 **La mujer en Chile.** Tu amiga chilena te trajo información sobre el Instituto de la Mujer de Chile. Lee los planes de la organización y responde a las preguntas que se dan a continuación.

DESARROLLO ECONÓMICO Y EMPLEO FEMENINO

- Según las Naciones Unidas, Chile es uno de los países donde existe mayor desigualdad socioeconómica entre hombres y mujeres.
- Las mujeres son más pobres porque enfrentan obstáculos para encontrar empleo y son objetos de discriminación laboral.
- Esta desigualdad socioeconómica se supera:
  —Asegurando que todos los niños y niñas, cuyas madres o padres lo requieran, tengan acceso a servicios de sala cuna y jardín infantil de buena calidad. Generando leyes y mecanismos de fiscalización que eliminen y sancionen las desigualdades arbitrarias en los contratos y remuneraciones.
  —Tipificando como delito el acoso sexual.
  —Garantizando a las trabajadoras y dueñas de casa la posibilidad de completar su educación media y acceder a programas de capacitación laboral en horarios compatibles con sus otras obligaciones.

SEXUALIDAD Y SALUD REPRODUCTIVA

- Asegurar que los servicios de salud entreguen la información adecuada sobre los métodos para prevenir el embarazo y SIDA a mujeres y hombres en edad reproductiva.
- Despenalizar el aborto terapéutico que actualmente castiga con penas provativas de libertad a las mujeres que interrumpen su embarazo cuando están en riesgo de vida.

1. ¿Por qué las mujeres chilenas son más pobres que los hombres?

   _____

2. ¿Qué soluciones propone el Instituto de la Mujer para los niños?

   _____

3. ¿Qué propone el Instituto para terminar con las desigualdades en el trabajo?

   _____

4. ¿Qué piensa el Instituto sobre el acoso sexual?

   _____

5. ¿Qué se quiere hacer para que las mujeres participen en programas educativos?

   _____

6. ¿Qué deben proveer los servicios de salud?

   _____

7. ¿Qué piensa el Instituto sobre el aborto terapéutico?

   _____

8. Tu opinión: ¿Qué dos cosas harías tú si fueras la directora del Instituto de la Mujer de Chile?

   _____

   _____

9

Hablemos del sexismo

En marcha con las palabras

9-20 La sencillez sencillamente sencilla. Escucha los siguientes sustantivos y da el adjetivo correspondiente.

Modelo: la sencillez – sencillo

1. _____ .
2. _____ .
3. _____ .
4. _____ .
5. _____ .
6. _____ .
7. _____ .
8. _____ .

9-21 ¿Una caricia que camina? Escucha las siguientes oraciones y di si son lógicas (**L**) o ilógicas (**I**).

Modelo: La caricia conversa con el cónyuge. – *I* (ilógico).

1. L   I
2. L   I
3. L   I
4. L   I

5. L   I
6. L   I
7. L   I
8. L   I

9-22 Te invito. Escucha los siguientes minidiálogos y marca la respuesta lógica.

Modelo: ¿Quieres ir al cine esta noche?

    a. Me encantaría, pero esta noche no puedo. ✓

    b. Sí, gracias, me encantan los restaurantes chinos.

    c. No, gracias, la música clásica me aburre.

1. a. Gracias. Me encantaría ir al cine contigo.

   b. Sí, cómo no. ¿Por la mañana te va bien?

   c. No, lo siento. Esta noche no puedo.

2. a. Me encantaría.

   b. Me gustaría mucho pero esta noche no puedo.

   c. No, gracias. A mí el cine no me gusta.

3. a. Lo siento pero me es imposible ir en este momento.

   b. Me gustaría mucho. Lo leo y te lo devuelvo mañana.

   c. ¿Al cine? Perdóname pero esta vez no puede ser. Tengo amigos a cenar.

4. a. Sí, cómo no. ¿La película empieza a las nueve?

   b. ¿Una conferencia sobre los hombres? Sí, me gustaría mucho.

   c. Me encantaría, pero no puedo. No tengo tiempo.

5. a. Gracias, nos encantaría. ¿A qué hora es?

   b. ¡Cuánto lo siento! No puedo aceptar porque tengo mucho trabajo.

   c. Encantada. Lo acepto con mucho gusto.

6. a. Me gustaría mucho. Tú sabes que el campo me encanta.

   b. Lo siento, pero no puedo. Los chicos están conmigo esta noche.

   c. Sí, cómo no. Lo leo y te lo devuelvo mañana.

Sigamos con las estructuras

Referencia gramatical 1: Talking about future activities: Future tense

9-23 Un futuro prometedor. Escucha las siguientes oraciones y luego cámbialas al futuro.

Modelo: Ellas trabajan ocho horas fuera de casa.
                Ellas trabajarán ocho horas fuera de casa.

1. _____ .
2. _____ .
3. _____ .
4. _____ .
5. _____ .
6. _____ .
7. _____ .
8. _____ .

Referencia gramatical 2: Talking about conditions: Conditional tense

9-24 Yo querría. Escucha las siguientes oraciones y luego cámbialas al condicional.

Modelo: Yo quiero la igualdad entre los sexos.
                Yo querría la igualdad entre los sexos.

1. _____ .
2. _____ .
3. _____ .
4. _____ .
5. _____ .
6. _____ .
7. _____ .
8. _____ .

Referencia gramatical 3: Discussing probability: Uses of the future and conditional to express probability

9-25 ¿Qué será de la vida, qué será? Piensa en el año 2020. Escucha y reacciona como en el modelo.

Modelo: Hoy luchamos contra la injusticia
Probablemente en el 2020
Lucharemos contra la injusticia.

Probablemente en el 2020

1. _____.
2. _____.
3. _____.
4. _____.
5. _____.
6. _____.
7. _____.
8. _____.

Aprendamos 1: Talking about hypothetical situations in the future: Conditional clauses

9-26 Si quieres algo tendrás que pedirlo. Escucha las siguientes oraciones y luego cámbialas de acuerdo al modelo.

Modelo: Quieres tener niños. Pedimos licencia.
Si quieres tener niños, pediremos licencia.

1. _____.
2. _____.
3. _____.
4. _____.
5. _____.
6. _____.

9-27 **Vamos a lograrlo.** Escucha las siguientes oraciones y luego cámbialas de acuerdo al modelo.

Modelo: Escuchas a los demás. Lo lograremos.
Si escuchas a los demás, vamos a lograrlo.

1. _____.
2. _____.
3. _____.
4. _____.
5. _____.
6. _____.

9-28 **Si hay injusticia, defiéndete.** Lee las siguientes situaciones y escribe tu reacción de acuerdo al modelo. Luego, escucha las respuestas correctas.

Modelo: Te pagan menos que a tu compañero. Debes hablar con tu jefa.
Si te pagan menos que a tu compañero, habla con tu jefa.

1. Hay injusticia. Debes defender tus derechos.

   _____.

2. Tu pareja no quiere que trabajes. Debes buscar una solución.

   _____.

3. Para ti es importante nutrir el alma. Debes hacer actividades que te lo permitan.

   _____.

4. Tu cónyuge no comparte las tareas domésticas. Debes hablar con él.

   _____.

5. Tus hijos piden más caricias. Debes dárselas.

   _____.

6. Alguien no quiere tener niños. Debes respetar sus deseos.

   _____.

Aprendamos 2: Discussing contrary-to-fact situations: Conditional clauses

9-29 ¿Irías al cine? Contesta las preguntas de acuerdo al modelo. Luego, escucha las respuestas correctas.

Modelo: ¿Irías al cine? Tengo dinero.
    Iría al cine si tuviera dinero.

1. ¿Pagarías el mismo salario? Tienen la misma preparación.

   _____.

2. ¿Compartirías las tareas domésticas? Es necesario.

   _____.

3. ¿Defenderías los derechos de la mujer? Encuentro el tiempo.

   _____.

4. ¿Organizarías una conferencia? Me dan el presupuesto.

   _____.

5. ¿Buscarías otro trabajo? Me pagan menos que a los hombres.

   _____.

6. ¿Protestarías ante tu jefa? Veo una injusticia.

   _____.

7. ¿Pagarías un salario a las amas de casa? Cumplen con los requisitos.

   _____.

8. ¿Escribirías un artículo? Sé sobre el tema.

   _____.

9-30 ¿Qué harías? Cambia las siguientes oraciones de acuerdo al modelo. Luego, escucha las respuestas correctas.

Modelo: No tengo una familia pequeña. – necesitar comprar una casa
    Si no tuviera una familia pequeña, necesitaría comprar otra casa.

1. No me pagan igual que a mis colegas. – protestar ante los jefes

   _____.

2. Los esposos no se aman. – separarse

   _____.

3. El hombre no acaricia a su hijo. – estar triste

   _____.

4. No me relaciono con gente importante. – tener el trabajo actual

   _____.

5. No nutres a los pequeños. – morirse de hambre

   _____.

6. No nos ocupamos de mantener los lazos. – la convivencia ser difícil

   _____.

9-31 Si pudiera. Cambia las oraciones de acuerdo al modelo. Luego, escucha las respuestas correctas.

Modelo: Tengo una casa grande. – tener una familia pequeña
No tendría una casa grande si tuviera una familia pequeña.

1. Desafió a las autoridades. – hay justicia

_____.

2. Abrazamos a los seres queridos. – no aprender desde pequeños

_____.

3. Amas a tus familiares. – no tener una buena relación con ellos

_____.

4. Me acerco a las otras mujeres. – no querer luchar por un ideal

_____.

5. Concede algunos pedidos. – no considerarlos justos

_____.

6. Hablan con las organizadoras. – no interesarles la causa

_____.

Al fin y al cabo

9-32 Mujeres increíbles. Escucha la descripción de estas cuatro mujeres y completa las fichas con la información que corresponda.

1. Nombre: Ángeles
   Ciudad y país:
   Títulos:
   Idiomas:
   Trabajo actual:
   Situación familiar:

2. Nombre: Inés
   Ciudad y país:
   Títulos:
   Idiomas:
   Trabajo actual:
   Situación familiar:

3. Nombre: Sandra
   Ciudad y país:
   Títulos:
   Idiomas:
   Trabajo actual:
   Situación familiar:

4. Nombre: Lidia
   Ciudad y país:
   Títulos:
   Idiomas:
   Trabajo actual:
   Situación familiar:

9-33 Uso del tiempo por sexo. Escucha la información que nos da el Instituto de la Mujer español. Luego completa el cuadro y contesta las preguntas.

Uso del tiempo por sexo (en minutos/día)		
	Mujeres	**Hombres**
Tareas domésticas		90
Trabajo	81	
Estudio		35
Ocio	139	
Comer		72
Cuidado corporal	69	

1. ¿Quién realizó el estudio?

   _____.

2. ¿Quién dedica más tiempo al cuidado corporal?

   _____.

3. ¿En qué pasan menos tiempo las mujeres?

   _____.

4. ¿En qué pasan menos tiempo los hombres?

   _____.

5. ¿En qué pasan más tiempo las mujeres?

   _____.

6. ¿En qué pasan más tiempo los hombres?

   _____.

9-34 ¿Quién toma las decisiones? Escucha los temas de un estudio sobre la toma de decisiones en las parejas españolas. Marca quién piensas que toma las decisiones. Luego, compara lo que tú piensas con las respuestas del estudio.

Modelo:

El colegio de los niños	Él	Ella ✓	Ambos

Tema	Él	Ella	Ambos
1. Administrar el presupuesto familiar.			
2. Ayudar a los niños con los deberes.			
3. Qué ver en la tele.			
4. Llamar a los padres o a los suegros.			
5. Comprar una casa.			
6. Cómo pagar los gastos.			
7. Cuándo comprar electrodomésticos.			
8. Tener invitados en casa.			
9. Dónde ir de vacaciones.			
10. Invertir los ahorros.			

Dictado

9-35 Una gran pérdida. Transcribe el fragmento del cuento de "¡Despierta muchacho!" que escucharás a continuación.

_____

_____

_____

_____

_____

_____

_____

Lab Manual

Repaso 3

R3-1 Definiciones. Vas a escribir un diccionario monolingüe de bolsillo para un amigo que quiere aprender español y elegiste las siguientes definiciones para las palabras dadas. Escribe en los espacios en blanco la letra de la definición que mejor defina cada palabra.

1. _____ el afán
2. _____ el currículum vitae
3. _____ el sueldo
4. _____ el lienzo
5. _____ el cónyuge
6. _____ la jubilación
7. _____ el retrato
8. _____ abrazar
9. _____ entrenar
10. _____ ascenso

a. información sobre estudios y experiencia de trabajo de una persona
b. pintura o fotografía de una persona
c. subir de categoría en una empresa o puesto
d. deseo
e. enseñar a alguien a hacer algo o prepararse para una competición
f. poner los brazos alrededor de una persona para mostrar cariño
g. dinero que se recibe por el trabajo
h. tela blanca que usan los pintores para pintar sus cuadros
i. el esposo o la esposa
j. dinero que se recibe al dejar de trabajar después de muchos años

R3-2 Las mujeres de Rosalía. Rosalía admira mucho a las mujeres de su familia y ahora está explicándole a un amigo algunas cosas de ellas y de sí misma. Marca la palabra o expresión correcta entre paréntesis para completar su explicación.

a) —Mi madre piensa que ahora la comunicación entre los sexos es más sincera porque las mujeres pueden (1) (contratar, relacionarse, convertir) con los hombres de una manera más (2) (auténtica, emprendedora, sustentadora).

b) —Mi abuela me dijo que cuando ella era muy joven (3) (realizó, tomó decisiones, se dio cuenta) de que le gustaba mucho (4) (nutrir, firmar, pintar) y su padre no la dejó que asistiera a la escuela de Bellas Artes. Mis bisabuelos tenían una panadería y mi abuela se pasó toda su juventud (5) (teniendo iniciativa, atendiendo al público, alejándose).

c) —Mi hermana es periodista y para escribir sus artículos, usa como (6) (crianza de los niños, fuente de inspiración, bienes raíces) la vida y experiencias de las mujeres. Mi hermana se expresa con (7) (claridad, asunto, mensaje) y trata temas que nos afectan a todas nosotras.

d) —Yo ya decidí el tema de investigación para mi clase de literatura de mujeres. Mañana voy a preparar un (8) (esquema, publicidad, ámbito) de mi proyecto para mi profesora. ¡Espero que ella lo apruebe!

R3-3 Palabras indefinidas y negativas. Daniel y Jorge comparten un apartamento desde hace solamente dos días. Jorge tiene un problema, pero no se lo quiere decir a Daniel. Usa las palabras negativas que correspondan para completar las respuestas de Jorge.

DANIEL: ¿Fuiste a alguna clase esta mañana?

JORGE: No, (1) _____.

DANIEL: ¿Hablaste con alguien en el trabajo?

JORGE: No, (2) _____.

DANIEL: ¿Comiste algo al mediodía?

JORGE: No, (3) _____.

DANIEL: ¿Quieres un poco de pollo o de pescado?

JORGE: No, (4) _____.

DANIEL: ¿Eres siempre tan serio?

JORGE: No, (5) _____.

DANIEL: ¿Entonces te pasa algo?

JORGE: No, (6) _____.

DANIEL: Bueno, hombre, no te pongas así.

R3-4 Los planes de María Eugenia. María Eugenia está estudiando pintura e historia del arte. Ahora está haciendo planes para el futuro. Usa el presente de indicativo o de subjuntivo de los verbos entre paréntesis para completar el párrafo a continuación.

Mi madre siempre me dice que debo tratar de exponer mis cuadros en la galería Marco, pero yo no conozco a ningún estudiante de mi escuela que (1) _____ (exponer) sus pinturas en esa galería. Es una galería demasiado selectiva. Sin embargo, en mi clase de arte hay una estudiante que (2) _____ (pintar) unos óleos buenísimos y voy a decirle que se los enseñe al director. Quizá ella pueda ser la primera. A mí me interesa más ser profesora de arte que dedicarme a pintar y por eso estay buscando un puesto que (3) _____ (estar) relacionado con la enseñanza. Ayer visité una escuela que (4) _____ (tener) un programa de arte muy interesante y están buscando un profesor. Me dijeron que el candidato que (5) _____ (elegir-ellos) deberá ocuparse de enseñar historia del arte y de llevar a los estudiantes a los museos. Me parece que voy a solicitar el puesto porque creo que reúno todas las cualidades que (6) _____ (buscar-ellos).

R3-5 La historia de Amanda.

A. Une la información de las dos listas para reconstruir la historia de Amanda.

Lista A

1. Ahora trabaja temporalmente en una empresa de publicidad. . .
2. Empezó a estudiar informática en la universidad. . .
3. Cuando tenga trabajo y gane algo de dinero. . .
4. Cambió de opinión. . .
5. Cuando tenía dieciséis años. . .
6. No buscará un puesto de trabajo más estable. . .

Lista B

a. . . .hasta que no se gradúe.
b. . . .en cuanto reunió el dinero necesario para pagar la matrícula.
c. . . .después de que descubrió que le daba miedo la sangre.
d. . . .cuando tiene vacaciones en la universidad.
e. . . .quería ser médica.
f. . . .podrá viajar y hacer cosas que antes no se podía permitir.

B. Ordena de manera cronológica la historia de Amanda:

_____, _____, _____, _____, _____, _____.

R3-6 Los problemas de Pablo.

Llegó el invierno y Pablo está enfermo pero siente la obligación de volver al trabajo. Escribe las siguientes oraciones sobre Pablo.

1. Pablo / siempre / ponerse enfermo / en cuanto / llegar / el invierno

   _____

2. ayer Pablo / ir /trabajar / aunque / no sentirse bien

   _____

3. hoy ir a llamar / el médico / tan pronto como / despertarse

   _____

4. querer / hablar / con el médico / para que / recomendar / algo eficaz

   _____

5. Pablo / necesitar / volver / a la oficina / antes de que / el director / regresar / de viaje

   _____

6. el equipo de Pablo / no hacer nada / sin que / él / estar / delante

   _____

R3-7 Las dos profesiones de María. María es pintora y profesora de literatura. Usa el tiempo apropiado del infinitivo, el indicativo o del subjuntivo para completar el texto a continuación sobre su vida.

María empezó a pintar muy bien cuando (1) _____ (ser) niña. Por eso, al cumplir los dieciséis años, sus padres la enviaron a una escuela de arte para que (2) _____ (aprender) diferentes técnicas y (3) _____ (desarrollar) más su talento artístico. Antes de (4) _____ (graduarse), María se dio cuenta de que, si quería dedicar su vida al arte, tendría que marcharse a otra ciudad más grande en cuanto (5) _____ (terminar) las clases y empezar otra carrera para (6) _____ (ganar) dinero y (7) _____ (abrir) su taller. María empezó a estudiar literatura en la universidad y finalmente consiguió un doctorado. Sus amigos pensaron que María se olvidaría de la pintura después de (8) _____ (empezar) a trabajar como profesora de literatura, pero no ocurrió así. Con el tiempo, María abrió su taller de pintura con sus propios ahorros.

En las próximas semanas van a exponer los cuadros de María en una exhibición de artistas latinos. Tan pronto como (9) _____ (terminar) la exposición, María irá a México para (10) _____ (dar) una conferencia sobre el arte y la literatura y les va a comprar unos boletos de avión a sus padres para que (11) _____ (ir-ellos) con ella. Seguro que sus padres (12) _____ (ir a aceptar) la invitación siempre y cuando su hija les prometa que los va a acompañar a todas partes.

R3-8 La opinión de la abuela. Rebeca es una joven muy independiente. Su abuela es muy conservadora y no le gusta nada cómo es Rebeca. Escribe las opiniones de la abuela usando oraciones condicionales. Sigue el modelo.

Modelo: tus amigos reírse de ti / teñirte (*dye*) el pelo de color verde
Tus amigos se reirán de ti si te tiñes el pelo de color verde.

1. yo nunca ir a ningún partido tuyo / jugar al fútbol

   _____

2. tener muchas dificultades en tus clases / estudiar Ingeniería Mecánica

   _____

3. parecer un chico / cortarte el pelo

   _____

4. no encontrar trabajo / vestirte siempre con esa ropa

   _____

5. no casarte / no cambiar de actitud

   _____

R3-9 ¿Qué pasaría? A Mario le gustan mucho los niños y trabaja en una guardería infantil de un barrio obrero de Madrid. Lee el siguiente párrafo y luego escribe oraciones condicionales para explicar la situación contraria.

Mario trabaja en una guardería y por eso se siente muy feliz. En esta guardería los niños están de ocho a cinco y así sus padres pueden trabajar a tiempo completo. Mario hace actividades divertidas con los niños y ellos lo adoran. La jefa de Mario está contenta con el trabajo de Mario y piensa contratarlo para el año que viene. A Mario le gustan los niños y quiere quedarse en la guardería más tiempo. Los niños son tranquilos y los trabajadores nunca tienen problemas con ellos.

Modelo: Si Mario no trabajara en una guardería, no se sentiría tan feliz.

1. _____
2. _____
3. _____
4. _____
5. _____

R3-10 ¿Qué dicen? Elena, Paulina y Victoria hablaron en un programa de radio sobre sus profesiones. Termina sus ideas con la información que mejor complete el contexto. Escribe la letra en el espacio en banco.

Elena (mujer de negocios)

1. Mis hijos sacan malas notas en el colegio. Si yo tuviera más tiempo libre en mi trabajo, _____.
2. Si no trabajara tantas horas, _____.

Paulina (pintora)

3. Si te dedicas solamente a la pintura, _____.
4. Si yo no pintara, _____.

Victoria (escritora feminista)

5. Si hubiera una mujer en la presidencia, _____.
6. Si tienes una hija, _____.

a. no me sentiría realizada como persona.

b. no la eduques de modo diferente a un hijo.

c. podría dedicarme más a mis hijos.

d. haría más ejercicio.

e. vivirás con muchos problemas económicos.

f. aprobaría más programas sociales para las mujeres.

10

Capítulo diez

Hablemos de la globalización y la tecnología

En marcha con las palabras

10-1 Un crucigrama. Eduardo está leyendo una revista de economía y encuentra el siguiente crucigrama. Ayúdale a completarlo.

Horizontales

1. lo opuesto a riqueza
2. lo opuesto a aumento
3. lo opuesto a compras
4. lo opuesto a caro
5. dinero que te da alguien pero que debes devolver en el futuro
6. en una tienda cuando reducen el precio inicial de un producto

Verticales

7. solicitar
8. Dinero que calculas que vas a necesitar para pagar tus gastos mensuales.
9. lo opuesto a pérdida

10-2 Hablando de economía. Violeta, Estrella y Manolo están hablando sobre economía antes de su clase de contabilidad. Usa las palabras y expresiones apropiadas para completar sus comentarios. Haz los cambios necesarios.

afectado	alza	bancarrota	cobrar	costo de vida
desempleo	recesión	salario mínimo	sucursal	

Violeta:

"En mi país la gente vive peor ahora porque el (1) _____ ha aumentado mucho más que los salarios en los últimos años."

"La fábrica de mi padre no vendió nada el año pasado y ya no puede pagarle a los trabajadores, así que se ha declarado en (2) _____."

"Parece que este año el gobierno va a aumentar el (3) _____ de todos los trabajadores de la administración pública. ¡Ya era hora!"

Estrella:

"En mi país la economía creció mucho en los años sesenta; sin embargo los setenta fueron años de (4) _____ económica. El (5) _____ aumentó mucho y por eso mucha gente emigró a otros países para buscar trabajo."

"Cuando se produce un (6) _____ en el precio del petróleo, toda la economía sufre sus efectos."

"Generalmente los más (7) _____ por las crisis económicas son los pobres."

Manolo:

"El año pasado abrieron en mi ciudad (8) _____ de varios bancos extranjeros."

"Dicen que la producción de la empresa donde trabaja mi padre aumentará un 4% este año. Espero que también le suban el sueldo."

"Ayer fui al banco a cambiar dinero y me (9) _____ 500 pesetas por la operación. ¡Los bancos son increíbles!"

10-3 Un día de mala suerte. Andrés tuvo hoy un mal día. Aquí tienes parte de la conversación entre él y su jefe. Completa las preguntas del jefe con las palabras y expresiones equivalentes a *to be late*. Haz los cambios necesarios.

> llegar tarde   ser tarde   tardar

JEFE: ¿Por qué (1) _____ al trabajo otra vez? Es ya el décimo día este mes.

ANDRÉS: Es que ahora no tengo auto y tengo que venir en autobús.

JEFE: ¿Pero cuánto (2) _____ el autobús desde tu casa a la oficina?

ANDRÉS: Por lo menos una hora y si el tráfico está mal . . .

JEFE: Bueno, Andrés, ¿y no tienes un teléfono celular? Si te das cuenta de que

(3) _____ demasiado, puedes llamar desde el autobús y avisar.

ANDRÉS: Es que tampoco tengo teléfono celular.

JEFE: Pues ya sabes, la única solución es levantarse más temprano, ¿no te parece? Tus retrasos afectan a todos. Por ejemplo, hoy íbamos a tener una reunión a las ocho para hablar de los gastos de la nueva sucursal y tuvimos que posponerla. Ahora ya

(4) _____ para la reunión. Como puedes imaginar, a las diez de la mañana todo el mundo está haciendo sus cosas en sus ordenadores y no los puedo molestar.

ANDRÉS: Entiendo los problemas. Trataré de no (5) _____ otra vez.

JEFE: Espero que sea así. De lo contrario . . .

Workbook

10-4 Una telefonista. Sofía trabaja contestando el teléfono en una empresa de productos congelados. Esta mañana se recibieron cuatro llamadas de teléfono entre las 8 y las 9. Usa las expresiones a continuación para completar las conversaciones telefónicas.

Con . . . , por favor.	El/La Sr./a . . . no se encuentra aquí en este momento.
Quisiera hablar con . . .	En un momento se pone.
¿Podría hablar con . . . ?	Llame más tarde.
¿Podría ponerme / darme con la extensión . . . ?	No cuelgue.
¿Puedo hablar con . . . ?	Podría decirle que . . .
Ya le doy con él/ella.	Un momento, por favor.
Ya le pongo con él/ella.	Llamaré en otro momento.
¿A qué número llama?	Ya lo volveré a llamar.
¿De parte de quién?	Pase buen día.
¿Le puede dar usted un mensaje a . . . ?	
¿Podría dejarle un recado?	
¿Puede usted llamar más tarde?	
¿Quiere dejarle algún recado / mensaje?	

Primera llamada

MUJER: ¿(1) _____ con el Sr. Aldea?

SOFÍA: El Sr. Aldea (2) _____ en este momento.

¿(3) _____ un mensaje?

MUJER: No, ya lo (4) _____ .

Segunda llamada

MUJER: (5) _____ el Sr. Martínez, (6) _____ .

SOFÍA: Llame (7) _____ .

MUJER: ¿Podría (8) _____ ?

SOFÍA: Por supuesto.

MUJER: Soy Alicia Pedraza, su médica. Por favor, dígale que me llame a mi teléfono móvil lo antes posible.

Tercera llamada

HOMBRE: Quisiera (9) _____ el Sr. Soler.

SOFÍA: De (10) _____ quién?

HOMBRE: Soy su hijo José.

Cuarta llamada

HOMBRE: ¿Podría (11) _____ 6203?

SOFÍA: Un (12) _____ .

Sigamos con las estructuras

Referencia gramatical 1: Expressing outstanding qualities: Superlative

10-5 Opiniones. Andrés y sus amigos están hablando de la economía y la globalización. Andrés es bastante exagerado y usa muchos superlativos. Escríbelos todos. Sigue el modelo. Haz los cambios necesarios.

Modelos: globalización / ser / fenómeno / característico / este siglo

La globalización es el fenómeno más característico de este siglo.

1. desempleo / ser / problema / serio / país

   _____

2. número de desempleados / ser / alto / últimos años

   _____

3. nuestro país / ser / proteccionista / continente

   _____

4. nuestro país / tener / sistema de comunicaciones / atrasado / región

   _____

5. este presupuesto / ser / bajo / últimas décadas

   _____

6. nuestros trabajadores / recibir / salarios / malos / la región

   _____

Referencia gramatical 2: Expressing outstanding qualities: Absolute superlative

10-6 Continúa la conversación. Andrés y sus amigos siguen hablando. Celia está dando su opinión y Andrés está de acuerdo con ella. Usa los superlativos absolutos para escribir las reacciones de Andrés. Sigue el modelo.

Modelo: Los trabajadores ganan muy poco.

Sí, ganan poquísimo.

CELIA: Algunas personas son muy ricas.

ANDRÉS: 1. _____

CELIA: Los ricos y los políticos son muy amigos.

ANDRÉS: 2. _____

CELIA: La situación económica es muy difícil.

ANDRÉS: 3. _____

CELIA: La deuda externa es muy grande.

ANDRÉS: 4. _____

CELIA: El salario mínimo es muy bajo.

ANDRÉS: 5. _____

Referencia gramatical 3: Talking about people and things: Uses of the indefinite article

10-7 El trabajo en la bolsa. Antonia trabaja en la bolsa y tiene muchas historias interesantes. Completa el párrafo con el artículo indefinido donde sea necesario.

(1) _____ día, entra un cliente que quiere invertir (2) _____ cien mil dólares en la bolsa, pero quiere (3) _____ seguridad absoluta que no va a perder (4) _____ centavo de su capital. Por supuesto que no puedo asegurarle nada. Le explico que en el mercado puede haber (5) _____ aumento o (6) _____ baja inesperada, pero que por lo general, si invierte a largo plazo, hay (7) _____ ganancias de alrededor del 10% o más. El hombre hablaba con (8) _____ acento muy difícil de entender y pensé que era (9) _____ turco o de algún país del medio oriente. El señor me dice que tiene (10) _____ cierta enfermedad y que va a morirse en (11) _____ pocos meses y que esta inversión es el futuro de su familia. ¡Imagínate tú el peso que pone sobre mis hombros! De lo que yo haga depende el bienestar de esta familia. Entonces decidí que era (12) _____ cliente para mi jefe y no para mí.

Aprendamos 1: Discussing past actions affecting the present: Present perfect tense

10-8 Una situación difícil. La presidenta y varios políticos de un país con problemas económicos están hablando sobre la situación del país. Completa la información con el pretérito perfecto del verbo entre paréntesis.

1. Nosotros no _____ (resolver) el problema del desempleo.
2. La pobreza _____ (aumentar) en las áreas rurales.
3. Los recursos minerales _____ (agotarse).
4. La deuda externa no _____ (disminuir).
5. Yo no _____ (poder) conseguir préstamos de otros países.
6. Nosotros _____ (perder) algunos mercados. Debemos recuperarlos.

10-9 Reflexiones. Rafael y sus amigos reflexionan sobre los avances científicos y tecnológicos de la humanidad y de lo que todavía falta por hacer. Usa el pretérito perfecto del verbo entre paréntesis para completar sus ideas.

1. Los científicos todavía no _____ (descubrir) una cura para el cáncer, pero _____ (decir) que pronto la habrá.

2. La humanidad _____ (ver) las increíbles imágenes del planeta Marte mandadas por el Pathfinder.

3. Aún no se _____ (poner) paneles solares en todos los edificios de zonas donde podría aprovecharse la energía del sol.

4. Internet _____ (hacer) más fácil el acceso rápido de la gente a mucha información. Esto tiene sus ventajas y sus peligros.

5. Algunas personas _____ (escribir) manifiestos contra el uso indiscriminado de la tecnología.

6. Algunas personas _____ (morir) en accidentes de centrales nucleares y plantas químicas.

7. Nosotros no _____ (resolver) los problemas de desigualdad entre las naciones del mundo.

8. Algunos bloques económicos y políticos se _____ (romper) pero se han creado otros.

9. Ningún país _____ (volver) a lanzar una bomba atómica sobre ninguna ciudad desde la Segunda Guerra Mundial.

10-10 Obsesionada con la computadora. Manuela trabaja como programadora y, además, le gustan muchísimo las computadoras. Éstas son las cosas que hará la semana que viene. Usa el pretérito perfecto para reescribir lo que Manuela todavía no ha hecho esta semana. Sigue el modelo.

Modelo: La próxima semana Manuela le escribirá un mensaje electrónico a su hermana.
Esta semana Manuela todavía no le ha escrito un mensaje electrónico a su hermana.

1. Comprará un teléfono celular y unos libros por Internet.

   Esta semana _____

2. Leerá el periódico en Internet.

   Esta semana _____

3. Verá las fotos de sus sobrinos en la computadora.

   Esta semana _____

4. Hará un programa de ordenador nuevo para su jefe.

   Esta semana _____

Aprendamos 2: Talking about actions completed before other past actions: Pluperfect tense

10-11 Objetos relacionados. Todo evoluciona. Francisco encontró en un calendario información sobre algunos de los cambios y progresos que se han producido en el campo de la ciencia y la tecnología. Completa las oraciones con el verbo en la forma correcta del pluscuamperfecto.

1. Cuando los astronautas empezaron a ir al espacio en el transbordador espacial, ya

   _____ (ir) en cohetes.

2. Cuando nosotros empezamos a trabajar con computadoras, ya _____ (trabajar) con máquinas de escribir.

3. Cuando se empezaron a hacer barcos de acero, ya se _____ (hacer) barcos de madera.

4. Cuando mi abuelo empezó a escribir con bolígrafo, ya _____ (escribir) con pluma.

5. Cuando los médicos empezaron a usar la vacuna contra la polio, ya _____ (usar) la vacuna contra el cólera.

6. Cuando yo empecé a comprar discos compactos, ya _____ (comprar) discos de vinilo.

10-12 **Un gran inventor.** Ayer viste en la televisión una biografía de Thomas Edison (1847–1931). En el programa se dieron los siguientes datos sobre él. Usa el pluscuamperfecto para establecer relaciones. Sigue el modelo.

Modelo: 1859 Edison vende periódicos en los trenes.

1868 Edison consigue su primera patente.

Edison había vendido periódicos antes de conseguir su primera patente.

1869 Edison inventa la "teleimpresora".
1871 Edison se casa con Mary Stilwell.

1. _____

1874 Edison inventa el telégrafo cuádruple.
1875 Edison descubre la fuerza "etérica"

2. _____

1876 Edison abre en Nueva Jersey el primer laboratorio dedicado a la investigación industrial.
1877 Edison inventa el fonógrafo.

3. _____

1879 Edison hace público el invento de la lámpara incandescente.
1882 Edison abre la primera central eléctrica en Londres.

4. _____

1889 Edison empieza a diseñar el "kinetógrafo" y el "kinetoscopio".
1891 Edison perfecciona su cámara cinematográfica.

5. _____

Workbook

10-13 Se nos rompió la computadora. Lee el diálogo entre estos dos hermanos y luego llena los espacios del discurso indirecto con el verbo que mejor refleja los sentimientos de la conversación.

afirmar	aclarar	contestar	decir	declarar
	informar	preguntar	sostener	

Discurso directo:

PEPE: ¡Qué mala suerte! Se nos descompuso la computadora.

TEO: Ya sé. Llamé al técnico y dice que no se puede arreglar.

PEPE: Tendremos que comprar una nueva pero no tenemos dinero.

TEO: Pidamos un préstamos al banco.

PEPE: Es más barato si se lo pedimos a papá.

TEO: Tienes razón. Yo lo llamo esta noche y se lo digo.

Discurso indirecto

1. Pepe _____ qué mala suerte, y _____ que se les descompuso la computadora.

   a. exclama / explica   b. dice / sueña   c. afirma / pregunta

2. Teo _____ que ya lo sabe porque él llamó al técnico que le _____ que no se puede arreglar.

   a. informa / dice   b. contesta / dijo   c. pregunta / informó

3. Pepe _____que tendrán que comprar una nueva pero _____ no tienen dinero.

   a. sostiene / declaras   b. dice / aclara   c. contestó / informé

4. Teo _____ pedir un préstamos al banco.

   a. sugiere   b. pregunta   c. afirma

5. Pepe _____ que es más barato si se lo piden a su papá.

   a. declaró   b. contesta   c. aclaras

6. Teo _____ que Pepe tienes razón y _____ que él llamará al padre esa noche para decírselo.

   a. pregunta / declara   b. dices / afirma   c. reconoce / dice

10-14 Los políticos. Estas son algunas afirmaciones que los candidatos políticos hicieron en una conferencia de prensa. Escribe lo que dijo cada persona usando el estilo indirecto. Usa el verbo que mejor cuadre en el contesto.

Modelo: Ramona Salazar: "Los países pobres tienen que integrar su economía."

Ramona Salazar piensa que los países pobres tienen que integrar su economía.

PERIODISTA: ¿Qué piensa Ud. sobre las maquiladoras?

1. _____

JUAN PÉREZ: Las maquiladoras dan trabajo a mucha gente.

2. _____

PERIODISTA: ¿Está Ud. de acuerdo con la globalización de la economía?

3. _____

ADELA ESCOBAR: No, yo no estoy de acuerdo porque crea muchos otros problemas.

4. _____

10-15 **Un astronauta español.** En este artículo del periódico *El Mundo* del 29 de octubre de 1998, se habla de la misión espacial en la que participó el astronauta español Pedro Duque. Léelo y completa la información sobre él y sobre esta misión.

■ El *Discovery*, en el espacio

Si algo falla, el madrileño Pedro Duque será el encargado de recuperar manualmente el satélite Spartan.

ANA CARUSO, enviada especial

CABO CAÑAVERAL - La misión STS-95 del *Discovery*, organizada por NASA, llevará a John Glenn y a Pedro Duque a la estratósfera para realizar ciertos experimentos espaciales que servirán de data para la próxima estación espacial internacional. La razón por la cual el transbordador espacial sale otra vez del Centro Espacial Kennedy es para realizar experimentos científicos dentro del mismo.

Los experimentos más importantes se llevarán a cabo en el módulo *Spacehab*, un cilindro presurizado situado en la parte de atrás del *Discovery*. Los astronautas pueden acceder al *Spacehab* desde la cabina de mandos por un túnel de descomprensión.

Una vez en órbita, Pedro Duque y la doctora Chiaki Mukai trabajarán juntos en este laboratorio. El astronauta español también tiene que controlar 19 ordenadores portátiles que vigilan los sistemas del transbordador y el correcto funcionamiento de los experimentos.

Con John Glenn se estudiará la reacción del cuerpo humano en el espacio. Se prestará especial atención a la degeneración de su masa ósea, las perturbaciones del sueño, las disfunciones cardiovasculares y se analizará el deterioro del cuerpo humano por la ingravidez del espacio. Glenn y la doctora japonesa Chiaki Mukai usarán eletrodos para registrar sus ondas cerebrales durante el sueño. El senador estadounidense tomará además una píldora con un pequeño termómetro y un transmisor para controlar su temperatura. También Glenn y Duque se inyectarán proteínas y tomarán píldoras para comprobar el proceso que sufren los músculos.

Uno de los momentos claves dentro de la misión será el lanzamiento del satélite Spartan. Éste se separará del transbordador para realizar observaciones de la corona solar. Dos días después recogerán el *Spartan* por medio de un brazo robótico.

En noviembre de 1997, este mismo experimento tuvo una serie de problemas que impidieron devolverlo mecánicamente al interior de la nave. Un astronauta tuvo que salir al exterior para capturarlo. Si algo va mal esta vez, Pedro Duque será el encargado de salir a buscar *Spartan* y ponerlo nuevamente en la bodega de carga.

1. Nombre y nacionalidades de otros dos astronautas de la misión además de Pedro Duque:

   _____

2. ¿En qué sección del transbordador espacial pasó Duque mucho tiempo?

   _____

3. ¿De qué se ocupó Duque en la misión?

   _____

4. ¿Qué hicieron Glenn y Pedro Duque?

   _____

5. ¿Qué tendría que hacer Pedro Duque si fallara el satélite Spartan?

   _____

10-16 Madrid. Como indica el artículo de *El Mundo*, Pedro Duque es de Madrid. Imagínate que vas a visitar la capital española. Usa un mapa de Madrid, una guía turística, un libro y la información existente en Internet para verificar cuál es la respuesta correcta.

1. Los mejores cuadros de Goya y Velázquez están:

   a. en el Museo Thyssen-Bornemisza

   b. en el Centro de Arte Reina Sofía

   c. en el Museo del Prado

2. La Plaza Mayor está al lado de:

   a. la Puerta del Sol

   b. Moncloa

   c. el Retiro

3. Muchas de las películas de este director de cine tienen lugar en Madrid:

   a. Pedro Almodóvar

   b. Luis Buñuel

   c. Adolfo Aristaráin

4. Nació en Madrid:

   a. Pío Baroja

   b. Montserrat Caballé

   c. Lope de Vega

5. La mayor universidad de Madrid es:

   a. la Universidad Autónoma

   b. la Universidad Complutense

   c. la Universidad Carlos III

6. El nombre "Madrid" es de origen:

   a. latino

   b. árabe

   c. francés

7. Un monumento famoso de Madrid es:

   a. la Alhambra

   b. la Giralda

   c. el Palacio Real

8. Un equipo famoso de fútbol de Madrid es:

   a. el Real Madrid

   b. el Caja Madrid

   c. el Viva Madrid

9. La mayor biblioteca de Madrid es:

   a. la Biblioteca del Ateneo

   b. la Biblioteca Nacional

   c. la Biblioteca del Consejo Superior de Investigaciones Científicas

10-17 Reparar un telescopio en el espacio. Pedro Duque escribió en el periódico *El País* del 10 de noviembre de 1999 el siguiente artículo. Léelo y di cuáles de les afiermaciones a continuación son ciertas (**C**) o falsas (**F**).

■ Reparar un telescopio en el espacio

Un grupo de astronautas irá al espacio para trabajar durante unos días en el mantenimiento del telescopio espacial (el famoso Hubble). Para muchos, esto puede parecer como una gran aventura; o se puede especular que reparar un telescopio no puede ser muy difícil. . . . Nada más lejos de la realidad. Es difícil imaginar todos los factores que entran en juego para llevar a cabo esta operación.

Todo comienza cuando se diseña (*design*) el telescopio. Los aparatos diseñados para uso en la tierra, están pensados de tal manera que se puedan reparar. Por ejemplo, las cajas internas han de ser más pequeñas que las puertas por las que han de salir, con un margen para meter la mano. Para un aparato como el Hubble, los ingenieros tienen que pensar mucho más allá de las formas simples, por ejemplo: absolutamente todo ha de diseñarse para poderlo manejar con guantes gruesos y poco flexibles (los del traje espacial).

Después, el viaje en sí debe ser cuidadosamente planeado. El peso que puede llevar la nave es muy limitado; hay que saber exactamente cómo va a emplearse cada pieza que se lleve. También hay que prever absolutamente todo lo que se pueda necesitar.

Otro factor importantísimo es el tiempo. Cada minuto tiene que ser contado ya que no se puede extender el tiempo del viaje más de un día o dos. Los objetivos de cada día deben ser exactamente cumplidos. Eso implica que todas las operaciones tienen que ser ensayadas a conciencia (para eso se utiliza la piscina en Houston), una y otra vez, hasta el punto de tenerlo todo perfectamente cronometrado. Es necesario tener la certeza de que todas las reparaciones puedan llevarse a cabo en el tiempo establecido, dejando algunos márgenes para pequeños fallos.

En resumen, la reparación del telescopio espacial no es algo simple. Están los cientos de ingenieros y técnicos que diseñaron el telescopio, prepararon las piezas de recambio, cargaron el transbordador con las piezas y herramientas adecuadas, y prepararon a los astronautas: a todos ellos, y por supuesto también a mis compañeros de la tripulación: ¡mucha suerte!

1. Muchas personas piensan que reparar un telescopio en el espacio es dificilísimo, pero es muy fácil. _____

2. Cuando los ingenieros diseñan sus aparatos, siempre piensan en cómo repararlos si se rompen. _____

3. En el caso del telescopio *Hubble* los ingenieros tuvieron que pensar en cómo repararlo en condiciones especiales. _____

4. En el viaje, los astronautas cargarán muchas piezas de repuesto porque nada pesa en el espacio. _____

5. Los astronautas tendrán un tiempo preciso para realizar cada una de las operaciones de reparación. _____

6. Para practicar las operaciones de reparación, se pone el telescopio en la piscina de Houston. _____

10-18 Nuevos inventos. En Montevideo, la capital de Uruguay, hubo una feria en la que se presentaron varios inventos para viajar de un país a otro.

Transbordador instantáneo

<u>Descripción</u>:
Permite viajar de un país a otro en segundos.
La persona entra en una cápsula en un aeropuerto, desaparece y reaparece en otra cápsula de otro aeropuerto.

<u>Riesgos</u>: Solamente funciona en el 50% de los casos. No puede transportar equipaje.

<u>Precio</u>: El viaje cuesta veinte mil dólares por persona.

País virtual

<u>Descripción</u>:
Permite viajar de un país a otro en segundos y no necesita moverse de su casa.
Usted se pone unas gafas, pulsa el botón de su ordenador y se encuentra delante con el país que desea conocer. Puede seleccionar ciudades e ir de excursión, ver cuadros en los museos que desee y comprar cerámica y alimentos típicos del país que llegarán a su casa en 24 horas.

<u>Riesgos</u>: Ninguno.

<u>Precio</u>: Veinte dólares por conexión (las compras personales no están incluidas)

Coche avión

<u>Descripción</u>:
Es un coche volador.
Usted puede viajar desde la puerta de su casa al país de destino sin cambiar de vehículo.

<u>Riesgos</u>: Plantea problemas para cruzar los océanos porque, cuando vuela, hay que llenar el tanque cada tres horas.

<u>Precio</u>: Cien mil dólares. 5 años de garantía.

Imagina que trabajas en una empresa que va a construir uno de los tres aparatos. Escribe un informe para la empresa explicando cuál es el invento que te parece mejor de los tres. Sigue el siguiente formato.

<u>Introducción</u>: Di cuál es, en tu opinión, el mejor invento de los tres.

<u>Desarrollo</u>: Compara las ventajas y desventajas de los tres inventos.

<u>Conclusión</u>: Explica cómo se beneficiaría la empresa si decidiera construir ese aparato.

_____

_____

_____

_____

_____

_____

_____

_____

_____

_____

_____

_____

_____

_____

_____

_____

_____

_____

_____

_____

_____

10-19 Opiniones muy diferentes. José, Pilar y Teresa tienen opiniones muy diferentes sobre la tecnología. Lee lo que piensan los tres y escribe un párrafo explicando con quién estás de acuerdo y por qué lo estás. Da ejemplos para apoyar tus ideas.

Pilar Ramírez

A mí me parece que la tecnología tiene muchos aspectos negativos. Nos ha hecho más individualistas y distantes. Mucha de la gente que conozco trabaja en el ordenador de su casa y se pasa días enteros sin hablar con nadie. Las relaciones humanas se reducen al intercambio de mensajes de ordenador a ordenador, lo cual no es verdadera comunicación. Si seguimos así, vamos a acabar convirtiéndonos en robots.

Teresa Ramírez

A mí me parece que la tecnología tiene su lado positivo y su lado negativo. Nos va a ayudar a superar muchos problemas económicos del mundo. Gracias a ella hemos podido producir más alimentos y de mejor calidad. Además, con el progreso de las comunicaciones, la gente y los productos viajan de un país a otro en un tiempo récord. Por desgracia, uno de los puntos negativos de la tecnología es que hace más ricos a los ricos y más pobres a los pobres.

José Ramírez

Si no fuera por los progresos tecnológicos, el laboratorio en el que trabajo no podría producir medicamentos con la velocidad que los produce. Nosotros dependemos totalmente de los microscopios y de otras máquinas para realizar nuestros experimentos y sin ellos estaríamos perdidos. La tecnología realmente supone una mejora en nuestras vidas y es totalmente positiva para el progreso de la humanidad.

_____

_____

_____

_____

_____

_____

_____

_____

_____

_____

10 Capítulo diez
Hablemos de la globalización y la tecnología

En marcha con las palabras

10-20 **¿No te dieron el préstamo? ¡Qué bien!** Escucha las siguientes oraciones y di si son lógicas (**L**) o ilógicas (**I**).

Modelo: Estoy contento porque nuestra deuda externa ha aumentado. – *I* (ilógico).

1. L   I
2. L   I
3. L   I
4. L   I

5. L   I
6. L   I
7. L   I
8. L   I

10-21 **Antónimos.** Escucha las siguientes palabras y marca el antónimo para cada palabra de la lista a continuación.

Modelo: riqueza – pobreza

a. empleo

b. retroceso

c. pagar

d. adelanto

e. dar un préstamo

f. aumentar

10-22 **Al teléfono.** Escucha estos minidiálogos e indica cuál es la oración que mejor completa la conversación.

Modelo: a. —Sí, ahora se pone.
          b. —¿Puedo dejarle un recado? ✔
          c. —No, no está en este momento

1. a. —No, no tengo teléfono móvil.

   b. —Sí, el prefijo es el 12.

   c. —No gracias, vuelvo a llamar más tarde.

2. a. —Sí, creo que sí.

   b. —No sé su código de área.

   c. —La llamaré en otro momento.

3. a. —No, en este momento no se encuentra.

   b. —Ya le pongo con él.

   c. —¿De parte de quién?

4. a. —El prefijo de Barcelona es el 93.

   b. —Hola, soy Rita. Llámame cuando tengas un minuto.

   c. —Hola, ¿cómo estás?

Sigamos con las estructuras

Referencia gramatical 1: Expressing outstanding qualities: Superlative

10-23 **El más barato.** Escucha y reacciona como en el modelo.

Modelo: Las computadoras.

barato

Estas son las más baratas.

1. malo
2. bueno
3. caro
4. lento

5. práctico
6. rápido
7. amplio
8. eficaz

Referencia gramatical 2: Expressing qualities: Absolute superlative

10-24 **¿Qué te parece?** Usa los superlativos para contestar las preguntas que escucharás a continuación.

Modelo: ¿Qué te parece buscar novio/a por Internet?

interesantísimo

1. lento

_____.

2. divertido

_____.

3. malo

_____.

4. práctico

_____.

5. bueno

_____.

6. interesante

_____.

7. triste

_____.

8. aburrido

_____.

Referencia gramatical 3: Talking about people and things: Uses of the indefinite article

10-25 ¿Lo conseguiste? Escucha y responde según el modelo.

Modelo: ¿Obtuviste los datos de la recesión?

Sí, obtuve unos muy recientes.

1. muy bajas
2. muy alarmantes
3. muy conveniente
4. del cincuenta por ciento
5. muy beneficiosas
6. muy bueno

Aprendamos 1: Discussing past actions affecting the present: Present perfect tense

10-26 ¿Y tú? Escucha las siguientes preguntas y contéstalas de acuerdo a tu experiencia personal. Sigue el modelo.

Modelo: ¿Has comprado comida por Internet?

Sí/No, no he comprado comida por Internet.

1. _____ .
2. _____ .
3. _____ .
4. _____ .
5. _____ .
6. _____ .

10-27 ¿Qué has hecho? Escucha las siguientes preguntas y contéstalas de acuerdo al modelo.

Modelo: ¿Fuiste a México en estas vacaciones?

No, no he ido a México en estas vacaciones.

1. Sí, (él) _____ .
2. No, (nosotros) _____ .
3. Sí, (yo) _____ .
4. No, (yo) _____ .
5. Sí, (ella) _____ .
6. No, (ellos) _____ .
7. Sí, (yo) _____ .
8. No, (yo) _____ .

10-28 Yo también. Reacciona ante las siguientes afirmaciones según tu propia experiencia. Sigue el modelo.

Modelo: Ya leí mi correo electrónico.

Yo también he leído mi correo electrónico.

o

No, todavía no he leído mi correo electrónico.

1. _____ .
2. _____ .
3. _____ .
4. _____ .
5. _____ .
6. _____ .

Aprendamos 2: Talking about actions completed before other past actions: Pluperfect tense

10-29 Ya lo había hecho. Escucha lo que habían hecho estas personas antes de venir a la universidad. Luego, cambia las oraciones de acuerdo al modelo.

Modelo: Escribí los mensajes.

Antes de venir a la universidad *ya había escrito los mensajes.*

Antes de venir a la universidad ya. . .

1. _____ .
2. _____ .
3. _____ .
4. _____ .
5. _____ .
6. _____ .

10-30 **¿Antes o después?** Escucha las siguientes afirmaciones y di, de acuerdo a las fechas de los inventos que aparecen a continuación, si son ciertas (**C**) o falsas (**F**).

Modelo: El hombre ya había llegado al polo sur cuando los hermanos Wright volaron por primera vez. – *F*

1901: Marconi realiza la primera transmisión radial.

1903: Los hermanos Wright vuelan por primera vez.

1911: Seis hombres llegan al Polo Sur.

1931: Shoenberg produce un sistema de transmisión de imágenes, la televisión.

1953: Watson y Crick hallan la estructura del ADN.

1954: Se sabe que el hombre tiene su información genética en 46 cromosomas.

1961: Prueban que el cáncer se debe a mutaciones del ADN.

1969: El hombre camina por la luna.

1974: Inventan la tarjeta con memoria.

1979: Nace el primer sistema de telefonía celular.

1987: Se descubre un agujero en la capa de ozono.

1. C   F   4. C   F
2. C   F   5. C   F
3. C   F   6. C   F

Aprendamos 3: Reporting what other people said: Indirect speech

10-31 **Mensajes en el contestador.** Escucha los siguientes mensajes y marca todas las opciones correctas. Atención puede haber más de una opción por mensaje.

1. a. La Sra. La Torre dice que necesita la tarifa de la póliza.

   b. La Sra. La Torre dice que le pase la información por fax.

   c. La Sra. La Torre dice que necesita el número de la póliza de seguros.

2. a. Antonio llama para invitar a Eduardo al cine.

   b. Antonio dice que si Eduardo quiere ir debe llamar a Sofía.

   c. Antonio dice que va a ir al cine con unas amigas.

3. a. Marcelo llama a su jefe y le dice que necesita unos datos.

   b. Marcelo dice que las nuevas tarifas han cambiado.

   c. Marcelo le pide a Goicoechea que le envié los datos por fax.

4. a. La mujer dice que la madre de Eduardo los espera a cenar.

   b. La mujer dice que ha llamado muchas veces.

   c. La mujer le pide a Eduardo que la llame.

Al fin y al cabo

10-32 **¿Tienes madera de directivo/a global?** Contesta las preguntas que escuches para saber si tienes las características de un directivo global.

Modelo: ¿Eres independiente y autónomo?

Sí, soy independiente y autónomo.

o

No, no soy independiente ni autónomo.

1. _____.
2. _____.
3. _____.
4. _____.
5. _____.
6. _____.
7. _____.
8. _____.

10-33 **El Celam.** El Consejo Episcopal para América Latina toma una posición frente a la globalización. Escucha algunas de las declaraciones de este grupo de la iglesia católica y di si las siguientes afirmaciones son ciertas (**C**) o falsas (**F**).

El Celam sostiene que:

1. La globalización no tiene aspectos positivos.	C	F
2. La globalización puede ser una forma de colonización.	C	F
3. Gracias a los avances tecnológicos hay menos interacción cultural.	C	F
4. La falta de trabajo es una consecuencia de la globalización económica.	C	F
5. La competencia injusta coloca a las naciones más pobres en condiciones de superioridad.	C	F
6. El peso de la deuda externa permite una adecuada inversión en lo social.	C	F
7. Los países desarrollados tienen más horas para el ocio gracias a la globalización.	C	F
8. Los países menos desarrollados tienen más seguridad laboral gracias a la globalización.	C	F

10-34 En la recepción de una empresa. Escucha las conversaciones y marca las afirmaciones correctas.

1.	Nadie puede hablar con la persona que quiere.	C	F
2.	Todos hablan con la recepcionista de Multiforma.	C	F
3.	La Sra. Pérez Reverte trabaja en el departamento de ventas.	C	F
4.	La Sra. Pérez Reverte tiene una secretaria.	C	F
5.	La Sra. Pérez Reverte llama a su esposo.	C	F
6.	El Sr. Pérez Reverte deja un recado en el contestador de su esposa.	C	F
7.	El Sr. Yurquievich trabaja en Multiforma.	C	F
8.	El número de teléfono de Multiforma es el 354 2404.	C	F
9.	El señor Dumas cuelga el teléfono sin dejar recado.	C	F

Dictado

10-35 Vértigo digital. Transcribe el fragmento del artículo que escucharás a continuación.

_____

_____

_____

_____

_____

_____

_____

_____

_____

_____

_____

_____

_____

_____

_____

_____

_____

_____

_____

_____

Lab Manual

11 Capítulo once
Hablemos del ocio y del tiempo libre

En marcha con las palabras

11-1 ¿Cuál es la palabra? En la revista *Escenario* hay un juego para ver si eres de verdad un/a aficionado/a a los espectáculos y medios de difusión. Usa el sustantivo que corresponde a cada una de las definiciones.

intermedio	autógrafo	escena	noticiero	estreno	televidente
	butacas	protagonista	gira	temporada	

1. Período del año en que hay función en todos los teatros _____

2. Programa de noticias _____

3. Persona que ve la televisión _____

4. Firma de un artista famoso _____

5. Cada una de las partes en que se divide el acto de una obra de teatro, y en que están presentes unos mismos personajes. _____

6. Asientos de un teatro _____

7. Descanso entre las dos partes (o actos) de una obra de teatro _____

8. Primera función de una obra de teatro o de una película _____

9. Personaje principal _____

10. Serie de viajes que hace un grupo de teatro o cantante en un período corto

_____

11-2 Una reseña. Marina escribe reseñas para la sección de espectáculos del periódico de la Universidad Complutense. A continuación tienes dos párrafos de la reseña. Usa el verbo que corresponda en el tiempo apropiado para completar los párrafos a continuación.

acercarse	actuar	apagarse	dirigir	encenderse	ensayar
	entregar	interpretar	valer		

Ayer fui al estreno de *El Caballero de Olmedo* en el teatro María Guerrero. Luis Blat

(1) _____ la obra y en ella (2) _____ José Sacristán y Ana

Belén. Ana Belén (3) _____ el papel de doña Inés y José Sacristán el de don

Alonso. Es obvio que los actores (4) _____ mucho en los meses previos.

Especialmente la actriz que hacía de Fabia estuvo fabulosa. Seguramente mucha gente

(5) _____ a su camarín a pedirle un autógrafo y le (6) _____

flores después de la función. Cuando (7) _____ las luces del teatro y

(8) _____ las luces del escenario me quedé maravillada del decorado tan

original. Creo que (9) _____ la pena ir a ver este clásico del teatro español.

11-3 *Semana cultural.* Emilio trabaja para el programa de radio *Semana cultural*. Ayer entrevistó a una directora de cine. Aquí tienes un fragmento de la entrevista. Complétalo con las palabras a continuación.

actual	actualidad	actualmente	cine	de hecho	película

EMILIO: ¿Qué estás haciendo (1) _____?

DIRECTORA: Estoy acabando una (2) _____ que se llama *Retiro*.

EMILIO: ¿Y cuándo va a ser el estreno?

DIRECTORA: A finales del mes que viene, espero; (3) _____ estamos ya en los últimos detalles.

EMILIO: ¿Qué piensas de la situación (4) _____ del

(5) _____ en nuestro país?

DIRECTORA: Creo que en la (6) _____ estamos atravesando un momento de gran creatividad. Hay muchos directores, actores y actrices nuevos que tienen muchas ganas de trabajar y de hacer bien su trabajo. Esto es algo muy positivo para la industria cinematográfica.

11-4 Comentarios de amigos. A Rosa y a Javier les gusta mucho ver videos e ir al cine, y siempre piensan lo mismo sobre las películas que ven. A continuación tienes parte de sus diálogos después de haber visto varias películas. Complétalos con las expresiones apropiadas para hacer comentarios sobre el cine.

Modelo: Esta película es buenísima.

Sí, es una obra maestra.

Película 1

ROSA: Esta película es una obra maestra.

JAVIER: Lleva tres meses en los cines, ¿no?

ROSA: Sí, hace tres meses que está en (1) _____.

JAVIER: Además la ha ido a ver muchísima gente.

ROSA: Sí, bate récords (2) _____.

Película 2

ROSA: Me encanta cómo actúan los actores.

JAVIER: Sí, la actuación es (3) _____.

ROSA: Y la historia podría ocurrirle a cualquiera de nosotros.

JAVIER: Sí, la película refleja muy bien (4) _____.

ROSA: Lo que más me gusta es cómo termina. No pude evitar echarme a llorar.

JAVIER: Yo también me puse a llorar. Esta película sí que tiene un final (5) _____.

Película 3

ROSA: ¡Qué lata de película!

JAVIER: Sí, esta película es un (6) _____.

ROSA: Además le falta algo de acción.

JAVIER: Sí. Creo que me quedé dormido en la butaca en algún momento.

ROSA: La cosa es que los críticos no han dicho nada malo de ella.

JAVIER: Sí, ha recibido (7) _____. ¡Qué increíble!

Sigamos con las estructuras

Referencia gramatical 1: Indicating who performs the actions: Passive voice with *ser*

11-5 La privatización de la tele. Julio les está explicando a sus amigos cómo ha cambiado la televisión en su país. Usa la voz pasiva para escribir las comentarios de Julio.

Modelo: Todos los ciudadanos veían los noticieros del canal 3.
Los noticieros del canal 3 eran vistos por todos los ciudadanos.

1. En 1985 el gobierno subvencionaba el canal 3.

   _____

2. Alberto González dirigía los noticieros de televisión.

   _____

3. Marisa Echevarría presentaba las noticias de las siete.

   _____

4. En 1995 una empresa italiana compró este canal.

   _____

5. En la actualidad la empresa privada paga todos los programas.

   _____

6. El nuevo director ha cancelado el noticiero de las siete.

   _____

7. Los televidentes no han recibido bien estos cambios.

   _____

Referencia gramatical 2: Substitute for passive voice: The passive *se*

11-6 ¿Qué va a ser de nosotros? Juan está preocupado por la influencia negativa de la televisión en la vida diaria. Expresa sus ideas usando la voz pasiva con *se*.

Modelo: Vemos mucha televisión y de mala calidad.
Se ve mucha televisión y de mala calidad.

1. Consumimos programas que tienen mucha violencia.

   _____

2. Compramos solamente los productos que anuncian en la tele.

   _____

3. No leemos tanto como antes.

   _____

4. No pasamos tanto tiempo jugando con los niños.

   _____

5. Usamos la televisión para que los niños estén callados.

    _____

6. No hacemos deporte porque no tenemos fuerza de voluntad para apagar la tele.

    _____

Referencia gramatical 3: Linking ideas: Relative pronouns

11-7 Tiempo libre. Germán se siente muy cansado y está soñando con tener tiempo libre. Completa los espacios con los relativos **quien**, **que** y **cual**.

Lo (1)_____ necesito son unas vacaciones de un mes pero como no es posible, me conformo con un día sin hacer nada. Me levantaría tarde, luego iría a visitar a mi amigo Rogelio (2)_____ tiene una casa en la costa. Rogelio, (3)_____ es una persona muy generosa, siempre me recibe muy bien. Nadaríamos en la playa y comeríamos pescado lo (4)_____ me encanta porque no lo como con frecuencia. Por la noche me relajaría en el balcón de su casa (5)_____ da a la playa y escucharía el ruido de las olas. Me quedaría a dormir en el cuarto de huéspedes (6)_____ tiene un baño privado con jacuzzi. ¡Qué lindo sería! Pero ahora tengo que estudiar para el examen de matemáticas. . .

Aprendamos 1: Expressing what you hope has happened: Present perfect subjunctive

11-8 Chismes (*Gossip*). Un grupo de gente está hablando sobre un amigo músico que dio un concierto la semana pasada. Usa el presente perfecto del subjuntivo en la oración subordinada para escribir las reacciones de los amigos. Haz los cambios necesarios.

Modelo: yo / no creer / Juan / tener mucho éxito
        Yo no creo que Juan haya tenido mucho éxito.

1. yo / alegrarse / Juan / dar un concierto de rock

    _____

2. Elena y yo / dudar / los organizadores del concierto / pagarle mucho

    _____

3. yo / no creer / ir / mucha gente al concierto

    _____

4. Marcos, ¿no / sorprenderse / Juan / no decirnos nada?

    _____

5. a mí / molestar / Juan / no invitarnos al concierto

    _____

6. ser posible / Juan / estar muy ocupado con los ensayos

    _____

7. ¡Ojalá / Juan / no olvidarse de nosotros!

    _____

11-9 Planes para el sábado. Manuela y Armando generalmente no salen de casa porque tienen dos niños pequeños, pero el próximo sábado van a ir al teatro. Une ambas listas correctamente para ver cuáles son sus planes. Usa el pretérito perfecto del subjuntivo en la oración subordinada. Sigue el modelo.

Modelo: nosotros cenaremos / después de preparar la comida a los niños
Nosotros cenaremos después de que le hayamos preparado la comida a los niños.

1. iremos al teatro	antes de pasar el último autobús
2. necesitamos encontrar una niñera	aunque no dormir mucho la noche anterior
3. no conozco a nadie	cuando bañar a los niños
4. esa noche me acercaré al camarín de la actriz	que estar ya antes con los niños en nuestra casa
5. después tú y yo iremos a una discoteca	después de terminar la obra de teatro
6. volveremos a casa	que ir al estreno de la obra de teatro

1. _____

2. _____

3. _____

4. _____

5. _____

6. _____

11-10 Un grupo musical. Lola y Paco tocan en un grupo musical. Usa el presente o el pretérito perfecto del subjuntivo del verbo entre paréntesis segun convenga para completar el diálogo entre los dos amigos.

LOLA: Quiero que tú me (1) _____ (dejar) el último disco de Ketama.

PACO: Me sorprende que no lo (2) _____ (escuchar) todavía. Lo pasan mucho por radio.

LOZA: Es que yo no pongo nunca la radio y además, he estado muy ocupada.

PACO: Bueno, me alegro de que ya (3) _____ (terminar - tú) con los exámenes finales. Quizá ahora (4) _____ (tener) más tiempo para ensayar con el grupo. Te necesitamos, Lola. Hemos estado tocando en los bares del centro y es probable que nos (5) _____ (contratar - ellos) para tocar el próximo verano todos los fines de semana.

LOLA: Eso está muy bien, Paco.

ACO: ¡Espero que no (6) _____ (hacer - tú) ya otros planes para el verano, porque vamos a tener mucho trabajo!

Aprendamos 2: Expressing what you hoped would have happened: Pluperfect subjunctive

11-11 Un comienzo difícil. Pedro es un director de cine bastante bueno. Aquí hay algunos datos sobre los primeros años de su carrera cinematográfica. Completa los espacios en blanco con el tiempo correspondiente de los verbos entre paréntesis. Sigue el modelo.

Modelo: Pedro <u>quería</u> (querer) filmar una película sobre un tema que nadie <u>hubiera tratado</u> (tratar) antes.

En 1990...

Sus amigos no (1) _____ (creer) que él (2) _____ (dirigir) ya algunos documentales.

En la televisión le (3) _____ (decir) que (4) _____ (ir) a entrevistarlo después de que (5) _____ (terminar) su primera película.

Al ser su primera película a todos les (6) _____ (sorprender) que Pedro (7) _____ (hacer) algo tan original.

En ese film no (8) _____ (haber) ningún actor que (9) _____ (actuar) antes en otra película.

Pedro (10) _____ (alegrarse) de que a todos les (11) _____ (gustar) su película.

Sin embargo, sus padres no (12) _____ (estar) contentos de que su hijo (13) _____ (dejar) sus estudios universitarios por el cine.

11-12 Dos hermanos muy diferentes. Gabriel y Francisco eran actores pero después abandonaron la profesión por diferentes razones. Gabriel era optimista y Francisco era muy pesimista. Usa el verbo entre paréntesis y el pluscuamperfecto de subjuntivo en la oración subordinada para completar las opiniones de Francisco.

Modelo: GABRIEL: Creía que se le había terminado su inspiración artística.

FRANCISCO: (no creer) *No creía que se le hubiera terminado su inspiración artística.*

GABRIEL: Creía que la crítica había elogiado su actuación en su última película.

FRANCISCO: (No creer) (1) _____

GABRIEL: Era verdad que había actuado ya en algunas obras de teatro de éxito.

FRANCISCO: (No ser cierto) (2) _____

GABRIEL: Estaba seguro de que había hecho una buena actuación en su última película.

FRANCISCO: (Dudar) (3) _____

GABRIEL: Conocía a alguien que había visto todas sus películas.

FRANCISCO: (No conocer a nadie) (4) _____

GABRIEL: Pensaba que su madre había sido la causa de su dedicación al cine y al teatro.

FRANCISCO: (Lamentar) (5) _____

11-13 Los escarabajos. Tu hermano y otros tres amigos formaron un grupo musical en el 2001, pero al final se separaron. A continuación hay algunas reacciones de las familias de todos en el 2001. Usa el imperfecto o el pluscuamperfecto de subjuntivo del verbo entre paréntesis para completar las reacciones de la familia.

Mi madre esperaba que mi hermano (1) _____ (hacerse) famoso algún día pero lamentaba que no (2) _____ (decidirse) todavía a componer canciones con una música más pegajosa.

La hermana de Juan quería ir a verlos cuando (3) _____ (grabar) su primer disco y Juan la iba a invitar a la grabación con tal de que no (4) _____ (ponerse) a discutir con todo el mundo.

Jorge había estudiado música en el conservatorio y su padre sentía mucho que su hijo no (5) _____ (dedicarse) a los negocios; por eso, a finales del 2001, se alegró de que "Los escarabajos" todavía no (6) _____ (grabar) ningún disco y dudaba que lo (7) _____ (grabar) en el 2002.

La hermana de Pablo prefería que "Los escarabajos" (8) _____ (componer) temas de rock más clásicos en el futuro. No conocía a nadie que (9) _____ (triunfar) antes con el tipo de canciones que ellos tocaban.

Cuando mi abuela veía a mi hermano, le gritaba como si (10) _____ (estar) loca. Le horrorizaban su pelo de colores y su ropa negra. Mi abuelo, sin embargo, reaccionaba como si lo (11) _____ (ver) así toda la vida y de vez en cuando bromeaba con él diciéndole que un día quería conocer a su peluquero.

Aprendamos 3: Expressing a sequence of events in the past and future: Sequence of tenses in the subjunctive

11-14 Sueños. Patricia quiere dedicarse a la ópera. Explícale a otra persona lo que te dijo Patricia. Cambia los tiempos de los verbos de acuerdo con el contexto.

"Quiero que un día la gente sepa quién soy y reconozca mi talento. Espero que en el futuro me den un papel importante en una ópera famosa. Me alegro de que el profesor de la escuela me haya dado el papel de Raquel en la zarzuela *El huésped del sevillano*. Me encanta que haya tantos estudiantes interesados en la ópera y la música clásica. Es posible que organicemos aquí un concurso para jóvenes artistas".

Modelo: Patricia me dijo que quería que un día la gente reconociera su talento.

1. Patricia me dijo que esperaba _____

_____.

2. Patricia me confesó que se alegraba _____

_____.

3. Patricia me explicó que le encantaba _____

_____.

4. Patricia me comentó que era posible _____

_____.

11-15 Dramaturga. Tu amiga Leopolda escribe obras de teatro. A continuación tienes fragmentos de varias escenas de tres obras diferentes. Usa el tiempo del subjuntivo que corresponda del verbo entre paréntesis para completar los fragmentos.

A. Escena de *Estado de sitio*: Mariana llama al médico para que atienda al anciano enfermo.

MARIANA: Me llamaron para que (1) _____ (cuidar) al anciano esa tarde, pero empezó a subirle la fiebre y me asusté; por eso le avisé a usted. No sabía que el pobre (2) _____ (estar) tan enfermo.

DOCTOR: Mariana, hizo bien en llamarme. Déjelo que (3) _____ (dormir) ahora. Cuando (4) _____ (despertarse), ya se le habrá bajado la fiebre. Llámeme otra vez cuando me (5) _____ (necesitar).

MARIANA: ¿Cuánto le debo?

DOCTOR: No se preocupe. Éstos no son buenos tiempos para nadie. Ya me pagará cuando esta maldita guerra (6) _____ (acabarse).

B. Escena de *Las dudas y las sombras*: Arturo es un informante de policía dentro de un gobierno represivo.

ARTURO: Me han pedido que (1) _____ (escribir) un informe con el nombre de todos los miembros del partido de tu hermana. Espero que Blanca (2) _____ (salir) ya del país porque si no, la van a llevar a la cárcel.

ALICIA: Pero tú nunca la denunciarías, ¿verdad? Sería horrible que le (3) _____ (pasar) algo por tu culpa.

ARTURO: Alicia, tu hermana ha estado jugando con fuego. Habría sido mejor que (4) _____ (olvidarse) de la política hace ya muchos años. Éstos no son momentos para los idealistas y los rebeldes.

ALICIA: Arturo, Blanca es todavía una niña. Claro, a ti no te habrá gustado que ella (5) _____ (criticar) en el pasado tus ideas políticas; pero tú no te puedes vengar ahora dando su nombre a la Junta.

C. Escena de *El terrible Salvador*: El profesor alienta a los padres de Salvador para que lo dejen ir a estudiar a la capital, pues el muchacho tiene mucho talento para la pintura.

PROFESOR: No creía que su hijo (1) _____ (tener) tanto talento para el arte. No había visto a nadie de su edad que (2) _____ (pintar) de esa manera. Estarán ustedes muy orgullosos de que Salvador (3) _____ (ingresar) en esa escuela de arte.

MADRE: Pues sí. Para su padre y para mí ha sido una gran sorpresa que el niño (4) _____ (obtener) la beca para estudiar en Santiago. Mi esposo preferiría que no (5) _____ (marcharse) porque en casa necesitamos ayuda con el negocio, pero los dos sabemos que esto es lo mejor para Salvador.

Al fin y al cabo

11-16 Chavela Vargas. A continuación tienes un artículo sobre Chavela Vargas, que se publicó en el periódico costarricense *La Nación Digital*. Léelo y completa después la información sobre la cantante.

■ Chavela Vargas

Chavela Vargas se caracteriza en el mundo de la música por su vestimenta de poncho rojo. Pero no sólo eso la hace famosa. Tiene más de 50 años en la música con una producción discográfica de aproximadamente 30 discos. Ha aparecido en escenarios famosos como el Olimpia de París, el Carnegie Hall y el Palacio de Bellas Artes de México.

Curiosamente, en Costa Rica, el país donde nació, no es muy conocida. A los diecisiete años dejó su tierra natal para radicarse en México. Allí fue parte de la escena artística de los años 50. En esa época paseaba con Agustín Lara o Juan Rulfo, o vivía con los pintores Diego Rivera y Frida Kahlo quienes eran sus amigos y la consideraron su musa. Según ella, en este ámbito también cenaba grandes dosis de tequila. Ahora, a los 80 años se siente más mexicana que costarricense porque México la recibió con los brazos abiertos y supo apreciar su música.

El cineasta Pedro Almodóvar utiliza la voz de Chavela Vargas en sus películas y le tiene un inmenso respeto. Al punto que cuando tuvo que entregarle el Premio Latino de Honor, primero pidió silencio del público y luego besó el suelo del escenario del Pabellón de Deportes del Real Madrid en señal de admiración por esta mujer extraordinaria. España la ha nombrado "mujer excelentísima" del país. En 1999 fue galardonada con el Premio de Honor en la entrega de los Premios de la Música en España.

En 1997 se retiró de los escenarios, pues tuvo miedo de perder su voz. "No quiero que me vayan a ver solamente por ser una viejita simpática", dice ella. Pero sigue activa con proyectos de grabar junto a Miguel Bosé, Joaquín Sabina, Ana Belén y Armando Manzanero. Al mismo tiempo, está escribiendo una autobiografía musical.

1. A Chavela Vargas le gusta vestir con _____.
2. Es originaria de _____, pero a los diecisiete años se fue a vivir
   a _____.
3. Allí fue parte de la escena de los _____.
4. Fue la musa de _____
5. Se pueden escuchar sus canciones en las películas de _____.
6. Dejó de actuar en público porque tenía miedo de _____.
7. Pedro Almodóvar le entregó en Madrid el premio _____.
8. Parece que su bebida favorita era _____.
9. Ahora está escribiendo su _____.

11-17 México. Imagínate que vas a ir a México a entrevistar a Chavela Vargas, pero antes quieres averiguar algunos datos sobre el país. Busca en la biblioteca o en Internet la siguiente información.

Datos geográficos:

1. La principal cadena montañosa de México es _____.
2. Un volcán importante de México es el _____.
3. El estado de Chiapas está _____.

Historia:

4. La Ciudad de México está fundada sobre las ruinas de una ciudad azteca, la antigua
   _____.
5. México obtuvo su independencia de España en el año _____.

Literatura:

6. El escritor mexicano Octavio Paz obtuvo el Premio Nobel de Literatura en el año
   _____.
7. La novela más famosa de Juan Rulfo es _____.
8. La autora de la novela *Como agua para chocolate* es la mexicana _____.

11-18 Cine. Mañana vas a alquilar el video *Fresa y chocolate* porque estás escribiendo un informe sobre cine latinoamericano y alguien de tu familia te dejó la siguiente reseña. Di cuáles de las siguientes aformaciones son ciertas (**C**) o falsas (**F**) de acuerdo a lo dicho en la reseña.

Cine Imperial presenta un gran estreno el viernes, 29 de abril de 1994

Fresa y Chocolate

Ganadora del premio: Oso de plata y Premio Especial del Jurado. Berlín 1994
Ganadora del mejor guión: Festival de Cine Latinoamericano de La Habana, 1992.

Ficha técnica

Dirección	Tomás Gutiérrez Alea
	Juan C. Tabio
Guión	Senel Paz
Fotografía	Mario García Joya
Producción	Miguel Mendoza
Montaje	Miriam Talavera
Música	Jose Mª Vitier
Decorados	Fernando O'Reylly

Ficha artística

Diego	Jorge Perugorria
David	Vladimir Cruz
Nancy	Mirta Ibarra
Miguel	Francisco Gatorno
Germán	Joel Angelino

Sinopsis

Diego es un joven artista homosexual que se enamora de David, un joven militante comunista que no es homosexual. David sigue la doctrina y los esquemas comunistas. Al principio, hay un rechazo total de los avances de Diego, pero también David tiene cierta curiosidad por este joven culto, tan diferente del mundo que él conoce. Así nace entre ellos una gran amistad y un amor que triunfa sobre la intolerancia y la incomprensión.

El director cubano Tomás Alea es uno de los grandes cineastas del mundo hispanoamericano. Dirigió esta película junto con Juan Tabio en 1993. Alea ha hecho más de 15 cortometrajes, 12 documentales y 14 largometrajes, de los cuales muchos han ganado premios internacionales. El escritor Senel Paz, autor del guión de *Fresa y Chocolate*, basó el argumento de la película en uno de sus cuentos, "El lobo, el bosque y el hombre nuevo". Este cuento había ganado el premio de narrativa más importante que puede obtenerse en la lengua castellana: el Premio Internacional Juan Rulfo. Este cuento también ha tenido interpretaciones teatrales en Cuba y México.

Di cuáles de las siguientes afirmaciones son ciertas (**C**) o falsas (**F**) de acuerdo a lo dicho en la reseña.

1. La película fue dirigida por un director español. _____

2. De acuerdo con el argumento:

   (a) El protagonista se enamora de un joven comunista. _____

   (b) Al final de la película la intolerancia triunfa sobre la comprensión. _____

3. La película fue producida por Tomás Gutiérrez Alea en 1928. _____

4. La película se estrenó en el Cine Imperial en 1994. _____

5. El director de la película es considerado por muchos como el peor cineasta del mundo. _____

6. Además de películas, Tomás Gutiérrez Alea ha realizado cortometrajes y documentales. _____

7. El guión de "El lobo, el bosque y el hombre nuevo" fue escrito por Rulfo. _____

8. El cuento de Senel Paz ha sido representado también en teatros mexicanos y cubanos. _____

11-19 Televisión. La familia de Carlos vive en Toledo y a todos les gusta el canal 3 de la televisión pública española. A continuación tienes la lista de programas. Léelos.

■ Enero 26, 2004

07:00 Español

Hoy aprenderemos a hablar del futuro. Expresar indiferencia y aprobación. Comprender textos con información estadística.

08:00 Plaza Sésamo

Programa infantil para niños en edad preescolar.

09:00 El nuevo show de Popeye

Popeye sonámbulo // El Tesoro de Transilvania (3) Después de siete noches navegando por los mares más peligrosos sin poder descansar Popeye regresa a casa. El conde Drácula visita a Popeye para que le encuentre el tesoro que se esconde en su castillo.

10:00 TV Educativa: La aventura del saber

Memoria del siglo XX: Medicina y Salud
Los avances y descubrimientos en medicina de este siglo han servido para salvar millones de vidas de personas cuyas enfermedades eran hasta hace poco desconocidas en su tratamiento.

Cerebro y máquina: La energía
El concepto científico. La conservación de la energía, sus transformaciones y degradaciones. Puede haber energías positivas y negativas.

11:00 La Película de la mañana

El corsario (1970)
Dirección: Antonio Mollica
Guión: E. Brochero, Nino Rolli
Fotografía: Emilio Foriscot
Música: A. F. Lavagnino
Intérpretes: Roberto Wood, Tania Alvarado, Cris Huerta, Armando Calvo, Angel del Pozo
País de origen: España-Italia
Sir Jeffrey, corsario inglés, ha perdido su barco en una partida de dados y necesita robar otro para continuar sus correrías. Jeffrey y sus hombres conseguirán que los franceses les hagan prisioneros y les encadenen en la bodega de su buque. Ya en alta mar, los piratas escapan de su encierro, vencen a la tripulación y se hacen dueños de la nave. Varias naciones europeas ofrecen fuerte recompensas por sus cabezas; los combates se suceden para este grupo de hombres condenados a no poder jamás vivir en paz.
PARA TODO PÚBLICO

15:45 Amazonia indómita

El océano verde (12)
La bóveda arbórea del bosque alberga millares de criaturas bajo la protección de su verdor. La familia de los capibaras ha crecido y busca un nuevo territorio. En los bancos del río una nueva generación de caimanes está capturando peces y la nutria surca las aguas enseñando a vivir a su camada. Un nuevo ciclo anual ha concluido y la vida continúa en la selva.

16:50 China, el dragón milenario

La patria de Confucio
Dirección y guión: Francisco Aguirre y Yang Dong
Fotografía: Magi Torroella
Música: Montxo García y Wu Jiaji
Confucio, el más importante filósofo de la historia de China, creó un sistema de pensamiento, basado en cierto escepticismo y bastante sentido común, que hacía hincapié en el respeto a la autoridad y a la edad. Esta doctrina ha formado durante siglos el espíritu de la sociedad china y logró superar el marxismo de la época del presidente Mao.

22:00 La noticia

24:00 El tercer grado

Desde el Palacio de Fuensalida en Toledo entrevista a José Bono (Presidente de la Junta de Castilla-La Mancha)

01:00 Metrópolis

Oriente lejano
El programa muestra la obra de artistas procedentes de China, Taiwan y Corea, obras y nombres poco conocidos en el mundo occidental. Por lo menos hasta este año, cuando los visitantes de la Bienal de Venecia de 1999 se sorprendieron ante la avalancha de artistas chinos presentes en el certámen. Algunos residen desde los años noventa en occidente pero la mayoría sigue viviendo y trabajando en su país natal.

01:30 Conciertos de radio-3

Skanda
Nacieron en Mieres, Asturias, en el 97, tras la disolución de Miereiners. Su sonido es una potente mezcla de rock, funk y blues aunque tan explosivo cruce parta del folclore de su tierra.

02:00 Cine club

Yo la conocía bien
Dirección: Antonio Pietrangeli
Guión: Antonio Pietrangeli, Ruggero Maccari, Ettore Scola
Fotografía: Armando Nannuzzi
Música: Piero Piccione
Intérpretes: Stefania Sandrelli, Mario Adorf, Nino Manfredi, Jean Claude Brialy
País de origen: Italia-Francia-Alemania
Una joven y bella provinciana llega a Roma dispuesta a abrirse camino. Ejerce diversos oficios y entabla relación con diferentes hombres, hasta que llega a entrar en el mundo de la publicidad, el cine, la moda, etc. . . lleno de trampas y burlas.
NO RECOMENDADA PARA MENORES DE 13 AÑOS

Éstos son algunos datos sobre los miembros de la familia.

La madre de Carlos: Está aprendiendo inglés, trabaja en la Consejería de Cultura en la Junta de Castilla-La Mancha. Ha hecho varios documentales sobre el río Tajo para la Junta.

El padre de Carlos: Es médico. Le gusta mucho el arte y el cine. Se acuesta casi siempre antes de las doce de la noche.

Carlos: No tiene trabajo. Estudió filosofía en la universidad. Le gusta mucho la música y hace años perteneció a un grupo de rock. No le interesa la política.

Fernando, hermano de Carlos: Tiene cuatro años. Le gustan mucho los dibujos animados. Empieza el colegio a las 9 de la mañana.

A. **¿Qué han visto?** Teniendo en cuenta los gustos de la familia y la programación, completa la siguiente información.

1. No creo que Carlos _____

_____ porque _____

_____, pero es posible que

_____

_____

_____

_____ porque _____

_____.

2. Es posible que Fernando _____

pero dudo que _____

porque _____.

3. Es una lástima que el padre de Carlos _____

pero si se quedó despierto hasta la una y media quizá _____

4. Como la madre de Carlos está aprendiendo inglés, es posible que _____

_____ pero lo dudo, porque _____

_____.

Preferiría que _____

_____.

B. **¿Y tú?** De todos los programas del canal 3, ¿cuál te parece el más interesante? ¿Por qué? ¿Qué tipo de programas de televisión te gustan a ti? ¿Cuál es tu programa favorito?

_____

_____

_____

_____

_____

_____

11-20 **Encuesta sobre música.** Completa la siguiente encuesta sobre música.

A. Cuál es, en tu opinión:

1. una canción cuya letra no se entiende bien: _____

2. una canción que se oye en todas las emisoras: _____

3. un clásico del rock que a ti te gusta mucho: _____

4. una canción con una música muy pegadiza que no te gusta nada: _____

5. la canción de moda del momento: _____

6. una canción con mucho ritmo: _____

7. una canción con un mensaje político: _____

¿Crees que son muy populares ahora las canciones de este tipo? ¿Por qué? _____

_____

8. ¿Cuál es, en tu opinión, el grupo de música más importante del siglo XX? ¿Por qué?

_____

_____

B. Escribe ahora un párrafo sobre tu canción favorita. Da el título de la canción y explica por qué te gusta tanto.

_____

_____

_____

_____

C. Describe el tipo de música que se hace en la actualidad y de qué trata la letra de muchas canciones.

_____

_____

_____

_____

11

Hablemos del ocio y del tiempo libre

En marcha con las palabras

11-21 ¡Felicitaciones, un fracaso de taquilla! Escucha las siguientes oraciones y di si son lógicas (**L**) o ilógicas (**I**).

Modelo: Te felicito, tu película ha sido un fracaso de taquilla. – *I* (ilógico).

1. L   I   5. L   I
2. L   I   6. L   I
3. L   I   7. L   I
4. L   I   8. L   I

11-22 Definiciones. Escucha las siguientes definiciones y di a qué palabra se refieren.

Modelo: pintar: Es lo que hace un pintor.

a. entretener: _____.   d. dirigir: _____.

b. aplaudir: _____.   e. ensayar: _____.

c. estrenar: _____.   f. entregar: _____.

11-23 Entrevista. Escucha las siguientes preguntas y marca la respuesta lógica.

Modelo: ¿Su última película es el éxito de la temporada?
   a. Sí, me gusta mucho.
   b. Sí, pero la letra (no) se entiende bien.
   c. No, ha sido un fracaso. ✓

1. a. En el año 1998
   b. Lucy y Pom
   c. La mejor de las tres

2. a. El de la mujer de al borde de un ataque
   b. No sé, creo que en España o en Estados Unidos.
   c. ¡Oh! Sí, filmar con él es fantástico.

3. a. A veces es un éxito de taquilla.
   b. En teatro y en cine
   c. En España

4. a. Penélope Cruz es una excelente actriz.
   b. Con Penélope Cruz y Marisa Paredes
   c. Dirijo bien a Marisa Paredes.

5. a. Con algún director americano
   b. Fernando Trueba filma en Estados Unidos.
   c. Antonio Banderas está de moda.

6. a. La obra que presentamos en el Teatro Avenida.
   b. ¡*Ámame*! Se oye en todas las emisoras.
   c. Ninguna

Sigamos con las estructuras

Referencia gramatical 1: Indicating who performs the actions: Passive voice with *ser*

11-24 ¿Por quién fue dirigida? Escuche las siguientes preguntas y contéstalas de acuerdo a la información del anuncio de la película. Sigue el modelo.

Modelo: ¿Por quién fue dirigida la película?

La película fue dirigida por Lucas Radi.

Tormenta en el Moreno

Actores principales

Juan................................... MANUEL AGUILAR
Diosa del Glaciar...................... AMPARO CASES
Sandra..................................... MARÍA DE LA GRANJA

Equipo técnico

Guión y dirección .... LUCAS RADI
Asistente de dirección.............. MATEO DOUFUR
Director de fotografía .... ROMÁN CORFAS
Director de arte...................... FRANCISCA TOLA
Música .... HERVETO GAUME
Productor ejecutivo .... DIEGO RADI

Distribuidor mundial

Raditiago Producciones S.A.

1._____.

2._____.

3._____.

4._____.

5._____.

Nombre: _____ Fecha: _____

Referencia gramatical 2: Substitute for passive voice: The passive *se*

11-25 Se venden muchos discos. Escucha las siguientes oraciones y luego cámbialas de acuerdo al modelo.

Modelo: Pagamos una productora local.
Se paga una productora local.

1. _____.
2. _____.
3. _____.
4. _____.
5. _____.
6. _____.
7. _____.
8. _____.

Referencia gramatical 3: Linking ideas: Relative pronouns

11-26 Mateo y el cine. Completa el párrafo con los pronombres relativos correspondientes luego escucha el párrafo y señala las respuestas correctas.

Horacio es el hijo mayor de mi hermano (1) _____ vive en México. A él le encanta el cine. De niño mostró interés yendo al cine del barrio en el (2) _____ su abuelo había trabajado toda su vida. Cuando sus padres vieron esto, hablaron con la profesora Graciela, (3) _____ era experta en el método Saura para aprender a filmar. Ese fue el comienzo. Ahora él no sólo dirige películas sino que también escribe los guiones y compone la música, (4) _____ hace que en las reuniones familiares escuchemos siempre su música. Ahora él tiene 32 años y ha formado su propia empresa donde trabaja con cinco amigos, (5) _____ producen y filman, películas alternativas muy buenas.

¿Cierto o falso?

1. Mateo es uno de mis sobrinos que vive en México.   C   F
2. La abuela es quien había trabajado en un cine de barrio.   C   F
3. No sabemos quién le enseñó el método Saura.   C   F
4. Sus amigos son los que componen la música.   C   F
5. La empresa en la que trabajan es de una multinacional.   C   F
6. Las películas que filman las producen ellos mismos.   C   F

Aprendamos 1: Expressing what you hope has happened: Present perfect subjunctive

11-27 ¿Cuándo? Contesta las preguntas de acuerdo al modelo. Luego, escucha las respuestas correctas.

Modelo: ¿Cuándo contratarán a los actores? – En cuanto / seleccionar

En cuanto los hayamos seleccionado.

1. ¿Cuándo contratarán al equipo técnico? – Tan pronto como / encontrar

   _____.

2. ¿Cuándo filmarán las escenas? – En cuanto / ensayar

   _____.

3. ¿Cuándo construirán la escenografía? – Cuando / pintar

   _____.

4. ¿Cuándo seleccionarán a los actores? – Después de que / ver

   _____.

5. ¿Cuándo alquilarán las filmadoras? – Cuando / conseguir

   _____.

6. ¿Cuándo revelarán las películas? – En cuanto / usado

   _____.

11-28 Problema de comunicación. Contesta las siguientes preguntas de acuerdo al modelo. Luego, escucha las respuestas correctas.

Modelo: ¿Vendrás cuando yo haya terminado? – ella

No, vendré cuando ella haya terminado.

1. ¿Filmarás cuando nosotros hayamos actuado? – yo

   _____.

2. ¿Ensayaremos cuando ellas hayan vuelto? – tú

   _____.

3. ¿Producirá la película cuando tú hayas firmado? – usted

   _____.

4. ¿Aplaudirá cuando tú hayas actuado? – nosotras

   _____.

5. ¿Escribirás el guión cuando él te haya dado una idea? – ustedes

   _____.

Aprendamos 2: Expressing what you hoped would have happened: Pluperfect subjunctive

11-29 **¡Qué lástima!** Tú filmaste una película y no te fue tan bien como a los demás. Lee lo que hicieron otros y escribe tu reacción. Luego, escucha las respuestas correctas.

Modelo: Mis amigos escribieron el guión. – yo

Ojalá *yo hubiera escrito el guión.*

1. Ellos contrataron a los actores. – yo

   Ojalá _____.

2. El director le pagó a la productora. – tú

   Ojalá _____.

3. Nosotros hicimos la escenografía. – él

   Ojalá. _____.

4. Yo filmé los exteriores. – usted

   Ojalá _____.

5. Ellos ensayaron muchas veces. – nosotros

   Ojalá _____.

6. La actriz firmó el contrato. – ellas

   Ojalá _____.

7. El productor comprobó el presupuesto. – tú

   Ojalá _____.

8. Los actores ensayaron la escena. – yo

   Ojalá _____.

Lab Manual

11-30 Noticias. Lee las noticias del mundo del espectáculo y escribe tu reacción. Luego, escucha las respuestas correctas.

Modelo: Antonio Banderas dirigió una película.

Nos alegramos de que *Antonio Banderas hubiera dirigido una película.*

1. El director murió antes del estreno.

Fue muy triste que _____.

2. La protagonista ganó el Goya.

Me encantó que _____.

3. Las películas estaban reveladas.

Dudaba de que _____.

4. La productora organizó todo de maravillas.

Nos alegró que _____.

5. La obra fue el éxito de la temporada.

No podía creer que _____.

6. Los actores ensayaron mucho.

Fue importante que _____.

7. Tuvieron problemas con el protagonista antes de filmar.

Fue muy triste que _____.

8. La canción se escuchaba en todas las discotecas del país.

Fue increíble que _____.

Aprendamos 3: Expressing a sequence of events in the past and future: Sequence of tenses in the subjunctive

11-31 Ayer, hoy y mañana. Lee las siguientes oraciones y cámbialas de acuerdo al modelo. Luego, escucha las respuestas correctas.

Modelo: Es importante que veas la obra.

Era *importante que vieras la obra.*

1. Es importante que aplaudas.

   Era _____.

2. Es increíble que sea un éxito de taquilla.

   Sería _____.

3. Si tenía dinero iba al cine.

   Si tuviera _____.

4. Es necesario que entre en el mundo del espectáculo.

   Será _____.

5. Compongo si tengo ganas.

   Compondría _____.

6. Actuaba como si estuviera en su casa.

   Actuó _____.

7. Llama a la radio en cuanto sepa la noticia.

   Llamará _____.

8. Como soy rico, produzco películas.

   Si fuera _____.

11-32 Cada uno a su tiempo. Escucha las siguientes oraciones y luego cámbialas de acuerdo al modelo.

Modelo: Practicabas todos los días.

Era importante que *practicaras todos los días.*

1. Fue lamentable que _____.

2. Habría sido interesante que _____.

3. Preferiríamos que _____.

4. Nos sorprendió que _____.

5. Sería conveniente que _____.

6. Es bueno que _____.

7. Es increíble que _____.

8. Esperamos que _____.

Lab Manual

Al fin y al cabo

11-33 Cartelera. Escucha las siguientes preguntas y luego contéstalas de acuerdo al contenido de la cartelera a continuación.

PELÍCULAS

Amor vertical
Tipo de película: Drama
Director: Arturo Soto
Argumento: Jorge Perugorría (*Fresa y chocolate;*
Guantanamera) interpreta a un seductor y Silvia Águila es la muchacha que conquista su corazón. Una película entretenida y con una excelente actuación de los protagonistas.
¡A no perdérsela!

Cines, horarios y precios
Cine bar Lumiere
Dirección: Carrera 14 No. 85-59
Teléfono: Reservas 6-36-04-85
Precio: Lunes a viernes $5.000
Fin de semana $ 7.000
Horario: Lunes a domingo 3:30, 6:30 y 8:30 p.m.

Radio City
Dirección: Carrera 13 No. 41-36
Precio: Lunes y miércoles: $ 4.000
Martes y jueves: $ 3.000
Viernes, sábado, domingo y festivos: $ 4.500
Horario: Lunes a sábado 3:30, 6:30 y 9:15 p.m.

1. _____.
2. _____.
3. _____.
4. _____.
5. _____.
6. _____.
7. _____.
8. _____.
9. _____.
10. _____.

11-34 ¿Qué hacemos? Cuatro personas intentan planear una salida para el fin de semana. Escucha las conversaciones. Luego escucha las afirmaciones sobre las conversaciones y marca si son ciertas o falsas.

Modelo: Las personas están en el cine. – *F*

Conversación 1

1. C F	4. C F
2. C F	5. C F
3. C F	6. C F

Conversación 2

1. C F	4. C F
2. C F	5. C F
3. C F	6. C F

Dictado

11-35 El mundo en casa. Transcribe el fragmento del cuento que escucharás a continuación.

_____

_____

_____

_____

_____

_____

_____

_____

_____

_____

_____

_____

Lab Manual

12

Capítulo doce

Hablemos de las celebraciones y del amor

En marcha con las palabras

12-1 Rompecabezas de palabras. Descifra las palabras relacionadas con las fiestas que se dan a continuación. La primera letra de la palabra te servirá de clave.

Modelo: EILAB _____baile_____

1. HECRODER   d_____
2. HEMOREBRACRAS   e_____
3. FOJETES   f_____
4. UCMLEPSOÑA   c_____

5. GELARRA   a_____
6. ELDISFE   d_____
7. BLOGO   g_____
8. DRINBIS   b_____

12-2 La boda. Todos los viernes Rosario escribe en su diario lo que ha ocurrido durante la semana. Completa lo que escribió ayer con las palabras entre paréntesis. Haz los cambios necesarios.

El sábado pasado se casó mi hermana y, como a nosotros nos gusta (1) _____ (festejar, adorar) cualquier (2) _____ (acontecimiento, desfile) alegre, mis padres decidieron (3) _____ (confiar, hacer una gran fiesta) en honor a los novios. Mis padres (4) _____ (aguantar, convidar) a toda la familia y, por suerte, no faltó nadie. Yo me (5) _____ (asombrar, avergonzar) de que incluso viniera el hermano de mi madre que vive en Lima. El banquete fue estupendo y en la cena sobró muchísima comida y bebida. Mi padre, que es muy gracioso, empezó a (6) _____ (contar chistes, gastar) en la mesa y todos empezamos a reírnos. Al final del almuerzo, se levantó e (7) _____ (impresionar, hacer un brindis) por los novios. Todos los invitados alzaron las copas y dijeron "Vivan los novios". Mi abuelo dijo que lo único que faltó en la boda fueron (8) _____ (fuegos artificiales, globos) pero mi padre le explicó que los habría comprado si la boda no hubiera sido por la mañana. Tengo la impresión de que mis padres se salieron bastante de su (9) _____ (derroche, presupuesto) y de que este año nos vamos a tener que quedar trabajando en la tienda durante todas las vacaciones.

12-3 Viaje a México. Rosa planea un viaje a México. Completa el diálogo con la forma correcta de los verbos **ir, venir, traer** y **llevar.**

ROSA: Yo (1) _____ a México para la Navidad. ¿Quieres

(2)_____ conmigo?

LÍA: Me encantaría (3) _____ a México. Quiero ver las Posadas que nunca las he visto.

ROSA: Pues Héctor también quiere (4) _____. Seríamos tres.

(5) _____ en su coche desde El Paso. Como sabes él tiene un coche pequeño así que no podemos (6) _____ mucho equipaje.

LÍA: No te preocupes voy a (7) _____ sólo lo indispensable.

ROSA: Fantástico.

12-4 Ocasiones diferentes. El próximo mes de diciembre va a haber varios acontecimientos importantes en la familia de Rosa. Selecciona la expresión que Rosa le va a decir a esa persona.

¡Felices fiestas!	¡Enhorabuena!	¡Felicidades!
¡Feliz cumpleaños!	¡Feliz año nuevo!	¡Feliz día del santo!

1. El 12 es la Virgen de Guadalupe en el calendario católico.
   La prima de Rosa se llama Guadalupe. ¿Qué le va a decir?   _____

2. El 14 de ese mes nació su hermano. ¿Qué le va a decir ella ese día?   _____

3. El 15 de mayo Federico se gradúa. ¿Qué le van a decir sus padres
   en la ceremonia?   _____

4. Rosa va a ir a la casa de tus tíos, que son católicos, el 24 de diciembre.
   ¿Qué les va a decir?   _____

5. El día 27 Guadalupe y su novio Juan se van a casar.
   ¿Qué va a gritar Rosa en el banquete?   _____

6. La noche del 31 de diciembre, a las doce en punto ¿qué les va a decir
   Rosa a todos?   _____

Sigamos con las estructuras

Referencia gramatical 1: Espressing sequence of actions: Infinitive after preposition

12-5 La reacción de Víctor. Completa la explicación que le dio Víctor a Rebeca con las preposiciones y frases preposicionales siguientes.

| al | antes de | después de | para | sin |

"Rebeca: tú estás loca. (1) _____ oír lo que acabas de decir, me doy cuenta de que no me conoces. ¿Sabes por qué llamé a Cristina la otra noche? La llamé (2) _____ hablar de ti. Ella está también muy preocupada con tu manera de actuar últimamente. El otro día se cruzó contigo en la calle (3) _____ salir del trabajo y tú no la saludaste. ¿Es que no la viste? No puedes pasar delante de tu mejor amiga (4) _____ decirle hola, ¿no crees? Ya sé que piensas que yo soy la causa de todas tus preocupaciones, pero (5) _____ acusarme de ser un marido infiel, debes asegurarte de lo que dices. Y sobre ir al café Picasso con Cristina, ¿no es lo más lógico que, si trabajo con ella, nos tomemos de vez en cuando un café? ¿No lo haces tú también con tus compañeros?"

Referencia gramatical 2: Describing how things may be in the future, expressing probability: Future perfect

12-6 Planes. Blanca y José son novios y piensan casarse, pero todavía tienen muchas cosas que hacer antes de la boda. A continuación tienes algunas de las cosas que Blanca piensa que habrán hecho los dos para determinada fecha.

Modelo: yo / comprarse / coche / a finales de este mes
A finales de este mes yo me habré comprado un coche.

1. José / encontrar trabajo / a finales de este mes

   _____

2. yo / terminar la maestría / en julio del año que viene

   _____

3. nosotros / ir a la Patagonia / en septiembre próximo

   _____

4. nosotros / casarse / a finales del año próximo

   _____

5. nuestro primer hijo / nacer / a finales del 2005

   _____

Referencia gramatical 3: Talking about a hypothetical situations in the past: Conditional perfect

12-7 La fiesta del pueblo. Hoy es la fiesta del pueblo de La Bodera y cada cual la celebra a su modo. Explica qué habrían hecho ese día tú, tu amiga y otras personas en relación con las situaciones descritas. Usa el condicional perfecto.

Modelo: Juan bailó en una discoteca con la reina de las fiestas.

(yo / bailar también con ella) *Yo habría bailado también con ella.*

1. Alberto se emborrachó.
   (yo / no beber tanto) _____

2. Antonio discutió con su novia.
   (yo / no tolerar los gritos de mi novio) _____

3. David y Cristina gastaron mucho en la cena.
   (tú / no pedir / platos tan caros en el restaurante) _____

4. Mis padres se fueron a su casa antes de que empezara el desfile.
   (nosotros / quedarse hasta el final del desfile) _____

5. Rafa y Chus convidaron con cerveza a todos sus amigos.
   (yo / no gastar dinero en invitar a mis amigos) _____

Aprendamos 1: Discussing contrary-to-fact situations: *If clauses with the conditional perfect and pluperfect subjunctive*

12-8 Las lamentaciones de Gustavo. Gustavo siempre dice que va a ir a fiestas, pero nunca va. El problema es cuando las fiestas han pasado, siempre se lamenta de no haber ido. Escribe lo que piensa Gustavo en cada caso. Si no conoces las fiestas que menciona, busca información en la biblioteca o en Internet.

Modelo: (febrero) participar en los desfiles del carnaval / ir a Cádiz

Habría participado en los desfiles del carnaval si hubiera ido a Cádiz.

1. (19 de marzo) hacer fotos de las Fallas / ir a Valencia

   _____

2. (abril) bailar sevillanas durante la Feria de Abril / visitar Sevilla

   _____

3. (15 de mayo) divertirse en la verbena de San Isidro / viajar Madrid

   _____

4. (24 de junio) caminar sobre las brasas (*hot coal*) / estar en San Pedro Manrique

   _____

5. (25 de julio) ver el botafumeiro (*censer*) en la catedral / hacer el peregrinaje a Santiago de Compostela

   _____

Nombre: _____ Fecha: _____

12-9 Los Sanfermines. Adela y Germán fueron este año a Pamplona para pasar allí las fiestas de San Fermín. Lee a continuación lo que les ocurrió allí.

A. Explica qué habría pasado en circunstancias diferentes.

Modelo: Adela y Germán viajaron a Pamplona en autobús porque no encontraron billetes de tren.
   Si hubieran encontrado billetes de tren, no habrían viajado en autobús.

1. Adela y Germán fueron a Pamplona porque querían correr delante de los toros.

   Si no _____.

2. La primera noche durmieron en un parque público porque no encontraron ningún hotel.

   Si _____.

3. Al día siguiente se compraron pañuelos rojos porque se olvidaron los suyos en Madrid.

   Si no _____.

4. Adela no corrió delante de los toros porque no vio a ninguna mujer en el grupo de corredores.

   Si _____

5. Germán tuvo que ir al hospital porque lo atropelló un toro.

   Si _____

6. Germán pasó cuatro días en el hospital porque tenía algunas heridas de consideración.

   Si _____

7. Adela se volvió a Madrid porque no sabía qué hacer en Pamplona sin Germán.

   Si _____

B. Busca en la biblioteca o en Internet qué son los Sanfermines. Describe en un breve párrafo esta fiesta.

_____

_____

_____

_____

_____

_____

_____

_____

_____

_____

Aprendamos 2: Expressing a sequence of events in the past: Sequence of tenses in the subjunctive

12-10 Una boda aburrida. Teresa y Mario se casaron la semana pasada, pero, como no tenían dinero, no pudieron celebrar su boda como les habría gustado. Selecciona una de las siguientes opciones para completar la información sobre lo que habría pasado de haber hecho las cosas de modo diferente.

invitar a cenar a todos sus amigos   nosotros saber cuáles eran sus problemas
pedir dinero al padre de Teresa para la boda   tener más dinero   todo salir mejor

Si hubieran planificado mejor la boda (1) _____.

(2) _____, si hubieran podido pagar el restaurante.

(3) _____ les habríamos organizado una pequeña fiesta.

Habrían ido a algún sitio para su luna de miel (4) _____.

(5) _____ él se lo habría prestado.

12-11 Problemas matrimoniales. Elena y su esposo Rodolfo tenien muchos problemas últimamente. Escribe la letra que corresponda junto al número de cada oración para indicar lo que se dijeron ayer.

1. _____ Antes de casarnos . . .

2. _____ Para evitar el divorcio . . .

3. _____ El otro día, al pasar por el cine Odeón, . . .

4. _____ De haber sabido antes que eras tan celosa . . .

5. _____ Después de volver a casa la otra noche, . . .

a. . . . no me habría casado contigo.

b. . . . eras más romántico.

c. . . . noté que lo primero que hiciste fue llamar a alguien por teléfono.

d. . . . te vi en la puerta con una mujer.

e. . . . tienes que convencerme de que todavia me amas como antes.

12-12 **El carnaval dominicano.** Este año Juana ha decidido ir al carnaval de la República Dominicana. La Secretaría de Estado de Turismo le envió esta reseña sobre la historia del Carnaval. Léela y después explica con otras palabras algunos de los datos que se dan.

El carnaval en la República Dominicana

En 1821 la República Dominicana consiguió su independencia de la Corona Española en un acuerdo amistoso, a través de transacciones pacíficas y sin tener que acudir a medios belicosos. Sin embargo sus deseos de libertad e independencia fueron suprimidos inmediatamente con la invasión de la nación vecina, Haití. Los haitianos ocuparon esa parte de la isla por 22 años. Durante la ocupación, los haitianos trataron de cambiar las costumbres y las tradiciones, y hasta el idioma español fue cambiado por el creole o francés. Por ejemplo, los documentos oficiales debían ser escritos en francés. Pero las ansias de independencia del espíritu dominicano los llevó finalmente a expulsar a los haitianos en 1844.

Desde entonces se festeja esta nueva independencia junto con el carnaval tradicional de la pre-cuaresma celebrado en los países católicos. Hay desfiles de comparsas en las calles, personas con máscaras bailando, bailes de disfraces, y alegría general en todas partes.

Usa las preposiciones y frases preposicionales necesarias para completar la reseña.

1. _____ ser invadida por los haitianos, la República Dominicana fue una colonia española.

2. Los dominicanos no pudieron disfrutar de su independencia _____ haber llegado a un acuerdo amistoso con los españoles.

3. _____ ocupar la República Dominicana, los haitianos trataron de imponer la lengua francesa.

4. _____ no haber expulsado a los haitianos, los dominicanos hablarían ahora francés.

5. Todos los años los dominicanos aprovechan el carnaval _____ disfrazarse y celebrar así su independencia.

Al fin y al cabo

12-13 Gracias, Violeta. El año pasado una compañía discográfica sacó el disco *Gracias, Violeta*, que recoge algunas de las mejores canciones de Violeta Parra. En el disco se incluye lo siguiente sobre la cantautora chilena.

Violeta Parra es para muchos la folclorista más importante de Latinoamérica. Nacida en Chile en 1917, se inició muy joven en el mundo de la música, cantando boleros, rancheras y otro tipo de música popular. Impulsada por su hermano Nicanor, el gran poeta chileno, empezó a rescatar y recopilar la música folclórica de su país en 1952. Los años siguientes fueron de intensa actividad para Violeta Parra: compuso y grabó canciones inspiradas en ritmos populares e incluso recibió el premio Caupolicán, otorgado a la mejor folclorista del año 1954. Entre sus discos más conocidos se hallan *Casamiento de negros*, la serie *El folklore de Chile*, *Toda Violeta Parra*, *Defensa de Violeta Parra*, *Cantos campesinos* y *Últimas composiciones*.

Violeta Parra fue una gran embajadora de la música de su país, pues la llevó a los escenarios de diferentes países europeos y latinoamericanos. Se suicidó en 1967. Dejó tras ella no solamente un valioso legado de canciones de tanta fuerza como "Los pueblos americanos" o "Gracias a la vida", sino una serie de escritos y de obras plásticas como el óleo que sirve de portada a este álbum, titulado "Leyendo *El Peneca*".

Une los datos de las dos listas basándote en la información anterior

1. _____ Nicanor Parra
2. _____ Leyendo *El Peneca*
3. _____ ranchera
4. _____ Caupolicán
5. _____ Violeta Parra
6. _____ "Los pueblos americanos"
7. _____ "Cantos campesinos"

a. folklorista de Chile
b. álbum
c. hermano de Violeta
d. música popular
e. canción
f. pintura
g. galardón recibido por Violeta

12-14 Chile. Quieres ir a la Fundación Violeta Parra en Chile para realizar una investigación sobre música y tradiciones populares chilenas y estás preparando un itinerario para tu viaje. Busca la información siguiente en la biblioteca o en Internet.

1. Capital: S_____

2. Otras ciudades importantes: C_____, V_____

3. Nombre del desierto que está al norte del país: A_____

4. Nombre de la ciudad chilena más al sur del planeta: P_____
   A_____

5. Isla del Pacífico conocida por sus monolitos gigantes: I_____ de
   P_____

6. Nombre del conquistador de Chile: P_____ de
   V_____

7. Año en que Chile se independizó de España: _____

8. Presidente chileno derrocado por Pinochet en el golpe de estado de 1973:
   S_____ A_____

9. Autora chilena, sobrina del presidente derrocado: I_____
   A_____

10. Poeta chileno que recibió el premio Nobel de literatura en 1971: P_____
    N_____

11. Pueblo indígena con la mayor población en Chile: a_____

12-15 La danza de las tijeras. Después de tu visita a Chile vas a recorrer Perú y piensas asistir a un ritual muy antiguo que se celebra en ese país. Lee el texto que encontraste sobre la "danza de las tijeras" y después di cuáles de las afirmaciones a continuacion son ciertas (**C**) o falsas (**F**).

La danza de las Tijeras, un rito rebelde

La danza de las Tijeras es un rito popular que se baila el viernes de Semana Santa, el día de la muerte de Jesucristo según el calendario cristiano. Personas disfrazadas de wamanis o apus representan los diablos andinos de la antigua cultura inca. Según la creencia incaica, los wamanis son los dioses de la montaña que viven en los cerros.

Después de la Conquista estos antiguos rituales autóctonos fueron prohibidos debido a la fuerte represión impuesta por los dominadores quienes consideraron que todo tipo de idolatría debía ser estirpada de la cultura. Sin embargo los nativos usaron las contradicciones del gobierno oficial para seguir rindiendo culto a sus dioses. La antigua religión andina consiguió sobrevivir escondida detrás de complejos símbolos lo cual resultó en un híbrido cultural extraordinario, de forma hispánica y contenido quechua.

La danza de las Tijeras es un baile del culto a los wamanis o apus en el cual los bailarines usan máscaras mientras cantan y bailan en un éxtasis profundo. Según la tradición, se considera que los danzantes están poseídos por los dioses prehispánicos que vivían en manantiales, lagos, rocas, cerros y cataratas. La música imita los sonidos de la naturaleza y los danzantes actúan como intermediarios entre los dioses y los hombres. El mensaje de los dioses es prohibirles a los pobladores mezclarse con los "españoles". La danza tiene una coreografía compleja con cientos de pasos que cambian al compás de la música. Los diferentes movimientos representan escenas de las actividades agrícolas mezcladas con escenas de magia y faquirismos en las cuales hacen aparecer animales vivos, o se clavan agujas y tragan fuego.

Esta danza revela el sentido histórico de un pueblo que ha sobrevivido por cientos de años. Es el único día del año en el cual los diablos andinos reinan sobre la tierra porque no hay ningún otro dios, ya que Jesucristo está muerto ese día.

1. La danza tiene lugar el Viernes Santo. _____

2. Los indígenas creen que los wamanis andinos causaron la muerte de Jesucristo. _____

3. Los conquistadores españoles trataron de practicar su religión clandestinamente. _____

4. La danza de las tijeras es un híbrido cultural de contenido quechua y forma hispánica. _____

5. Durante la danza, los wamanis cantan y bailan en éxtasis. _____

6. Los danzantes tratan de sugerir, con sus movimientos, que los indígenas no deben mezclarse con los españoles. _____

7. Los danzantes tienen que estar en muy buena forma física para realizar las acrobacias que forman parte de la danza. _____

12-16 Una familia típica. Ana y Paco celebran las fiestas navideñas como muchas familias españolas. Tú vas a vivir con ellos durante este año y Ana te ha explicado qué hizo la familia las navidades pasadas. Lee su explicación y busca en un diccionario las palabras que no conozcas.

El día de Nochebuena cenamos Paco y yo con mi hija la menor y su novio. Preparé unos entremeses, sopa de almendras y besugo al horno. Terminamos la cena con mazapán y turrón. Después Paco y yo fuimos a la Misa de Gallo.

El día de Navidad estuvieron en casa mi hijo y su familia. Comimos mariscos, cordero asado y ensalada y, por supuesto, terminamos la comida con mazapán, turrón y champán.

El día de Nochevieja vinieron desde Barcelona mi hija Marimar, mi yerno y mis tres nietos y se quedaron con nosotros una semana. También estuvieron aquí la menor y el novio. Cenamos muy bien, y a la media noche, como es tradicional, comimos las doce uvas mientras escuchábamos las campanadas del reloj de la Puerta del Sol. Al terminar, hicimos un brindis con champán. Después Chus, la menor, y su novio se fueron a una sala de fiestas a celebrar el año nuevo. Creo que no volvieron a casa hasta las ocho de la mañana.

El cinco de enero llevamos a mis tres nietos a la cabalgata para que vieran el desfile de carrozas con los tres Reyes Magos. Antes de acostarse, los tres pusieron los zapatos debajo de la ventana para que los Reyes les dejaran los regalos esa noche. Al día siguiente, el Día de Reyes, los niños se levantaron muy temprano y, al ver sus regalos, se pusieron muy contentos. Yo canté villancicos con ellos delante del belén y después todos desayunamos un delicioso roscón de Reyes. Al día siguiente Paco y yo nos quedamos solos, quitamos el belén y guardamos todas las figuritas hasta las próximas navidades.

1. Explica qué día te habría gustado pasar con la familia de Ana las festividades pasadas y por qué.

   _____

   _____

   _____

2. Di qué crees que habrán hecho Chus y su novio el Día de Año Nuevo y qué habrías hecho tú.

   _____

   _____

   _____

3. Si hubieras estado con la familia de Ana y Paco el 25 de diciembre, ¿qué platos típicos de tu país habrías preparado tú? Da detalles.

   _____

   _____

   _____

4. Busca en Internet cuáles son los ingredientes del mazapán. ¿Crees que te habría gustado comerlo durante las navidades? ¿Por qué?

   _____

   _____

   _____

Workbook

12-17 Más días feriados. Escribe un ensayo breve en el que expliques por qué deberían incluir más días feriados en el calendario. Sigue el siguiente esquema:

<u>Párrafo inicial:</u>   Presentación de tu punto de vista

<u>Segundo párrafo:</u>   Desarrollo de la primera idea que apoya tu propuesta.

<u>Tercer párrafo:</u>   Desarrollo de la segunda idea que apoya tu propuesta.

<u>Conclusión:</u>   Consecuencias positivas de este cambio en el futuro.

_____
_____
_____
_____
_____
_____
_____
_____
_____
_____
_____

12 Capítulo doce
Hablemos de las celebraciones y del amor

En marcha con las palabras

12-18 Alegría y felicidad. Escucha las siguientes palabras y escribe la letra del sinónimo para cada palabra de la lista a continuación.

1. _____

2. _____

3. _____

4. _____

5. _____

6. _____

a. enamorarse

b. entretenerse

c. contar chistes

d. festejar

e. aspecto (apariencia)

f. fiesta

12-19 Brindemos por tu felicidad. Escucha las siguientes oraciones y marca si son lógicas (**L**) o ilógicas (**I**).

Modelo: Escuchas: ¡Que los cumplas del santo!

Marcas *I* (Ilógico).

1. L	I	5. L	I
2. L	I	6. L	I
3. L	I	7. L	I
4. L	I	8. L	I

12-20 ¿Y tú? Escucha las siguientes preguntas y contéstelas de acuerdo a tu experiencia personal. Sigue el modelo.

Modelo: ¿Cuándo celebran su aniversario tus padres?

a. en invierno

b. en verano

c. en primavera

d. en otoño

e. nunca ✓

Oración: *Mis padres están divorciados y no celebran su aniversario.*

1. a. solo   b. con amigos   c. con la familia

_____.

2. a. sí   b. no

_____.

3. a. sí   b. no

_____.

4. a. sí   b. no

_____.

5. a. sí   b. no

_____.

6. a. sí   b. no

_____.

7. a. en invierno   b. en verano   c. en primavera   d. en otoño

_____.

8. a. sí   b. no

_____.

9. a. me encantan   b. los detesto   c. más o menos

_____.

Sigamos con las estructuras

Referencia gramatical 1: Expressing sequence of actions: Infinitive after preposition

12-21 Una reunión perfecta. Escucha las siguientes oraciones en las que Lola te explica qué hace ella para preparar una reunión familiar perfecta. Después, usa esa información para decidir si cada una de las siguientes afirmaciones es cierta (**C**) o falsa (**F**).

1. Para preparar una reunión perfecta, Lola no necesita hacer nada especial.   C   F
2. Para encontrar un lugar adecuado, Lola busca locales en Internet.   C   F
3. Para contratar a unos músicos buenos, Lola necesita bastante dinero.   C   F
4. Para coordinar todos los horarios, Lola contrata a una secretaria.   C   F
5. Para asegurarse de que no falta comida, Lola compra mucha fruta.   C   F
6. Para terminar con todos los detalles, Lola busca ayuda profesional.   C   F

12-22 Mi hermano mayor. Tu hermano mayor tiene muchas oportunidades en su vida, pero él y tú son muy diferentes y tú no estás de acuerdo con las decisiones que él toma. Escucha las siguientes oraciones y transforma cada una según el modelo, para indicar lo que tú harías si fueras él.

Modelo: Tu hermano nunca acepta las ofertas de trabajo.

De ser mi hermano, yo aceptaría las ofertas de trabajo.

1. _____.
2. _____.
3. _____.
4. _____.
5. _____.
6. _____.

Lab Manual

Referencia gramatical 2: Describing how things may be in the future, expressing probability: Future perfect

12-23 La boda. Contesta las preguntas que escuches siguiendo el modelo.

Modelo: ¿Se habrán casado?

tener hijos

Sí, se habrán casado y habrán tenido hijos.

1. encargar el pastel

   _____.

2. enviar las invitaciones

   _____.

3. contratar al DJ

   _____.

4. usar un poco los zapatos

   _____.

5. poner las flores en el templo

   _____.

6. escribir los votos

   _____.

Referencia gramatical 3: Talking about hypothetical situations in the past: Conditional perfect

12-24 Contreras. A estas personas les gusta llevar la contraria. Siempre contradicen a los demás. Escucha cada oración y cámbiala de acuerdo al modelo.

Modelo: Ella fue a la fiesta patronal sin ti.

Ella no habría ido a la fiesta patronal sin mí.

1. _____.
2. _____.
3. _____.
4. _____.
5. _____.
6. _____.
7. _____.
8. _____.

Aprendamos 1: Discussing contrary-to-fact situations: *If* clauses with the conditional perfect and the pluperfect subjunctive

12-25 Si fuera. Escucha las siguientes oraciones y cámbialas de acuerdo al modelo.

Modelo: Si fuera feliz no me separaría.
Si hubiera sido feliz no me habría separado.

1. _____.
2. _____.
3. _____.
4. _____.
5. _____.
6. _____.

12-26 ¿Qué habrías hecho? Tú familia ha sido siempre muy abierta, pero ¿qué habrías hecho si hubiera sido autoritaria y hubiera tratado de imponerte cosas que no querías hacer? Escucha las siguientes oraciones y contéstalas de acuerdo al modelo.

Modelo: ¿Qué habrías hecho si te hubieran obligado a casarte?
No me habría casado.

1. No _____.
2. No _____.
3. No _____.
4. No _____.
5. No _____.
6. No _____.

Lab Manual

Aprendamos 2: Expressing a sequence of events in the past: Sequence of tenses in the subjunctive

12-27 De haber sabido. ¿Qué habrías hecho tú en estas situaciones? Escucha las siguientes preguntas y contéstalas de acuerdo al modelo.

Modelo: ¿Qué habrías hecho de haber conseguido la paz en el mundo?

luchar por mantenerla

De haber conseguido la paz en el mundo, habría luchado por mantenerla.

1. hacer un contrato

   _____.

2. cambiar la fecha

   _____.

3. olvidarla

   _____.

4. celebrar

   _____.

5. trabajar con ella

   _____.

6. luchar por ella

   _____.

12-28 Si yo lo hubiera sabido. . . Muchas veces hacemos cosas que no hubiéramos hecho de haber sabido las consecuencias que tendrían. Escucha las siguientes oraciones y cámbialas de acuerdo a lo que tú habrías hecho. Sigue el modelo.

Modelo: Yo no jugué con mi hermanito cuando vivía en casa de mis padres.

—mudarte a otro país

Si yo hubiera sabido que me mudaría a otro país, habría jugado con mi hermanito cuando vivía en casa de mis padres.

1. pasar más tiempo con ella
2. prestar más atención en clase
3. despedirme de ellos
4. dejar de fumar
5. mantener una dieta saludable
6. no desesperarme

Al fin y al cabo

12-29 Las celebraciones hispanas. Escucha el siguiente párrafo sobre cómo celebran los hispanoamericanos. Di si las afirmaciones son ciertas (**C**) o falsas (**F**).

1. A los hispanos sólo les gusta celebrar con ocasión de su cumpleaños.   C   F
2. La mayoría de las fiestas hispanas están reservadas para los ricos.   C   F
3. Las fiestas mexicanas suelen ser muy alegres y coloridas.   C   F
4. Los habitantes de un pueblo celebran con mucha comida y bebida.   C   F
5. Los pueblos más pobres no tienen recursos para celebrar fiestas.   C   F
6. Los hispanos celebran por cualquier motivo.   C   F

12-30 La Semana Santa. La Semana Santa es una de las celebraciones más populares en muchos países de Hispanoamérica. Escucha el siguiente anuncio sobre lo que ocurrirá durante la Semana Santa en Sevilla, y utiliza la información para contestar las siguientes preguntas.

1. ¿Qué entidad va a patrocinar las actividades de la Semana Santa?

    _____.

2. ¿Dónde tendrá lugar la misa del miércoles?

    _____.

3. ¿Quiénes están invitados al festival infantil del jueves?

    _____.

4. ¿A qué hora comenzará la procesión del Viernes Santo?

    _____.

5. ¿Dónde será la comida-merienda del domingo?

    _____.

6. ¿Qué pueden hacer las personas que necesiten mayor información?

    _____.

Lab Manual

12-31 Hablemos de ti. Hemos estado hablando de cómo celebran los hispanoamericanos. Seguramente a ti te gusta celebrar de una forma diferente. Escucha las siguientes preguntas y contéstalas detalladamente. Recuerda que no hay respuestas correctas o incorrectas, son simplemente tus opiniones.

1. _____ .
2. _____ .
3. _____ .
4. _____ .
5. _____ .
6. _____ .

Dictado

12-32 Cleopatra. Transcribe el fragmento del cuento "Cleopatra" que escucharás a continuación.

_____
_____
_____
_____
_____
_____
_____
_____
_____
_____
_____
_____

Repaso 4

R4-1 Los problemas de Alfredo. Alfredo está hablando con su hermano sobre sus problemas en el trabajo. Completa su conversación con las palabras entre paréntesis. Haz los cambios necesarios.

VALENTÍN: El otro día leí rápidamente los (1) _____ (titular, autógrafo) del periódico *La Nación* y fue así como me enteré de que la empresa donde trabajas está en (2) _____ (estreno, bancarrota).

ALFREDO: La verdad, es que a mí no me sorprende nada porque el año pasado hubo muchas (3) _____ (ganancia, pérdida) y tuvieron que pedir algunos (4) _____ (préstamo, vínculo) a varios bancos.

VALENTÍN: Me imagino que los directivos de la empresa (5) _____ (acercarse, reunirse) muy pronto para decidir qué hacer, ¿no?

ALFREDO: Supongo. Yo (6) _____ (conformarse con, confiar en) que todavía puedan encontrar una solución porque, si no, me veo buscando trabajo otra vez. Nunca habría (7) _____ (asentir, prever) que la situación acabara así. Mañana mismo debería empezar a mandar mi currículum a otras empresas.

VALENTÍN: Mira, Alfredo, no te precipites. (8) _____ (valer la pena, contentarse con) esperar un poco a ver qué pasa. Seguramente la próxima semana los directivos (9) _____ (anunciar, alegrar) en (los medios de comunicación, escenarios) (10) _____ cuáles son sus planes para resolver la situación de la empresa y los trabajadores.

ALFREDO: Sí, y, mientras tanto, yo tendré que (11) _____ (afectar, soportar) las críticas de Marisa, que nunca aprobó que dejara mi otro trabajo.

R4-2 Concurso de televisión. En el canal 5 hay un nuevo concurso que se llama "Pido la palabra"; en el que hay que dar el término que corresponde a la definición. Tú vas a participar en ese concurso. Escribe el término correcto.

Modelo: Fiesta en honor a una persona que se va a casar. _despedida de soltero/a_

Definiciones	Palabra
1. Máscara de cartón u otro material que cubre la cara de una persona	_____
2. Máquina que sirve para imprimir documentos	_____
3. Texto escrito que se usa en una película o en un programa de radio o televisión	_____
4. Reparar	_____
5. Persona que interpreta canciones	_____
6. Máquina que sirve para dejar mensajes en la casa de alguien	_____
7. Hacer ruido juntando las palmas de la mano para mostrar que nos gustó algo	_____
8. Agradable y entretenido	_____
9. Película muy exitosa a nivel comercial	_____
10. Hacer más pequeño algo	_____

R4-3 Un día muy ocupado. Cuando Cecilia llega a casa por la noche, siempre le cuenta a Pablo cómo le ha ido durante el día. Usa el pretérito perfecto para escribir lo que le cuenta Cecilia a Pablo. Añade las palabras necesarias.

Modelo: hoy / tener / día regular
Hoy he tenido un día regular.

1. autobús / tardar / más de lo normal

_____

2. en el trabajo / nosotros / tener / una asamblea

_____

3. jefe / llamar / algunos trabajadores / su oficina

_____

4. hora del almuerzo / nadie / quedarse / comer / comedor de la empresa

_____

5. después del almuerzo / yo / escribir / informe

_____

6. y tú / ¿qué / hacer / hoy?

_____

R4-4 **Amores y desamores.** Carmen es una actriz famosa. Sus amigos están hablando de algunos momentos de la vida de la artista. Usa el pluscuamperfecto para escribir lo que dicen los amigos.

Modelo: 30 de junio de 1988: graduación de Miguel

Carmen / conocer a Miguel (1990) / graduarse

Cuando Carmen conoció a Miguel, él ya se había graduado.

1. 20 de junio de 1992: boda de Miguel y Carmen
   nosotros / verlos (julio) / casarse

   _____

2. 30 de abril de 1994: nacimiento de su primera hija
   tú / visitar (agosto) / nacer / su primera hija

   _____

3. 16 de agosto de 1996: divorcio de Carmen y Miguel
   yo / empezar a estudiar con Carmen (septiembre) / divorciarse

   _____

4. 1997: primera película de Carmen
   ese director / descubrir a Carmen (1998) / hacer / su primera película

   _____

5. 1999: premio Goya a la mejor actriz
   Carmen / terminar su cuarta película (2000) / recibir / el premio Goya

   _____

R4-5 **El guión cinematográfico.** La segunda película de Carmen se titula *Verano del 39*. Completa el fragmento del guión de la película con los pronombres relativos necesarios.

MARÍA: Los años (1) _____ siguieron a la guerra fueron duros para casi

todos, pero especialmente para (2) _____ habían luchado en el

frente republicano. Las mujeres (3) _____ maridos habían muerto

en ese frente, no tenían derecho a ninguna pensión; así que, cuando se acabó todo, yo

tuve que ponerme a trabajar. Acabé aceptando un trabajo (4) _____

estaba al otro lado de la calle. Era en la tienda del señor Pedro, a

(5) _____ no habían mandado al frente porque tenía un problema

en la pierna (6) _____ le impedía moverse bien.

JUANA: ¿Y tenía usted a alguien (7) _____ cuidara de los dos niños?

MARÍA: No. Entonces no era fácil. Las vecinas con (8) _____ me llevaba

bien también salían a trabajar; así que mis hijos se quedaban solitos en el comedor

mientras yo estaba fuera. Esos niños (9) _____ vivieron la

posguerra eran tristes y responsables.

R4-6 La despedida de soltera. Olga está hablando por teléfono con Ema y le dice lo siguiente sobre la despedida de soltera que le quieren hacer a su amiga Raquel. Une la información de las dos listas y conjuga los verbos entre paréntesis como corresponda según los casos. Usa la siguiente información como referencia:

Ema le dijo a Olga que ya había mandado las invitaciones, pero nadie llamó para confirmar que venía a la fiesta. Necesitan saber el número de personas para calcular cuánta comida hace falta. La hermana de Raquel está enferma y no puede moverse de la cama. Ahora están pintando el comedor, la cocina y la sala. Al final todo saldrá bien.

Modelo: Espero que   al final todo salir bien
Espero que al final todo salga bien.

Lista A	Lista B
1. Pediremos la comida para la fiesta cuando	(tú - mandar) / las invitaciones a toda la gente
2. No creo que	(nosotros) saber / quién va a venir
3. Dudo que	nadie / responder todavía
4. Limpiaremos la casa para la fiesta en cuanto	la hermana de Raquel / poder venir
5. Espero que	las invitaciones / no perderse
6. Me sorprende	los pintores / terminar

1. _____

2. _____

3. _____

4. _____

5. _____

6. _____

R4-7 Los tiempos cambian. El director de una fábrica de juguetes le está explicando a un familiar suyo las innovaciones que han introducido en la compañía. Completa lo que dice con el imperfecto o el pluscuamperfecto de subjuntivo de los verbos entre paréntesis de acuerdo con el contexto.

Hace dos años tuvimos que hacer muchos esfuerzos para que la competencia no nos

(1) _____ (eliminar) del mercado, por eso el año pasado decidimos contratar a

alguien que ya (2) _____ (trabajar) en una empresa como la nuestra para

buscar alguna solución a la crisis. Así fue como vino a trabajar con nosotros la Sra. Romero.

Cuando llegó a la fábrica el primer día, se sorprendió de que nosotros todavía no

(3) _____ (instalar) maquinaria como la que tenían en la empresa de la que venía.

Me dijo que para ser competitivos, necesitábamos estar al día en todo lo que (4) _____

(relacionarse) con la tecnología. Sin embargo, yo no creía que el año anterior (5) _____

(tener) tantas pérdidas solamente por estar un poco anticuados.

La cosa es que nos dieron un préstamo para que (6) _____ (poder-nosotros)

cambiar las viejas máquinas y al poco tiempo, empezamos a notar los efectos positivos de la nueva

tecnología.

R4-8 El carnaval. El carnaval empieza mañana y Elena y Luis van a disfrazarse y a participar en el desfile. Une la información de las dos listas para ver lo que les dice Luis a sus amigos en relación con el carnaval. Conjuga los verbos entre paréntesis en el tiempo apropiado del subjuntivo.

Modelo: Me habría encantado   Ana (disfrazarse) de bailarina

Me habría encantado que Ana se hubiera disfrazado de bailarina.

Lista A	Lista B
1. Me habría gustado que	este año el carnaval (ser) divertido
2. Espero que	en cuanto (terminar) el carnaval
3. Díganos de qué van a disfrazarse ustedes	para que (poder) reconocerlos en el desfile
4. Los ganadores del concurso de disfraces podrán salir de viaje	Julia (tener) tanto talento para hacer antifaces tan hermosos
5. No creía que	te (comprar) un disfraz más original

1. _____
2. _____
3. _____
4. _____
5. _____

R4-9 La búsqueda del empleado perfecto. En la empresa LAGSA necesitan un nuevo empleado. Completa lo que dice el comité de selección y el director de la empresa en relación con las entrevistas y los candidatos. Usa el tiempo correspondiente del subjuntivo.

El director

1. Me alegro mucho de que ya _____ (tomar - ustedes) la decisión sobre quién va a ser el futuro responsable del área de ventas.

2. Me reuniré con el nuevo empleado para que me _____ (explicar - él) lo que piensa sobre la globalización de la economía.

3. Al Señor López le habrá molestado que no _____ (elegir - nosotros) a su amigo para el puesto.

4. Yo habría preferido que les _____ (decir - ustedes) a todos los candidatos que buscábamos un economista, no un político.

5. Llámenme por teléfono después de que _____ (informar - ustedes) a todos los aspirantes sobre nuestra decisión.

El comité de selección

6. Uno de los candidatos nos sugirió que se _____ (invertir) parte del presupuesto en abrir nuevas sucursales en el extranjero.

7. No sabíamos que una candidata _____ (trabajar) anteriormente en el ámbito de la política exterior.

R4-10 Dinero mal empleado. El padre de Armando habla sobre la mala experiencia que tuvieron él y su hijo cuando colaboraron en una película que fue un fracaso. Explica qué habría pasado si no se hubieran dado las circunstancias descritas. Sigue el modelo.

Modelo: Mi hijo había escrito el guión y por eso yo produje esa película.

  Si mi hijo no hubiera escrito el guión, yo no habría producido esa película.

1. Los actores no sabían sus papeles y por eso tardaron mucho en filmar algunas escenas.

   _____

2. En la película no había actores famosos y por eso nadie fue a verla el día del estreno.

   _____

3. La película recibió malas críticas porque la dirección fue mala.

   _____

4. Algunas escenas estaban mal filmadas porque el director no tenía experiencia.

   _____

5. Yo no escuché a mi esposa y perdí dinero inútilmente.

   _____

6. Mi hijo tuvo tan mala experiencia con esta película, que dejó de escribir guiones.

   _____

Notes

Notes

Notes

Notes

Notes

Notes

Notes

Notes

Notes

Notes

Notes

Notes

Notes

Notes